JN401596

버블,
새로운
부의 지도

한 그루의 나무가 모여 푸른 숲을 이루듯이
청림의 책들은 삶을 풍요롭게 합니다.

# 버블,
# 새로운
# 부의 지도

양혜정, 김동환 지음

위기의 역사는 어떻게
투자의 판도를
바꾸었는가

청림출판

**프롤로그**

# 버블의 역사는 되풀이된다

어릴 적, 아버지는 경제 신문을 보면서 "또 이런 일이 반복되는구나" 하며 종종 한숨을 쉬셨습니다. 그때는 그 말의 의미를 몰랐지만, 나이가 들고 경제에 관심을 가지면서 사람들은 언제나 새로운 기회를 좇고 큰돈을 벌고 싶어 하지만, 결국 같은 실수를 반복한다는 것을 깨달았습니다. 멀게는 100년 전, 가깝게는 10~20년 전에도 사람들은 똑같이 "이번엔 다르다"고 말했지만 거품은 터졌고 경제는 위기에 빠졌습니다.

얼마 전 친구와 점심을 먹으며 대화를 나눈 적이 있었습니다. 주식 투자에 무척 관심이 많던 그 친구는 당시 뜨거웠던 배터리 관련 주식 열풍에 대해 흥분하며 이렇게 이야기했습니다.

"이제는 시대가 달라. 기술도 발전했고, 돈 버는 방식도 바뀌었어. 과거처럼 거품이 꺼지진 않을 거야!"

친구의 말에 저는 잠시 뜸을 들이다가 물었습니다.

"그런데 말이야, 2000년대 초반 닷컴 버블 때도 사람들은 똑같이 말하지 않았을까?"

친구는 잠시 생각에 잠겼지만, 곧 다시 확신에 찬 목소리로 말했습니다.

"이번엔 달라!"

우리는 과거에서 지혜를 배운다고 말하지만, 정작 시장이 뜨거워지면 배운 것을 쉽게 잊어버리는 것 같습니다. 인간의 욕망과 두려움이 경제를 움직이는 한, 거품과 붕괴는 반복될 수밖에 없습니다.

이 책은 단순한 경제 사건을 나열하지 않았습니다. 버블의 역사에서 패턴을 찾고, 그 속에 숨겨진 조금 더 근본적인 요인들과 심리에 집중하고자 합니다. 그래야 투기를 조장하는 슬로건과 과열된 시장에서 소음을 걷어내고 적절한 정보를 추출할 수 있기 때문입니다.

일례로, 1990년대 말에 주식시장을 뜨겁게 달구었던 '신경제론'이 제기될 당시의 주장을 한번 살펴보겠습니다.

### 신경제론[1]

정보통신기술 및 경제의 글로벌화의 장점들을 효율적으로 활용하여 생산성이 급격히 향상됨에 따라 기업의 이익 및 투자수익률이 상승하고 물가상승 압력이 적절히 흡수되는 시스템적 변화가 일어나고 있다. (중략) 구조적 변화로 잠재성장률이 상승하고 생산성을 감안한 단위노동비용 하향 안정화를 달성함과 동시에 실업률도 낮은 수준을 유지할 수 있다(하략).

위 내용은 1999년 한국은행 조사국에서 신경제론에 대한 탐색적 조사를 통해 확인된 일부 연구자들의 주장입니다. 요약하자면, 정보통신기술이 경제구조를 바꿈으로써 효율성을 높인 경제가 성장과 번영을 가져다줄 것이라는 이야기입니다.

한편, 최근 10년간 여러 차례 주목받은 플랫폼 경제를 설명한 글과 비교해보겠습니다.

### 플랫폼 경제[2]

서로 다른 이용자 그룹을 연결해서 상품이나 서비스를 거래하거나 정보를 교환하는 등 다양한 상호작용이 일어날 수 있게 돕는 매개체를 플랫폼이라고 한다. (중략) 플랫폼은 검색과 매칭 기술을 통해 이용자들의 거래비용을 절감하고 시장 진입비용을 낮춤으로써 더 많은 사람들이 시장에 참여하도록 촉진하며 늘어난 거래량을 통해 데이터를 축적하여 개인들에게 맞춤형 서비스를 제공하게 된다. 이로 인해 거래효율성이 증대된다(하략).

신경제론과 플랫폼 경제는 정보를 효과적으로 관리하여 생산성 증대를 도모한다는 점에서 상당한 유사성을 보입니다. 차이점이 있다면, 신경제론은 기술에 집중하고, 플랫폼 비즈니스는 정보를 관리하는 주체에 집중한다고 볼 수 있겠습니다. 초점을 어디에 두느냐의 차이일 뿐, 핵심은 간단합니다. 정보 탐색 및 거래비용의 하락입니다. 경제학적으로 표현하자면, "시장에서의 마찰이 감소했다"라고 설명할 수 있습니다.

정보통신기술의 활용에 따른 시장 마찰의 감소는 1970년대부터 지금까지 계속해서 생산성 증대에 기여해왔습니다. 그러나 특정 시점을 기준으로 공급자에 초점을 맞춰 '플랫폼 경제'라고 이름을 붙였습니다. 그리고 플랫폼 경제에서는 네트워크 효과라는 새로운 요인을 고려해야 한다는 주장이 제기됩니다.

이러한 개념들은 여전히 시장 마찰의 감소를 달성하도록 만드는 개별 요인들을 더 세부적으로 설명한 것일 뿐, 본질은 동일합니다. 그러나 우리는 본질적인 것에 집중하지 못할 때 상황을 다르게 인식합니다. 용어, 설명, 환경이 모두 달라졌으니까요. 어찌 보면 "이번엔 다르다"라는 말이 맞습니다. 본질을 제외하면 말이지요.

두 시기에 제시된 개념이 경제성장을 이끌어내지 못했다는 이야기가 아닙니다. 성장에 기여하는 요인들을 새롭게 개념화해서 제시했기 때문이지요. 새로운 개념화는 기술의 응용 범위를 구체화시키지만, 개념의 발견 자체만으로 성장이 저절로 유도되거나 폭발적인 변화를 일으키는 것은 아닙니다.

나중에 자세히 살펴보겠지만, 성장에 기여하는 구성 요소를 구체적으로 연결해서 이해하는 것이 더 중요합니다. 문제는 새로운 개념을 기존 지식의 연장선상에서 이해하지 않고 완전히 새로운 것으로 여길 때 금융시장에 거품이 낀다는 사실입니다.

흔히 "역사는 되풀이된다"고 이야기합니다. 특히나 경제사에서는 이런 되풀이를 더욱 자주 확인할 수 있습니다. 물론 되풀이되는 (경제의) 역사는 현재진행형일 수 있습니다.

흥미로운 사실은 많은 사람이 되풀이되는 경제의 역사에서 교훈을 얻지 못한다는 점입니다. 그들은 튤립 버블, 남해회사 버블, 미시시피 버블, 대공황, 1997년 아시아 금융위기, IT 버블, 2008년 금융위기 등 다양한 투기와 버블의 역사적인 사례들을 이야기하지만, 같은 상황에서 또다시 같은 실수를 반복하는 패턴을 보입니다. 영국의 역사학자 아널드 토인비 Arnold Toynbee가 말했듯이, 인류에게 가장 큰 비극은 지나간 역사에서 아무런 교훈도 얻지 못한다는 데 있습니다.

버블은 바라보는 관점에 따라 여러 가지 형태로 나눌 수 있습니다.

먼저 이 책의 1부에서는 금융 버블, 낙관론, 정책 버블 등 세 가지 원인으로 나누어 설명해보려고 합니다. 금융 버블은 은행과 같은 금융기관들이 투기 성향이 높은 부문에 자금을 공급함으로써 발생하는 버블의 일종입니다. 낙관론이란 투자자들이 미래를 지나치게 낙관한 결과, 경제가 실현할 수 있는 최대 이익 규모를 넘어서는 수준으로 증권가격이 형성되는 상황을 말합니다. 정책 버블은 정부가 버블 형성을 유도할 정치적 동기를 가질 때 인위적으로 만들어지는 버블이라고 할 수 있습니다.

2부에서는 금융 버블에 대한 스크리닝과 모니터링이라는 두 가지 키워드를 중심으로 투자에 대한 근본적인 원리를 설명하고자 합니다. 그러나 버블이라는 큰 그림을 보기 전에, 버블 사건을 이해하는 데 도움을 주는 세부 사항들을 먼저 확인해야 합니다. 버블의 형성과 붕괴는 이미 시장가격이 정상적인 수준에서 멀어졌음을 의미하므로, 기본적인 경제원칙만으로는 설명할 수 없는 시대적·정치적 맥락들이 존재하기 때문입니다.

앞서 이야기했지만 "역사에서 교훈을 얻으라"라는 말은 어찌 보면 당연하기도 합니다. 그러나 교훈을 얻으라는 말을 하기는 쉽지만, 구체적으로 '어떤' 교훈을 얻고, '어떻게' 적용해야 할지를 아는 것은 어렵습니다. 현재 적용 가능한 교훈을 배우려 한다면, 반복되는 패턴을 인지하는 것이 중요합니다. 그러기 위해서 가장 먼저 해야 할 일은 역사를 똑바로 보는 것입니다.

이미 수많은 책에서 버블의 역사를 다루고 있습니다. 그러나 거의 대부분 버블로 인해 어떤 일이 일어났고 그 의미가 무엇인지에만 집중할 뿐, 사회적·역사적·정치적 배경을 함께 살피지 않습니다. 또한 버블이 벌어졌던 특정 현상에만 집중할 뿐, 그 시대적 맥락에 대한 언급 또는 이해가 부족할 때가 많습니다.

예를 들어 튤립 버블에 대해 이야기할 때, 대부분의 사람들이 튤립의 가격이 치솟았다 떨어진 것에서 교훈을 얻으려고 하지, 그 사건이 네덜란드 국가 경제와 자본시장에 어떤 영향을 미쳤으며 이후에 벌어진 국제 갈등(영국-네덜란드 전쟁)의 향방을 어떻게 갈랐는지에 대해서는 좀처럼 논의하지 않습니다.

튤립 버블이 형성되어 터진 과정은 현재와 비교하기 매우 어렵습니다. 왜냐하면 시대적 맥락이 다르고 우리 사회의 금융에 대한 이해 정도가 현격히 차이 나기 때문입니다. 그럼에도 많은 사람은 현실에 적용 가능한 교훈을 찾아야 한다는 강박을 가지고 사건 자체에 집중합니다. 이런 강박으로 인해 역사적 사례에서 배울 수 있는 유의미한 교훈은 사례 자체보다도 그 이전 또는 그 이후에 벌어진 사건들에서 더 많이 찾을 수 있다는 사실을 종종 놓칩니다. 그렇기 때문에 이 책에서는 역사적 버블 사례들의 전개 과정뿐 아니라 그 이전의 사회적·정치적·역사적 맥락 그리고 버블 이후의 상황을 각 사례가 주는 교훈에 맞춰서 쉽고 유연하게 풀어가려고 합니다.

당시의 시각을 가지고 역사적 사례를 이해해 해당 사례의 전후 맥락에서 유의미한 교훈을 도출한다 하더라도 우리에게는 '어떻게 적용해야 할까?'라는 숙제가 남아 있습니다. 앞서 이야기했듯이 지금과는 사회적·정치적·경제적 상황이 매우 다른 과거의 사례를 현재에 직접 적용하기란 굉장히 어렵기 때문입니다.

그렇기 때문에 "현실에 적용 가능한"이라는 강박에서 자유로워지고 사건의 전후 맥락에 맞추어 사건 그대로 이해할 수 있을 때라야 비로소 우리는 유의미하고 적용 가능한 교훈을 반복되는 역사를 통해 얻을 수 있습니다.

이렇듯 역사적 사례의 본질을 이해하게 되면 그것을 현재 상황에 딱 맞게, 맞춤형으로 적용할 수 있을 뿐 아니라, 맥락은 다르지만 본질이 유사한 현재의 다른 상황에도 응용할 수 있습니다.

튤립 버블의 예로 돌아가서, 사치품 이외에 아무런 가치가 없는 튤립의 가격이 빠르게 올랐다 폭락하는 과정은 현재 시점에서 딱 맞게 적용할 수 있는 사례가 많은 것 같지는 않습니다. 당시 튤립의 가격 변화와 비슷한 예라면 2017년에 있었던 코인 가격 급등락을 떠올릴 수 있지만, 이 사례에 적용하는 과정에서 우리는 "코인은 가치가 없는가?"라는 답하기 어려운 문제에 봉착하게 됩니다.

그러나 튤립 버블 당시 튤립 시장이 자본시장에서 전쟁이나 국가정책에 조달되어야 할 자금을 흡수해버려서 네덜란드가 해군 건설에 필요한 자본을 제때 조달하는 데 실패했고, 이로 인해 영국-네덜란드 전쟁에서 패배했다는 맥락에서 살펴보면 어떨까요? 코인 시장이 양적 완화를 통해 경기를 부양해야 하는 자본을 흡수해버리면 실물경제가 성장하는 데 필요한 자본을 조달하기 어려워집니다. 이로 인해 다시 금리를 올려야 하는 시점이 왔을 때 경기 회복에 실패할 수 있는데, 이런 현재의 상황에 응용해볼 수 있을 것입니다.

결국 이 책을 통해 전하고 싶은 핵심은 맥락을 활용하는 접근법입니다. 그동안 버블 형성 과정에서의 가격 폭등과 폭락 그리고 피해 규모와 악영향에 집중하던 기존의 관점에서 벗어나 사회적·정치적·경제적 맥락에서 버블의 전과 후를 살펴보고자 합니다. 그 이해를 바탕으로 현재 맥락에 적용해 이용할 수 있는 방법을 도출하고, 해당 사례에서 얻은 깨달음을 토대로 또 다른 상황에 응용할 수 있도록 도움을 주고 싶습니다.

많은 투자자가 신중한 투자를 원칙으로 삼는다면서도 거시경제적 상황과 가장 근본이 되는 경제 메커니즘에 대한 이해를 경시하는 경향이 있습니다. 직관적이지 않고 이해하기 어려운 데다 많은 공부와 고민이 필요하기 때문입니다. 이 책에서는 버블 사건 당시의 거시경제적 상황과 각 사례들의 경제적 메커니즘에 대한 설명에 많은 지면을 할애할 예정입니다. 특히 상황을 이해하는 데 중요한 경제 금융 개념들은 '용어 설명'을 두어 추가적으로 이해할 수 있도록 구성했습니다.

거시경제의 시각으로 경제 메커니즘을 이해하면 다양한 현상들을 관통하는 함의를 도출할 수 있고, 시장을 한결 쉽게 이해할 수 있습니다. 복잡한 경제 지식을 공부하는 과정은 힘들겠지만, 그 이후에 얻는 과실은 달콤할 것입니다.

## 차례

프롤로그   버블의 역사는 되풀이된다                                    004

## 1부   무엇이 부의 대전환을 만들었는가
_버블의 역사

### 1장   불안정한 시장을 극복한 영웅의 탄생
[금융 버블]   1907년 미국의 금융공황

전쟁으로 퇴보하는 유럽, 전쟁을 통해 전진하는 미국 022 | 도금 시대와 미국 경제의 부상 024 | 세계적인 악재와 불안의 확산 026 | 어설픈 주가조작의 무모한 실행 029 | 뱅크런으로 패닉 직전까지 가다 032 | 모건의 파격적인 결단으로 위기를 넘기다 035

### 2장   지속할 수 없는 외환 정책의 실패
[금융 버블]   1997~1998년 아시아 금융위기

아시아 버블, 연쇄적으로 터지다 048 | 해외 자본이 불러일으킨 태국의 외환위기 052 | 인도네시아를 위험에 빠뜨린 변동환율제 058 | 미숙한 외환시장 규제로 인한 한국의 위기 062 | 국제 대출 규모의 축소와 일본의 위기 066 | 동아시아 금융위기의 근본적인 원인 068

### 3장   무분별한 대출이 불러온 부동산 투자의 종말
[금융 버블]   2007~2008년 세계금융위기

모기지 대출의 빛과 그림자 075 | 패니 메이와 프레디 맥을 통한 주택 소유 장려 080 | 금융혁신이라는 빛 좋은 포장 081 | MBS에 대한 불신이 높아지다 083 | 베어스턴스와 리먼 브라더스의 파산 088 | 미국의 구제금융 대응 094 | 새로운 규제의 탄생 098 | 금융산업과 금융시장의 변화 100

### 4장   실체 없는 혁신에 과감히 투자하다
[낙관론]   2001년 IT 버블

저금리정책, 경제 호황 주식에 집중되는 투자 108 | 정보통신기술의 발달과 신경제론의 등장 111 | 벤처 열풍에 휩쓸린 한국 114 | 닷컴 버블과 비이성적 광기 115 | "희망은 전략이 될 수 없다" 120 | 주가 폭등을 포장하는 새로운 방법 122 | 투자자들의 피, 땀, 눈물 128

## 5장　방향을 잃은 세계경제의 지휘자
### [낙관론]　1929년 대공황

제1차 세계대전 이후 미국 경제의 부상 136 | 고립주의에 한계를 느끼다 139 | 전쟁 이후 자금이 주식시장으로 몰리다 143 | 실물경제와 상관없이 오르는 주가 146 | 대폭락 이후의 기회 148 | 위기에서 빛난 투자 철학 149

## 6장　잃는 자가 있어야 버는 자가 있다
### [정책 버블]　1720년 남해회사 버블

잇따른 전쟁이 남긴 막대한 빚 160 | 영란은행의 탄생 161 | 남해회사와 국채 상환 프로젝트 164 | 돈을 낳는 기계, 증권 발행 168 | 투기 열풍으로 인한 주가 폭등 171 | 터져버린 거품과 회계감사 제도의 도입 172 | 현금 흐름은 제로섬게임이다 176

## 7장　'잃어버린 30년'을 만든 국가의 개입
### [정책 버블]　1980년대 일본의 버블 경제

일본 경제의 성장 과정 184 | 플라자 합의와 무역 불균형 조정 187 | 내수시장 팽창을 통한 성장을 꾀하다 188 | 조직적·인위적으로 경제를 부양시키다 190 | 완만한 버블 붕괴 이후 찾아온 장기불황 196 | 사업을 살린 아베 슈헤이의 투자 철학 201

# 2부　어떻게 부의 흐름을 읽어낼 것인가
_버블의 교훈

## 8장　그렇게 버블이 만들어진다
### 버블의 패턴

신규 투자자의 유입 패턴 211 | 어떻게 감정이 투자로 이어지는가 213 | 주가수익비율 지표를 확인해야 하는 이유 217 | 현금 흐름의 차이 구분하기 220 | 과도한 낙관은 부의 신기루일 뿐이다 222 | 버블이 일으키는 사회적 문제 223

### 9장  버블은 어떻게 널리 퍼지는가
#### 버블의 원인과 파급력

은행의 비즈니스 원리 227 | 정보수집 비용의 관점에서 본 금융 시스템 230 | 모니터링이 어려운 이유 234 | 경쟁 효과의 장단점 237 | 시장 조작의 이면 243 | 낙관을 기반으로 한 투자의 속성 246 | 금리와 성장 그리고 혁신 248 | 알고리즘의 위험성 252 | 빅테크의 금융업 진출 256

### 10장  보이지 않는 기술에 투자하는 시대
#### 무형자산과 시장의 상황

무형자산의 투자 현황 261 | 최근 빅테크 기업에서 나타나는 현상들 265

### 11장  무엇이 투자의 핵심 자원이 되는가
#### 무형자산의 작동 방식

더 효율적인 수익을 보장하는 확장가능성 271 | 막대한 잠재력을 가진 시너지 272 | 미래에 대한 불확실성 274 | 금융기관의 엄격한 규제 276 | 스필오버 효과와 혜택 277 | 방향성을 예측하기 힘든 무형자산 279 | 올바른 분산투자의 방법 282 | 투자로 벌어들인 수익을 활용하는 리밸런싱 285 | 안전한 펀드 선택하기 286

### 12장  건강한 투자를 위한 우리의 자세
#### 버블에 대한 새로운 고찰

"지능이 아니라 기질이 중요하다" 291 | 버블에 대한 서사를 새로 수정하기 292

### 13장  기회의 광풍에서 현명하게 빠져나오는 법
#### 버블에 대처하기 위한 전략

가치투자의 진정한 의미 297 | 현명한 투자의 원칙을 세워야 하는 이유 299

에필로그   우리 삶과 투자에는 안전 마진이 필요하다    302
주    304

# 1부.

# 무엇이 부의 대전환을 만들었는가

## 버블의 역사

1장

# 불안정한 시장을 극복한 영웅의 탄생

【 금융 버블 】

**1907년
미국의 금융공황**

20세기 초, 미국에 새로운 영웅이 탄생합니다. 그는 바로 J. P. 모건 John Pierpont Morgan 입니다. 금융가였던 그는 주가가 폭락하고 은행들이 연쇄도산하는 상황에서 120여 명의 금융기관장들을 서재에 가두어놓고 예금자들의 불안을 잠재울 수 있는 대규모 자금을 마련하도록 협상해 미국을 구했습니다. 방법이 다소 강압적이고 격하기는 했지만, 중앙은행이 없고 금융규제에 대한 이해와 금융 안정을 위한 정부의 역할에 대한 연구가 부족했던 당시 금융위기를 극복할 수 있는 최선의 방책이었다고 평가받습니다.

다수의 금융기관을 지배하고 있던 하인즈 형제의 주가 조작. 이어진 주가 폭락이 가져온 시장의 불안감. 시장의 불안감 증폭에 따른 연이은 은행 파산. 이 일련의 사건들을 쉽게 이해하려면 이들을 엮어 하나의 스토리로 만들어 사건의 전후 상황을 파악하고 왜 이런 문제들이 생겼는지를 분석해야 합니다. 그래서 이 장에서는 20세기 초 미국이 공업국으로 탈바꿈하고 미국의 경제가 급격히 팽창하는 과정에서 미국 금융시장 불안이 왜 찾아오게 되었으며, 보유주식을 담보로 다른 주식을 구매하던 당시 상황이 어떻게 은행들의 연쇄도산을 야기했는지에 대해 먼저 논의하고자 합니다.

이러한 이해를 바탕으로 하인즈 형제의 주가조작이 금융시장 전반의 불안감을 증폭시킨 상황을 다시 살펴봅시다. 이때 J. P. 모건이 나서서 위기를 극복한 과정을 통해 우리가 무엇을 알아야 하고 어떤 점을 기억해야 하는지 짚어보겠습니다.

거시경제적인 상황과 역사적 맥락을 파악해야 한다고 거듭 강조하기는 했지만, 1907년 금융공황을 이해하는 데서 거시경제적인 상황에 대한 이해는 상대적으로 덜 중요합니다. 오히려 금융시장이 움직이는 메커니즘과 투자자들의 심리 상태를 이해해야 합니다. 또한 구제금융에서 J. P. 모건이라는 특출난 개인의 역량과 한계를 주목해보는 것도 필요합니다.

### 생각해볼 질문들

- 금융의 성장은 실물경제 성장을 이끌어낼 수 있을까?
- 소수의 시장 참여자가 금융 시스템 전체에 위기를 가져올 수 있을까?
- 거시경제적인 관점은 주식시장의 움직임을 읽는 데 도움이 될까?
- 전체 시장의 관점에서 볼 때, 작은 문제가 어떻게 투자자들의 불안감에 불을 지필 수 있을까?
- J. P. 모건은 어떻게 혼자서 시장을 구해낼 수 있었을까?
- 1907년에 정부는 어떤 역할을 했을까?

## 전쟁으로 퇴보하는 유럽, 전쟁을 통해 전진하는 미국

19세기 유럽에서는 이전에 볼 수 없었던 대규모 전쟁이 연달아 벌어졌습니다. 1800년대 초, 15년 이상 전 유럽을 전쟁으로 빠져들게 하며 막대한 출혈을 강요한 나폴레옹전쟁이 그 시작이었습니다. 이 전쟁 이후 사실상 프랑스는 경제적 역량을 잃어버리게 됩니다. 이로 인해 프랑스는 루이 13세부터 유럽 최대의 막대한 인적, 경제적 자원을 바탕으로 확보했던 유럽의 헤게모니를 영국에 넘겨주고 맙니다. 프랑스 혁명에서 시작한 20여 년의 투쟁은 너무나도 많은 프랑스 젊은이들의 피를 요구했습니다.

17~18세기 유럽은 인구의 증가와 경제적 팽창을 감당할 만한 사회, 금융 인프라가 부족해 커져가는 전쟁의 규모를 감당하지 못했습니다. 그런데 19세기가 되면서 금융이 발달했고, 프랑스혁명을 기점으로 행정이 발달하며 전시 행정의 초기 단계가 등장했습니다. 발전된 금융을 통해 전쟁 자금을 조달하고 늘어난 인구를 효율적으로 동원할 수 있게 되면서 전쟁의 규모는 기하급수적으로 커져갔습니다. 20세기까지 계속해서 전례 없는 대규모 전쟁을 지속해야 했던 유럽의 국가들은 생산성이 높은 젊은 인구의 희생을 강요하고 만성적인 재정 적자에 허덕이며 경제적으로 피폐해 갔습니다.

미국 또한 19세기는 전쟁의 시기였습니다. 1861년 4월, 노예제를 지지하던 남부 주들이 모여 남부연합을 형성하며 미합중국에서 분리를 선언한 뒤 1865년까지 4년 동안 미국은 남부와 북부로 나뉘어 남북전쟁을 벌였습니다. 북부의 승리로 끝난 남북전쟁은 인류가 처음으로 치른 산업 전쟁이었습니다. 철도, 증기선, 대량 생산된 무기를 비롯한 다양한 군사 장비들이 광범위하게 사용되었기 때문입니다.

나폴레옹으로부터 시작된 행정체계의 조직화를 통한 징병제 시행은 국가 단위의 징집 효율화를 가져왔고, 이와 함께 모든 가용 자원과 수단을 총동원해 싸우는 총력전 개념이 처음으로 자리 잡았습니다. 전쟁에서 북부가 승리하면서 남부 연맹과 노예제는 끝을 맞이했고, 이를 계기로 미국 연방정부의 역할은 더 강력해집니다.

남북전쟁은 미국 사회에 엄청난 피해를 주었습니다. 수많은 젊은이들이 죽거나 다쳐 노동인구에서 이탈했기 때문입니다. 그래서 1877년까지 이어진 재건 시대 동안, 미국 사회는 전쟁에서 생긴 사회, 정치, 경제, 인종적 문제들을 처리하는 데 특히 많은 노력을 기울였습니다.

그러나 한편으로 남북전쟁은 미국 경제에 오히려 기회를 가져왔습니다. 그동안 산업에 활용될 수 없었던 노예인구가 산업노동력에 포함되어 가용한 인력의 규모가 급격하게 팽창합니다. 또한 그동안 산업화에 반대하던 남부의 여러 주를 군사적으로 점령해 철도 및 공립학교를 건설할 수 있게 됨으로써 남부 사회의 근대화를 진전시켜 국토 균형 발전의 기초를 쌓을 수 있었습니다. 산업적 측면에서 상대적으로 낙후되어 있던 남부는 기회의 땅이었고, 재건 시대를 통해 산업 인프라를 갖추게 된 남부는 미국의 새로운 성장 동력이 될 수 있었습니다.

# 도금 시대와 미국 경제의 부상

재건 시대가 가져온 남부의 산업화는 북부를 중심으로 하는 하나의 '미국'이라는 국민경제를 완성시킵니다. 남북전쟁 이전에 남과 북은 사실상 같은 체제 내에 다른 경제로 각자 존재하고 있었지만, 이제 남과 북은 하나의 산업화된 '규모의 경제'를 이끌어내게 됩니다.

남북전쟁 이후 미국은 남부와 서부에 산업 인프라를 구축합니다. 1869년, 오마하와 새크라멘토를 잇는 최초의 대륙횡단철도가 그 예입니다. 대륙횡단철도가 개통되자 서부에 새로운 산업기반이 마련되었고 유럽에서 수많은 이민자가 기회의 땅을 찾아 이주해 왔습니다. 이러한 자본주의의 급속한 성장에 따라 철강왕 앤드루 카네기Andrew Carnegie(스코틀랜드 출신), 석유왕 존 록펠러John Rockefeller, 광산왕 마이어 구겐하임Meyer Guggenheim(스위스 출신의 유대계 독일인) 등 이름난 부호들이 등장합니다.

도금 시대를 기점으로 미국은 세계 경제의 지휘자가 될 운명에 놓입니다. 미국의 고립주의 때문에 영국에게서 그 역할을 가져오는 시기가 늦어졌지만, 지속된 전쟁으로 피폐해지는 유럽과 남북전쟁 이후 단합해 훌륭하게 경제를 재건하고 더욱 발전시킨 미국을 견줄 때 미국의 경제적 우위는 필연적이었습니다. 도금 시대를 지나면서 금융의 발전에 힘입어 빠르게 팽창한 미국의 실물경제는 기업들이 훌륭한 실적을 내고 투자자들이 높은 수익률을 거둘 수 있는 텃밭이 되었습니다. 투자자들이 자신감을 얻은 동시에 경제가 성장하며 기업들이 실적을 내자 자본시장에 매력적인 투자처들이 빠르게 증가했습니다.

실물경제의 빠른 팽창은 자연스럽게 자본주의의 발전으로 이어졌습니다. 급성장한 미국 자본주의에는 1880년대에 이르러 독점자본이 출현하고, 각종 기업 담합과 트러스트가 사회적 문제로 대두됩니다. 대규모 자본을 소유하고 있던 투자자와 사업가들이 행정부와 결탁해 정치에 개입하고 부패를 일삼는 등 독점자본의 폐해가 생겼습니다.

일례로 스탠더드 석유 트러스트를 만들어 거대한 부를 챙긴 록펠러의 사업 방식은 그 이익이 소비자에게 환원되지 않는다며 강력하게 비판을 받습니다. 이러한 문제들을 해결하기 위해 1890년에는 이들을 규제하는 셔먼 반독점법이 나오게 됩니다.

1836년 당시 미국 대통령 앤드루 잭슨 Andrew Jackson이 미합중국 제2은행의 면허 갱신을 거부한 이후 미국은 중앙은행 부재 상태가 계속되고 있었습니다. 이 때문에 뉴욕의 화폐 공급량은 농업 주기의 자금 수요에 따라 불규칙적으로 오르내리게 됩니다. 미국의 금융 시스템은 매우 낙후되어 있었는데, 매년 가을 수확기에 수확물을 매입하자면 회계 자금이 필

**담합**
사업자가 계약이나 협정 등의 방법으로 다른 사업자와 미리 약속해 가격을 결정하거나 거래 상대방을 제한함으로써 그 분야의 실질적인 경쟁을 제한하는 행위를 뜻한다. 현재 공정거래법은 담합의 유형을 가격 제한, 판매 제한, 생산 및 출고 제한, 거래 제한, 설비 신·증설 제한, 상품 종류 및 가격 제한, 회사 설립 제한, 사업 활동 제한 등 8가지로 구분하고 있다.

**트러스트(trust)**
같은 또는 유사한 비즈니스를 영위하는 기업들이 경쟁을 피하고 보다 많은 이익을 얻을 목적으로 자본을 매개체로 결합한 독점의 한 형태를 의미한다. 트러스트 내에서 가입 기업의 개별 독립성은 없어진다.

**셔먼 반독점법**
**(Sheman Antitrust Act)**
미국에서 제정된 반독점법으로, 기업결합, 합의, 거래 제한 등을 금지하고 있다. 근대적 반독점법의 시초로 여겨진다. '셔먼법'이라는 이름은 이 법의 주 발의자인 상원의원 존 셔먼(John Sheman)의 이름을 딴 것이다.

요했고, 그 흐름을 억제하기 위해 금리를 올렸지만, 미국 이외의 투자자는 반대로 이 금리 상승을 기다렸다가 자금을 뉴욕에 보내며 이자 소득을 올리고 있었습니다. 1906년 1월 이후 다우 존스 산업평균지수는 103달러로 최고치를 기록했고, 그해에도 시장이 연초에 온화한 추이를 보이며 큰 변동이 없을 것이라고 예상했습니다.

## 세계적인 악재와 불안의 확산

그런데 1906년 4월이 되자 순항하던 미국 경기에 큰 피해를 주는 재해가 터집니다. 샌프란시스코에 대규모 지진이 일어났고, 그 여파로 가스관이 파열되면서 대화재까지 발생합니다. 엄청난 피해로 인해 증시는 급격한 하락세를 보였고, 불안정한 상태로 유지되었습니다. 그리고 재난 피해를 지원하기 위해 다량의 정책 자금이 뉴욕에서 샌프란시스코로 흘러들었습니다.

샌프란시스코의 지진은 영국의 금리를 올리는 결과를 가져왔습니다. 당시 국제 보험 서비스를 제공하던 다수의 금융기관이 영국에 있었으며, 지진 및 화재 보험금을 제공하는 과정에서 대규모의 금이 영국에서 미국으로 이동하게 됩니다. 당시는 금본위제 사회였기 때문에 시중 유동성을 제공하는 데 중앙은행의 금 보유량이 매우 중요했으며, 잉글랜드 은행은 금

**금본위제**
국가의 통화는 일정량의 금에 고정돼 있었고, 모든 국가의 통화는 금을 기준으로 가격이 매겨졌다. 이처럼 금이 세계 화폐의 중심이 되는 체제를 금본위제라고 한다.

1906년 대지진 당시 샌프란시스코 포스트 에비뉴와 그랜트 에비뉴 인근의 폐허
ⓒ US Archiv ARCWEB

유출을 막으려고 금리를 올렸던 것입니다.

당시 미국의 대통령은 시어도어 루스벨트Theodore Roosevelt였습니다. 그가 추진하던 활동은 공공의 이익을 저해하면서 자신의 부를 추구하는 기업인들을 감독하고 규제하는 것이었습니다. 이러한 사조 아래 1906년 7월 햅번법이 통과되었고, 철도의 운임을 결정할 수 있는 권한이 주간 통상위원회로 넘어가게 됩니다. 이에 철도 회사 주가는 1906년 9월부터 1907년 3월까지 하락세를 보이기 시작합니다. 즉 루스벨트의 반기업적

**햅번법(Hepburn Act)**
1906년 미국 연방법으로, 철도요금 담합과 조작을 금지하고, 철도 요금 최대 인상률을 정할 권한을 주는 법이다.

인 정책이 투자 심리를 크게 흔들어버린 것입니다.

불안정한 금융시장은 자금 경색을 일으켰으며, J. P. 모건이 관리하는 은행의 파트너급 인사들은 증권시장 안정 기금을 만들 필요가 있다고 모건에게 서신을 보냈습니다. 그리고 당시 뉴욕의 자본가들은 사태가 더 악화할 것을 대비해 금융기관마다 250만 달러 규모의 자금을 기금에 예치했습니다. 상업은행들의 지급준비금이 지속적으로 감소했고, 주식시장이 계속 하락했기 때문입니다.

**지급준비금**
은행이 예금자들의 인출 요구에 대비해 예금액의 일정 비율 이상을 중앙은행에 의무적으로 예치하도록 한 지급준비제도에 따라 예치된 자금을 뜻한다.

경제는 여름 내내 불안정한 상태로 이어집니다. 산업 시스템을 휘청거리게 하는 사건들이 연달아 일어났는데, 일례로 당시 대출 담보로 가장 널리 사용되고 있던 유니언 퍼시픽 철도 주식이 50퍼센트 포인트나 하락합니다. 담보 가치가 하락함에 따라 시중에서 자금을 구하기 위해 지불해야 하는 금리도 높아지기 시작했습니다. 같은 해 6월에는 뉴욕 채권 가격이 하락했고, 7월에는 구리 시장도 폭락했습니다. 8월에는 스탠더드 오일사에 대해 반독점법 위반으로 2,900만 달러 이상의 거액의 벌금이 부과되면서 시장 전반적으로 주가가 폭락했습니다.

미국 샌프란시스코시 정부는 뉴욕에서 지방 채권을 발행하려고 했으나 충분한 투자자를 확보하지 못해 실패했으며, 많은 사람들은 주식을 팔고 자산피난처로 인식되는 금을 샀습니다. 전형적인 패닉 상황이 되면서 미국

**자산피난처**
경기가 나빠질 거라고 예상했을 때 투자자들은 상대적으로 변동성이 낮은 자산으로 자본을 옮기는데, 이 대상이 되는 자산을 자산피난처라고 한다. 자산피난처의 예로는 금, 미국의 단기 국채 등이 있다.

재무부의 금 지급준비금은 실시간으로 줄어들고 있었습니다. 금융시장이 전반적으로 불안정한 상황이었습니다.

## 어설픈 주가조작의 무모한 실행

샌프란시스코 지진과 영국의 금리 인상에 따른 유동성 부족, 그리고 미국 정부의 반기업적 정책방향으로 인해 뉴욕 금융시장의 불안은 커져갔습니다. 금융시장이 위태위태하던 1906년, 구리광산 사업을 스탠더드 오일의 자회사에 1,200만 달러에 매각하고 엄청난 자신감과 함께 금융업에 진출한 오거스터스 하인즈 F. Augustus Heinze의 형제인 오토 하인즈 Otto Heinze는 대담한 주가조작 계획을 세웁니다.

당시 미국은 한 지역의 금융기관이 다른 지역에 지점을 만들지 못하게 규제하고 있었는데, 이로 인해 금융에 투자하던 투자자들은 자신이 보유한 지분을 대출을 받아 또 다른 은행을 인수하는 방식으로 사업을 늘려 '체인 은행'을 만들었습니다. 체인 은행은 서로 다른 지역의 은행들이 서로의 지분을 보유해 얽힌 지분 구조를 가지고 소수의 개인 또는 기관의 지배를 받는 은행들을 뜻했습니다. 오거스터스 하인즈 또한 이 전략을 이용해 국립은행 6개, 주립은행 10개, 신탁은행 5개, 보험회사 4개를 장악하고 있었습니다. 또한 오거스터스와 오토 하인즈 형제는 유나이티드 구리회사의 지배 지분을 보유하고 있었습니다.

오토는 자신의 유나이티드 구리회사 지분과 동업자 찰스 모스Charles Morse가 보유한 자금력을 동원해 유통되는 유나이티드 구리회사의 유통 물량을 장악하고, 공매도 세력들이 상승하는 주가를 감당하지 못하고 자신들에게서

> **공매도**
> 주로 초단기 매매 차익을 노리는 데 사용되는 기법으로, 특정 종목의 주가가 하락할 것으로 예상되면 해당 주식을 보유하고 있지 않은 상태에서 주식을 빌려 매도 주문을 내는 투자 전략이다.

높은 가격에 주식을 매입하는 작전을 구상합니다. 일단 자신들이 보유한 주식을 증권사에 담보로 맡겨 자금을 빌린 뒤, 공매도 세력들이 이 주식을 확보하게 되면 주가를 인위적으로 끌어올려서 공매도 세력이 주식을 되갚는 과정에서 이익을 본다는 계획이었습니다. 유통주식의 대부분을 이들이 소유하고 있다면 공매도 세력이 유나이티드 구리회사 주식을 이들에게서 비싼 가격에 살 수밖에 없을 것이기 때문에 합리적인 전략이었습니다. 다만 유통 주식의 대부분을 이들이 소유하고 있다는 가정하에 말입니다.

이처럼 다수의 지분을 가지고 주가를 인위적으로 흔드는 것을 '코너링 더 마켓cornering the market'이라고 부르며, 주식을 공매도 즉 빌려서 팔았던 세력이 다시 주식을 반납하기 위해 주식을 매입하는 것은 '숏 스퀴즈short squeeze'라고 부릅니다. 만약 유나이티드 구리회사의 지분을 정말 하인즈 형제가 통제할 수 있을 만큼 보유하고 있다면 가능한 시나리오였겠지요. 물론 지금은 이런 작전을 벌인다면 자본시장법 위반에 해당해 처벌을 받고 감옥에 갈 수 있습니다. 그러나 당시에는 금융 산업과 투자 산업에 대한 규제가 지금처럼 촘촘하지 않았기 때문에 이 전략은 법적 테두리 안에서 실행 가능했습니다.

물론 법의 테두리 안에서 실행 가능하다는 것과 시장에서 수익

을 내는 데 성공한다는 것은 별개였습니다. 1907년 10월 초, 오토는 오거스터스, 모스와 함께 니커보커 신탁회사 Knickerbocker Trust Company의 사장 찰스 바니 Charles T. Barney를 만나 작전 계획에 대해 설명했습니다. 회의에서 모스는 이 작전이 성공하려면 오토가 생각하는 것보다 훨씬 더 많은 자금이 필요하다고 말했고, 바니는 작전에 참여하기를 거부합니다. 형제였던 오거스터스도 작전을 실행하는 것이 적절하지 않다고 말했습니다.

그러나 10월 12일 주식시장이 하락세를 보이자 시장 내에서 공매도가 만연해 있다고 판단한 오토는 혼자서라도 사재기를 통해 공매도 세력을 응징하고 수익을 볼 수 있을 것이라 생각합니다. 문제는 앞서 논의한 바와 같이 당시에는 금융시장의 불안 정세가 만연했기에 주식시장이 하락세를 보였던 것이었습니다. 오토는 그 상황을 제대로 읽지 못하고 유나이티드 구리회사의 주식이 저평가되었다고만 생각했습니다. 이에 오토는 증권회사인 그로스 앤드 클리버그 Gross & Kleeberg에 유나이티드 구리회사 주식을 매입해달라고 요청했습니다.

10월 14일 월요일, 유나이티드 구리회사의 주가는 주당 39달러에서 52달러로 오르기 시작합니다. 그리고 다음 날 오토는 유나이티드 구리회사 주식을 보유하고 있거나 담보로 가지고 있던 증권사 20곳에 연락해서 오후 2시에 주식을 넘길 것을 요구합니다. 그러면 시장에서 구리회사 주식의 물량이 부족해지면서 되갚아야 할 주식을 살 수 없는 공매도 세력은 자신에게서 주식을 높은 가격에 매입할 수밖에 없고, 이로 인해 구리회사 주가는 오를 것이라 예상했습니다.

하지만 오토는 주식시장을 잘못 읽고 있었습니다. 유나이티드 구리회사 주식을 보유한 증권사들은 모두 주식을 반납하는 데 어려움을 겪지 않았습니다. 증권사들이 주식을 반납하자 오토는 반납되는 주식에 대해 지급해야 하는 현금이 부족해졌고, 이에 오토는 더는 유나이티드 구리회사 주식을 수령하지 못한다며 거부합니다. 당연히 증권사들은 보유 중이던 유나이티드 구리회사의 주식을 주식시장에 매각해 버렸고, 유나이티드 구리회사의 주식은 급락해 순식간에 36달러까지 내려가게 됩니다. 다음 날 유나이티드 구리회사 주식가격은 30달러로 출발했지만, 오토의 작전이 실패했다는 소식이 퍼지면서 10달러까지 폭락합니다. 시장의 상황을 제대로 파악하지도 않고 작전을 행동에 옮겼던 오토 하인즈는 처참하게 실패하고 맙니다.

## 뱅크런으로 패닉 직전까지 가다

오토 하인즈의 요청에 따라 유나이티드 구리회사를 매입했던 그로스 앤드 클리버그는 막대한 손실을 떠안습니다. 오토 하인즈가 작전에 실패하며 큰 손실을 입은 나머지, 그로스 앤드 클리버그에 유나이티드 구리회사 주식 매입 대금을 지불하지 못했기 때문이지요. 이에 그로스 앤드 클리버그는 영업을 중단하게 되었고, 뉴욕증권거래소는 오토 하인즈의 증권거래소 회원 자격을 정지시켰습니다. 오토의 작전 실패가 널리 알려지자 오거스터스 하인즈에게 이목이 집중되었습니다. 금융업계에서는 오거스터스 하인즈가 더 잘 알려지고 영향력도 있는 인사

1907년 10월,
뉴욕 증시
패닉 때의 모습
ⓒwikipedia

였습니다. 그리고 유나이티드 구리회사의 실질적인 경영자이기도 했는데, 하인즈가 관리하던 수많은 금융기관도 유나이티드 구리회사의 주식을 담보로 빌린 돈으로 인수한 것이기 때문입니다.

오토 하인즈의 작전 실패와 오거스터스 하인즈의 연관성이 시장에 알려지자, 그가 관리하는 은행들에서 뱅크런이 일어났습니다. 10월 17일 목요일 오후에는 오거스터스 하인즈가 소유한 버트 몬태나주 저축은행이 지급 불능을 공표했습니다. 이후에는 하인즈 형제와 찰스 모스의 관계에 초점이 맞춰지면서 찰스 모스가 관리하는 은행에서도 예금자들이 돈을 인출하기 시작했습니다.

1907년에 지속된 금융시장의 분위기는 그 자체만으로도 불안감을 조성하기에 충분했습니다. 주가조작을 시도한 오토 하인즈의 파산, 그의 요구를 실행하다가 큰 손해를 본 증권사 그로스 앤드 클리버그의 영업 중지, 그리고 오거스터스 하인즈 및 찰스 모스의 은행에서 시작된 급격한 예금 인출까지, 이 모든 사태가 10월에 연달아 발생했던 것입니다. 이때부터 예금자들은 유나이티드 구리회사의 주식과 관련 있어 보이는 금융기관을 추측하기 시작합니다. 금융시장은 불신과 불안감에 물들어 신뢰가 훼손되었고, 예금자들은 자신의 돈을 되찾으려고 분주하게 움직였습니다.

10월 18일, 하인즈 형제와 친분이 있는 찰스 바니가 사장으로 있는 니커보커 신탁회사에서도 예금 인출이 급속히 진행됐습니다. 사람들이 하인즈의 작전 계획에 찰스 바니도 가담해 손실을 입었을 것이라 추측했기 때문입니다. 찰스 바니는 실제 작전과 큰 관련이 없었지만 하인즈 형제와 친분이 있다는 사실만으로도 예금자들의 불신에 불을 지피기에는 충분했습니다. 니커보커 신탁회사는 예금자 수만 1만 8,000명에 달했고, 예금액은 6,500만 달러가 넘는 등 뉴욕에서 세 번째로 큰 거대 신탁회사였습니다. 그럼에도 시장에 조성된 불안감을 잠재우지는 못했습니다.

**뱅크런**
경제 상황 악화로 금융시장에 위기감이 조성되면 은행들이 자신들의 예금을 돌려줄 수 없다고 걱정하는 고객들이 대규모로 예금을 인출하는 사태를 뜻한다. 이런 상황이 되면 은행들이 보유하고 있는 금액보다 더 많은 돈을 고객들에게 돌려줘야 하기 때문에 은행이 파산할 수 있다.

니커보커 신탁회사에서 뱅크런이 발생했다는 소식은 순식간에 금융권으로 퍼졌습니다. 금융기관들은 신탁회사에 자금을 빌려주는 것을 기피했으며, 은행들은 니커보커 신탁회사에서 발행한 수표를 받지 않았습니다. 금융기관 간 대출 금리가 급격히 상승했고, 금융 중개업자들은 자금을 조달할 수 없었습니다. 주식시장은 1900년 12월 이후 최저치를 기록하게 됩니다. 니커보커 신탁회사의 상황이 점차 나빠지자, 공황은 또 다른 거대 금융기관인 아메리카 신탁회사와 링컨 신탁회사로 번졌습니다. 아메리카 신탁회사는 결국 J. P. 모건에게 도움을 요청합니다.

## 모건의 파격적인 결단으로 위기를 넘기다

당시 월가에서 가장 영향력 있는 금융인은 J. P. 모건이었습니다. 그는 뉴욕 최고의 재력가였을 뿐 아니라 인맥 또한 가장 넓다 할 만한 은행가로, 이미 1893년 불안정한 금융시장을 안정화하는 데 큰 공헌을 한 인물이었습니다.

당시 유럽에 있던 모건은 10월 19일 토요일 심야에 뉴욕으로 복귀했습니다. 모건의 복귀 소식을 들은 은행장, 신탁회사 사장 등 수많은 금융인이 도움을 청하고자 모건의 저택을 방문했습니다. 모건은 대책 마련이 시급한 니커보커 신탁회사의 상황을 점검했고, 니커보커의 파산이 불가피할 것이라 결론 내렸습니다. 그러나 다른 한편으로 니커

페도르 엔케,
⟨J.P. 모건의 초상⟩,
1903
ⓒwikipedia

보커가 파산하면 다른 건전한 신탁회사까지 영향을 받아 뱅크런이 확산될 수 있다는 점을 인정하고, 건전한 금융기관까지 도산하는 것을 막기 위해 구제에 나서기로 결정합니다.

10월 23일 수요일, 모건은 내셔널 시티 은행장이었던 제임스 스틸먼 James Stillman 과 퍼스트 내셔널 은행장이었던 조지 베이커 George F. Baker 가 협력해 주요 은행에 막대한 양의 자금을 지원하기로 합니다. 이에 은행들은 인출을 요구하는 예금자들에게 현금을 지급할 수 있었습니다. 그러나 다음 날에도 예금 인출이 쇄도한다면 모건을 비롯한 금융인들의 지원금만으로는 부족하다는 것을 파악했습니다.

그날 밤 모건은 주요 신탁회사의 사장들을 소집해 자신의 서재로 불러들입니다. 그리고 현 상황의 긴급성을 거론하며 신탁회사들로부터 825만 달러의 기금을 마련하게 됩니다. 다음 날 미 재무장관 코텔류도 재무부의 자금 2,500만 달러를 뉴욕의 여러 은행에 예치하면서 금융시장에 일어난 자금 경색 및 뱅크런에 대응하기 시작합니다. 또한 스탠더드 오일의 창업자였던 석유 재벌 존 록펠러도 1,000만 달러를 스틸먼의 내셔널 시티 은행에 예치하는 등 미국의 신용을 위해 자신의 자산을 담보로 활용하기 시작했습니다.

그러나 금융계가 이처럼 노력했음에도 거래소에서는 "특정 회사가 위험하다"는 식의 추측성 소문이 난무했고, 뱅크런은 멈추지 않았습니다. 모건은 다시 주요 은행장들과 회동을 갖고, 기금을 마련하기 위한 논의를 진행했습니다. 하지만 자신의 은행들도 어떻게 될지 모르는 마당에 다른 금융기관을 구제하자며 자금을 마련하기란 쉽지 않았습니다. 결국 모인 자금은 총 970만 달러에 불과했고, 은행장들의 태도도 소극적이었습니다.

모건과 금융계는 다시 머리를 맞대고 새로운 대책을 궁리했습니다. 그리고 대중의 금융기관에 대한 신뢰를 회복하는 것이 급선무이며, 신뢰가 회복되지 않으면 금융 시스템 전체가 무너질 수 있다는 결론에 도달합니다. 그 구체적인 실행안으로 교회 및 언론을 통해 미국 금융기관의 재정 건전성을 홍보할 위원회를 설치하기로 합니다.

다음 날인 10월 26일 토요일, 홍보위원회의 활동에 따라 일부 금융 위기를 해결하기 위한 각종 노력들이 게재되었습니다. 또한 유럽에서 가장 영향력 있는 금융인 로스차일드도 모건의 노력에 존경을 표했습니다. 대대적인 홍보가 일반인들에게도 가닿았고, J. P. 모건이 파산을 눈앞에 둔 뉴욕시의 채권을 대규모로 인수하면서 위험은 일단락됩니다. 워싱턴에서도 상황이 안정화되었다는 메시지를 공식화했습니다.

힘겹게 시장의 안정을 되찾은 뉴욕이었지만 또 다른 위기가 다가오고 있었습니다. 11월 2일 토요일, 모건과 일행들은 시장 최대 증권사 중 하나인 무어 앤드 슐리 Moore & Schley가 테네시 석탄철강 철도회사(이하 TC&I)의 주식을 담보로 거액의 부채를 안은 채 파산 위험에 직면했다는 사실을 전해 듣습니다.

무어 앤드 슐리 구제를 위한 은행 간부들의 협의는 토요일 밤 늦게까지 이어졌지만 아무런 진전도 보지 못했습니다. 당일 자정 무렵, 모건은 신탁회사 사장들에게 "무어 앤드 슐리를 구제하려면 2,500만 달러 규모의 자금이 필요하다. 따라서 신탁회사들이 조율해서 충분한 양의 자금을 마련할 수 있는 방안을 내놓지 않으면, 무어 앤드 슐리에 대한 구제금융을 진행하지 않겠다"고 강수를 둡니다. 즉 모든 금융기관이 피해를 보는 상황을 내버려두겠다고 한 것입니다.

새벽 3시가 될 때까지 회의는 지속되었고, 약 120명의 은행과 신탁회사 간부가 모건의 서재에 모여 파산 가능성이 높은 주요 신탁회사의 재무 상황에 대한 상세한 분석 정보를 공유하며 갑론을박 甲論乙駁했습니다. 이때 모건은 은행가들을 서재에 가두고 합의가 될 때까지 그 누구도 나갈 수 없다고 선언하며 열쇠를 자신의 주머니에 집어넣었습니다.

모건은 회의에서 신탁회사에 2,500만 달러를 대출해서 예금 인출에 대응하기 어려운 회사에 지원할 것을 은행 사장들에게 조언했습니다. 금융인들은 그 조언을 달가워하지는 않았지만, 모건은 사태를 방치한다면 금융 시스템 전체가 붕괴할 것이라고 설파하며 강압적인 분위기를 조성했습니다. 이에 새벽 4시 45분에 유니언 신탁회사 사장 에드워드 킹 Edward King 의 서명을 시작으로 나머지 금융인들도 그 조치를 따랐습니다. 마침내 회의가 끝났고, 모건은 열쇠를 꺼내 서재를 열고 은행가들이 집으로 돌아갈 수 있도록 합니다.

자금을 확보한 일요일 오후부터 모건은 US스틸과 TC&I 인수안에 대해 협의를 진행했고, 일요일 밤 US스틸의 TC&I 인수에 대한 인수 구조 및 가격까지 결정되었습니다. 다만 한 가지 문제가 있었는데, 당시 대통령인 루스벨트는 반독점법에 위반될 가능성이 있는 기업의 인수합병을 강력히 반대했습니다. 즉 거래 당사자끼리 합의가 끝나더라도 정부에서 US스틸의 TC&I 인수를 취소할 수 있었습니다.

US스틸의 임원진이었던 헨리 클레이 프릭 Henry Clay Frick 과 앨버트 게리 Elbert H. Gary 는 루스벨트를 설득하러 밤을 새워 기차를 타고 뉴욕에서 워싱턴 D.C.의 백악관까지 갔습니다. 새벽이 되어서야 도착한 두 사람은 위기를 잠식시키기 위해 셔먼 반독점법은 일시적으로 중지하고, 10시에 시장이 열리기 전에 US스틸이 TC&I를 인수할 수 있게 해달라고 요청합니다. 요청 당시 주식시장 개장까지 1시간 남짓 남은 상황이었으며, 루스벨트 대통령은 즉시 회의를 열었습니다. 회의에서는 인수를 허락하지 않을 때 벌어질 수 있는 상황에 대한 논의가 이루어졌고, US스틸의 TC&I 인수 여부를 논의했습니다. 논의 결과 인수를 허용하지 않는다면 시장에 미칠 파급력이 매우 클 것으로 결론이

났기 때문에 루스벨트는 거래를 허가했습니다.

훗날 루스벨트는 당시 사건을 다음과 같이 회고했습니다. "뉴욕의 상황이 너무나 급박했고, 즉시 결정을 내려야 했다. 그런 상황에서 인수를 허가한 것에 대해 그 누구도 비난할 수 없었을 것이다."[3] 그리고 공황과 전반적인 산업 붕괴를 막기 위해 모든 노력을 기울이는 것이 은행가, 기업가, 정치인들의 책무였다고 말했습니다.

인수합병 소식은 시장 개장과 동시에 전달되었고, 시장은 빠르게 안정을 찾기 시작했습니다. 인수합병이 허가되면서 TC&I의 주식을 보유한 금융기관들은 US스틸의 채권으로 교환할 수 있어 재무 상태가 개선되었고, 금융기관과 예금자들 사이의 신뢰는 급격히 회복되었습니다. 이후 간헐적으로 예금 인출을 정지하는 경우가 발생하긴 했지만, 링컨 신탁회사와 아메리칸 신탁회사의 유가증권을 담보로 대규모 구제금융을 투입하면서 예금 인출에 대응할 수 있었고, 금융공황은 사실상 끝이 납니다.

### 우리가 알아야 할 것들

**1. 실물경제 팽창으로 인한 금융의 성장은 다시 실물경제 성장으로 이어지는 선순환을 이루어낼 수 있다.**

남북전쟁 이후 미국은 경제를 재건하는 과정에서 대량의 투자와 경제 팽창을 경험합니다. 이러한 실물경제의 성장은 금융의 빠른 발전을 가져오고 발전된 금융은 다시 실물경제로의 자본 유입을 촉진시켜 경제성장을 촉진시키는 선순환을 가져왔습니다.

2. **소수의 시장 참여자가 금융 시스템 전체를 위기에 빠뜨릴 수 있다.**

1907년, 오거스터스 하인즈가 지배하고 있던 유나이티드 구리회사의 주가조작에서 위기가 시작되었습니다. 하인즈는 지배 지분을 이용해서 주가를 인위적으로 흔들면서 숏 스퀴즈를 이용하는 시장 조작을 시도했습니다. 자금 부족으로 인해 작전 자체는 허무하게 실패로 끝나버렸지만, 이로 인해 유나이티드 구리회사의 주식은 급락해버리고 이 작전을 주도한 그로스 앤드 클리버그의 위기는 금융 시스템을 위협합니다.

3. **거시경제적인 관점은 주식시장의 움직임을 읽는 데 도움이 될까?**

오토 하인즈가 당시 주식시장이 불안했던 거시경제적인 이유를 이해했더라면 이렇게 허무한 주가조작을 시도조차 하지 않았을 것입니다. 오토 하인즈는 큰 그림을 읽는 데 실패했고, 이에 허무할 만큼 쉽게 파산해버리고 금융시장을 위험에 빠지게 했습니다.

4. **시장의 분위기가 나쁜 상황에서는 작은 문제가 투자자들의 불안감에 불을 지필 수 있다.**

사실 오거스터스 하인즈가 관리하던 은행들에서 일어난 뱅크런은 뉴욕 금융 산업 전체를 보면 아주 작은 일부분에 지나지 않았습니다. 그러나 샌프란시스코의 지진, 영국의 금리 인상, 햅번법, 유동성 부족, 유니언 퍼시픽 철도 주식가격 폭락, 스탠더드 오일사에 대한 반독점법 규제 등으로 이미 불안정했던 금융시장에 던져진 하인즈의 무리수는 투자자들의 불안감을 자극해 연쇄 뱅크런을 유발할 수 있었습니다.

5. **영웅이라도 혼자서는 시장을 구할 수 없다.**

    1907년 금융위기 극복을 주도했던 J. P. 모건이 신탁회사들로부터 모집한 기금이 825만 달러였던 데 반해 재무부에서는 그 세 배에 달하는 2,500만 달러를 뉴욕의 여러 은행에 예치합니다. 또한 무어 앤드 슐리 구제를 위해 추가로 2,500만 달러가 필요했을 때에도 모건은 신탁회사 간부들을 가두어놓고 그들에게 지원을 약속받습니다. 물론 J. P. 모건이 주도하고 조율했지만, 위기를 극복할 만한 재원을 마련하는 일이 상대적으로 금융시장의 규모가 작았던 1907년에도 개인의 역량을 한참 뛰어넘는 거대한 과제였다는 점을 보여줍니다.

6. **금융위기를 극복해야 할 때 정부의 의지는 필수적이다.**

    재원을 확보한 이후에도 헨리 클레이 프릭과 앨버트 게리는 루스벨트 대통령을 설득해야만 했습니다. 금융회사들에게 금융 산업은 자신의 모든 것이겠지만 행정부에게 금융 산업은 물론 중요하지만 하나의 산업일 뿐입니다. 국가는 금융위기를 바라볼 때 사회 전반이라는 더 큰 맥락에서 살펴보기 때문에, 정부의 의지가 없다면 금융위기 극복은 매우 어렵습니다.

7. **대공황이 일어난 주요 일자**

    10월 14일 월요일: 유나이티드 구리회사 주가 39달러에서 59달러로 상승

    10월 15일 화요일: 유나이티드 구리회사 주가 10달러까지 폭락

10월 16일 수요일: 그로스 앤드 클리버그 영업 중단

10월 17일 목요일: 버트 몬태나주 저축은행 지급 불능 공표

10월 18일 금요일: 니커보커 신탁회사 뱅크런 발생

10월 19일 토요일: J. P. 모건이 미국으로 귀국함

10월 23일 수요일: 모건, 스틸먼, 베이커 등이 모여 자금 지원 협의

10월 24일 목요일: 신탁회사 기금 마련, 재무부 자금 및 록펠러 자금 유치

10월 26일 토요일: 홍보위원회 활동 시작

11월 2일 토요일: 무어 앤드 슐리 증권사가 파산 위험이 직면했다는 사실을 모건이 인지함

11월 3일 일요일: 모건의 감금회의

2장

# 지속할 수 없는 외환 정책의 실패

【금융 버블】

1997~1998년
아시아 금융위기

금모으기운동, IMF의 구제금융, 원화가치 폭락, 유학생들의 귀환······. 30년 가까이 시간이 흘렀지만 1997년에 닥친 아시아 금융위기는 아직 우리 머릿속에서 지워지지 않았습니다. 그러나 당시의 괴로움이 기억에 남아 있는 것과는 달리 시간이 꽤 흐르는 사이에 우리가 배웠던 실패 요인들과 교훈들은 많이 희석된 것 같습니다.

특히 태국을 비롯한 여러 동남아시아 국가는 1990년대 경제성장을 가속화하기 위해 적극적으로 자본자유화 정책을 도입했습니다. 자본자유화란 외국 자본이 자유롭게 유입·유출될 수 있도록 금융시장과 외환시장을 개방하는 것을 의미하는데, 당시 동남아시아 국가들은 이를 통해 외국인직접투자FDI와 단기 차입 자금을 대거 유치했습니다. 각국의 정부는 해외 자본이 원활히 유입될 수 있도록 금융·세제 혜택을 제공했고, 외국계 금융기관들이 현지에 지점을 설립하여 기업과 개인에게 적극적으로 대출을 실행했습니다. 이런 정책 덕분에 태국, 인도네시아, 말레이시아 등은 한때 '아시아의 기적'이라는 평가를 받으며 빠르게 성장했지만, 문제는 그 성장의 기반이 실물경제보다는 부동산과 금융시장에 집중되었다는 점이었습니다. 값싼 외화 자금이 대거 유입되면서 부동산과 주식시장으로 흘러들었고, 기업과 개인들은 쉽게 돈을 빌려 부동산과 자산을 사들였습니다. 그러나 이러한 현상은 실질적인 산업 생산성 향상 없이 금융·부동산 거품만 키우는 구조를 만들었습니다.

거품이 커질수록 시장은 점점 더 불안정한 구조로 변해갔습니다. 대출이 확대되면서 금융기관들은 점점 더 위험한 자산에도 돈을 빌려주었고, 기업들은 과도한 차입을 바탕으로 투자 결정을 내리기 시작했습니다. 특히 태국은 고정환율제(바트화를 달러에 고정함)를 유지했는데, 이는 환율 변동성을 줄이는 효과가 있지만, 해외 투자자들이 손쉽게 바트화 표시 자산에 투자하도록 만들었습니다. 하지만 부동산 경기가 둔화하고 기업들의 실적이 악화하자 투자자들은 불안을 느끼고 자금을 회수하기 시작했습니다. 여기에 태국 정부가 외환보유고 부족으로 고정환율제를 유지할 수 없게 되면서, 환율이 폭락하고 외채 부담이 급격히 증가하는 악순환이 시작되었습니다. 이는 태국뿐 아니라 인도네시아, 한국 등으로 위기가 확산하는 계기가 되었으며, 결국 한국도 비슷한 과정으로 IMF 구제금융을 받을 수밖에 없는 상황에 놓이고 맙니다. 1997년 금융위기의 핵심은 단순한 외환위기가 아니라, 외국 자본에 지나치게 의존했던 경제구조와 부동산·금융 버블이 무너지면서 발생한 경제 시스템 전반의 붕괴라는 점을 기억할 필요가 있습니다.

이 장에서는 자본자유화, 고정환율제, 통화정책에 대해 이해하는

> **고정환율제**
> 정부가 특정 통화의 환율을 일정한 수준에서 고정하고 이 환율을 유지하기 위해서 중앙은행이 외환시장에 개입하도록 한 제도다. 이 제도를 시행하면 환율이 안정적으로 유지되어 경제활동이 안정적으로 이루어지는 것을 보장하기 때문에 대외적인 거래가 촉진되지만 환율 변동에 따른 국제수지 조정이 불가능해져 대외에서 충격이 발생하면 물가가 불안정해지는 등 국내 경제를 불안정하게 하기도 한다.

게 가장 중요한 목표입니다. 반복해서 언급하지만 많은 투자자들이 투자를 할 때 거시경제적 관점과 가장 근본이 되는 경제적 메커니즘에 대한 이해를 경시하는 경향이 있습니다. 이러한 경제적 메커니즘은 직관적이지도 않고 이해하기 어렵기 때문입니다.

> **생각해볼 질문들**
>
> - 자본자유화와 금융국제화는 왜 금융의 팽창을 가져올까?
> - 고정환율제의 장점 및 단점은 무엇일까?
> - 통화정책의 독자성이 필요한 이유는 무엇일까?
> - 자본자유화, 고정환율제, 통화정책의 독자성은 동시에 이룰 수 없는 것일까?
> - 금융위기는 실물경제 침체로 이어질 수 있을까?

## 아시아 버블, 연쇄적으로 터지다

1997년 태국에서 부동산 버블이 터지면서 태국의 경제 전망이 매우 나빴습니다. 전망이 좋지 않으니 국제금융시장에서 태국의 통화를 보유하려는 동기는 매우 적었습니다. 이에 반해 태국의 바트화는 해외 자본

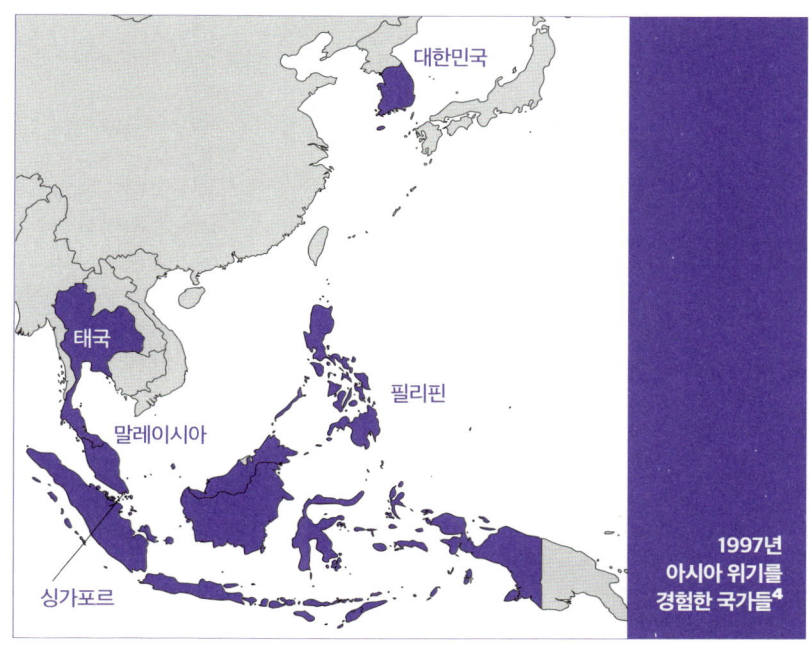

1997년 아시아 위기를 경험한 국가들[4]

**헤지펀드(hedge fund)**
주식, 채권, 파생상품, 실물자산 등 다양한 자산에 투자하는 사모펀드를 통칭해 헤지펀드라고 부른다. 헤지펀드는 일반적으로 불특정 다수로부터 자금을 유치하는 공모펀드보다는 대규모 자금을 보유하고 있는 소수의 투자자로부터 자금을 모아 파트너십을 결성한 뒤 조세피난처에 거점을 마련해 활동하는 사모펀드 형태를 가지고 있다.

유입을 유도하기 위해 금리를 높인 채 바트화를 고평가해 고정환율을 적용하고 있었습니다. 나쁜 경제 전망, 통화수요 부족, 인위적으로 고평가된 환율은 당연히 바트화를 매도할 동기를 시장에 주었고, 결국 1997년 7월 2일 태국은행은 외환시장에서의 헤지펀드를 중심으로 한 바트화 매도 압력을 견디지 못해 변동환율제로 전환합니다. 이에 달러당 25바트화에 고정되었던 태국 화폐는 달러당 32바트화까지 떨어집니다.

이후 8월, 태국은 자국 통화가치가 하락함에 따라 해외 채무에 대한 실질적인 부담이 급격히 늘어났으며, 해외로부터 빌린 단기 채무를 감당하지 못해 IMF에 지원을 요청하게 됩니다. 태국 내에서 단기외채를 공급하던 42개의 주요 부실 금융기관에 영업정지 조치가 취해졌고, 9월에 들어서는 국제신용평가기관 S&P, 무디스 Moody's 등이 태국의 국가신용등급을 일제히 낮췄습니다.

> **IMF**
> (International Monetary Fund)
> 1944년 체결된 브레턴우즈협정에 따라 1945년에 설립된 국제금융기구로 세계무역의 안정된 확대를 통해 가맹국들의 고용증대, 소득 증가, 생산 자원 개발에 기여하는 것을 궁극적인 목적으로 한다. IMF의 주요 업무는 ①외환시세 안정 ②외환제한 철폐 ③자금 공여가 있다.

    1997년 부동산 버블이 터지면서 태국의 거대 금융기관 파이낸스 원 Finance One 의 부실이 드러났고, 경기 불황의 조짐을 보였던 태국 경제는 외환위기를 겪으며 더욱 악화되었습니다. 태국의 총리 차왈릿 용차이웃 Chavalit Yongchaiyudh 은 외환위기 발생에 대한 책임을 지고 사임했습니다. 경제적 위기가 나라의 정권을 갈아치운 것입니다.

    태국의 외환위기는 곧 인도네시아에도 큰 피해를 입힙니다. 1997년 태국의 외환위기와 더불어 환율시장이 급격한 변동성을 보이자 인도네시아는 원래 고정환율이 적용되던 루피아화의 연간 환율 변화폭을 8~12퍼센트까지 넓히기로 합니다. 그럼에도 태국의 영향에 의해 지속적으로 환투기에 노출되면서 1997년 8월 태국 변동환율제를 적용합니다. 이에 달러당 2,380루피아화였던 환율은 단숨에 2,870루피아화까지 급등했고, 인도네시아 또한 민간 부문의 외채를 갚지 못해 IMF에 자금 지원을 요청하게 됩니다. 외환위기가 번짐에 따라 인도네시아 물가가 폭등했고, 인도네시아 내에서는 폭동이 일어났으며, 사망자가 발생하는 등 국가 전체가 혼란에 빠졌습니다.

인도네시아, 말레이시아, 필리핀 등 동남아에서 시작된 외환위기의 파도는 대한민국, 홍콩, 대만 등 동북아시아까지 거세게 밀려옵니다. 각국 정부는 자국 환율을 보호하기 위해 외환보유고를 활용했으나, 외환보유고가 충분하지 못해 변동환율제로 전환할 수밖에 없었습니다. 동남아에서 비롯한 신흥 아시아 국가들에 대한 불안감이 점점 더 퍼지면서 대만달러(NT$)에 대한 매도 압력도 급격히 높아지기 시작했습니다. 이에 대만의 중앙은행도 시장개입을 중단하고 환율 변동을 외환시장에 따라 자유자재로 움직이게 내버려둡니다.

중국에 반환되고 얼마 지나지 않은 홍콩의 달러화도 국제자본시장의 투기 대상이 되었고, 홍콩 통화당국은 홍콩달러의 금리 인상으로 대응합니다. 그러나 금리 인상은 기업의 이자부담을 높여 주식시장을 하락세로 전환시켰고, 높아진 금리는 주식시장에서 투자수익을 실현하기 어렵게 만들면서 홍콩에 머물던 해외 자본이 대거 탈출하기 시작했습니다. 해외 자본의 유출은 오히려 홍콩달러의 가치를 내리는 계기가 되었고, 홍콩도 환율을 안정적으로 관리하는 데 어려움을 겪습니다. 그리고 아시아 전반에 걸쳐 금융시장이 불안정한 상태에 놓입니다.

동아시아 금융시장의 허브 기능을 맡았던 홍콩의 금융 불안은 한국의 통화가치까지 위협하는 배경이 됩니다. 1997년에는 연초부터 국내 일부 대기업들이 파산했는데, 정부로서는 이것이 국가가 부실한 대기업을 지원하기를 인위적으로 멈춘 것, 즉 한국 경제가 시장경제로 전환하고 있다는 신호로 비춰지길 기대했습니다. 그러나 정부의 의도와는 달리, 국제금융시장에서는 한국 기업의 파산을 경제적 위험신호로 받아들이고 한국으로부터 자금을 회수하기 시작했습니다.

그리고 때마침 인도네시아에 투자했던 한국 종합금융회사(이하 종금사)의 부실한 재무 상태도 금세 드러납니다. 심지어 1997년 11월에 들어서는 블룸버그통신에 보도된 것처럼 "한국의 외환보유고가 위험한 수준"이었고, 이는 외환 투기 세력이 한국의 원화를 매도하는 촉매제가 되었습니다. 한국 경제에 대한 위기감이 고조되자, 2~3년 사이에 급격히 늘어났던 단기외채의 대출 연장이 중단되면서 외환위기가 발생하게 됩니다. 한국 정부는 IMF에 구제금융을 요청했고, IMF 관리체제에 들어간 한국 경제는 강력한 구조조정과 함께 침체기를 맞이했습니다.

## 해외 자본이 불러일으킨 태국의 외환위기

1992년 태국은 군부 쿠데타를 몰아내기 위해 민주화 운동을 진행했습니다. 민주 세력의 적극적인 활동은 정부와 충돌을 일으켰고, 유혈사태까지 일어나는 등 갈등이 극심했습니다. 이에 양측은 헌법을 개정하는 것으로 합의를 보았으며, 이후 선거에서 네 개 여당이 연립내각을 구축하면서 정치적으로 안정적인 분위기가 형성되었습니다.

안정적인 정치적 배경에서 총리로 취임한 차왈릿 용차이윳은 경제발전을 추진하고자 해외자본을 적극적으로 유치해 성장기반을 마련하고자 했습니다. 이런 이유로 태국은 다른 동남아시아 국가들에 비

**자본자유화**
개방 경제체제를 위해 자본의 국가 간 이동을 자유롭게 허용하려는 정책을 의미한다. 좁은 의미로는 외국 기업의 자유로운 진출을 인정하는 대내 직간접 투자를 가리키고, 넓은 의미로는 외국의 자금이 자국에 유입되는 것과 자국의 자금이 외국으로 유출되는 것에 대한 양면의 자유화를 가리킨다.

**역외금융시장**
**(offshore market)**
세금, 금리 등 자국의 각종 규제로부터 벗어나 자유롭게 자금을 운용하거나 조달할 수 있는 금융시장을 가리킨다.

해 자본자유화를 조금 더 빨리 시행합니다.

정책 효과를 높이기 위해 태국 정부는 1993년 역외금융시장인 방콕국제금융시장(이하 BIBF)을 설립하고, 역외금융시장의 경쟁력을 높이고자 BIBF 허가 금융기관에게 세제 혜택을 제공하는 등 해외 자본 유치에 적극적인 모습을 보였습니다.

당시 BIBF 허가를 받은 외국계 금융기관들은 태국 경제에 기여한 실적에 따라 전국 규모에 대한 영업허가를 받을 수 있었는데, 기여 실적은 태국의 기업 및 금융기관에 외화를 대출해준 액수로 평가했습니다. 이는 태국 경제 내 외화 자금을 효과적으로 들여옴으로써 성장에 필요한 투자금을 용이하게 확보할 수 있도록 하는 것이었습니다. 태국에 진입한 외국계 금융기관은 태국 내 영업망을 확대하고자 해외자본을 적극적으로 들여왔고, 태국 기업들을 대상으로 외화 대출을 적극적으로 시행합니다.

당시 태국은 고정환율제를 시행한 국가였기 때문에 태국에 진출한 국제금융기관은 환율 변화에 따른 손실을 걱정하지 않고 사업을 영위할 수 있었습니다. 국제금융기관은 환위험 없이 사업할 수 있는 태국에서 전국적으로 영업할 수 있는 권한을 갖기 위해 외화 자금을 많이 끌어왔습니다. 즉 태국의 기업과 시민들이 외국계 은행으로부터 손쉽게 자금을 빌릴 수 있게 된 것입니다.

문제는 BIBF 라이선스를 보유한 해외 금융기관의 대출이 금융당국의 규제가 느슨한 비은행 금융기관을 중심으로 활성화되면서 발생합니다. 태국 국내로 들어온 해외 자본은 파이낸스 원과 같은 비은행 금융기관을 거쳐 부동산, 건축 등 비교역재와 주식시장을 중심으로 공급되면서 경제 내 버블을 만들었습니다. 특히 1990년부터 경상수지 적자가 연 평균 −7퍼센트 수준을 기록할 만큼 수입이 수출을 훨씬 웃돌았기 때문에 해외 자금에 대한 의존성이 매우 높았습니다. 게다가 해외 채무의 상당 부분이 점차 단기금융에 의존하면서 경제가 갑작스레 침체기에 빠질 경우 대규모 채무불이행이 발생할 수 있는 취약한 상태로 변하고 있었습니다.

해외 자금이 태국의 부동산, 주식시장에 적잖게 유입되자 자산 가격이 가파르게 뛰어올랐습니다. 태국 정부는 과열된 자산 가격을 안정화시키기 위해 1995년부터 금리를 급격히 올리는 등 긴축정책으로 돌아섰고, 부동산에 대한 융자도 규제하기 시작합니다. 그 결과

| 연도 | 1990 | 1991 | 1992 | 1993 | 1994 | 1995 | 1996 |
|---|---|---|---|---|---|---|---|
| 경상수지/GDP(%) | -8.5 | -7.67 | -5.65 | -5.07 | -5.64 | -8.24 | -8.1 |
| 외채/GDP(%) | 32.8 | 38.18 | 37.48 | 41.99 | 45.71 | 50.55 | 50.06 |
| 단기외채 비율(%) | 29.63 | 33.13 | 35.22 | 42.97 | 44.53 | 49.41 | 41.41 |

1990년대 태국의 거시경제 지표[5]

건설이 중단된 방콕의
사톤 유니크 타워
ⓒSupanut Arunoprayote

1996년부터 부동산 가격 하락과 함께 부동산 회사들이 파산하고, 부동산에 대출을 제공한 비은행 금융기관의 각종 채권 및 자산이 부실화되었습니다. 부동산 시장이 무너지며 경제 상황이 나빠지자, 단기로 자금을 제공했던 해외 금융기관들도 태국의 금융기관에 대출을 중단하기 시작했습니다.

  방콕의 유명한 고급 호텔들이 위치한 짜오프라야강변 한가운데에 유령처럼 놓인 사톤 유니크 타워가 1997년 태국의 상황을 아직도 잘 보여주고 있습니다. 이 타워는 1990년에 착공해 원래는 방콕에서 가장 화려한 경관을 자랑하는 랜드마크가 될 예정이었습니다. 80퍼센트 정도 완공된 시점에서 1997년 통화위기가 발생했고, 이 프로젝트에 자금을 조달한 금융회사가 파산하면서 건설은 중단되었습니다. 1997년 당시 이렇게 취소되었던 미완성 고층건물 건설 프로젝트는 방콕에만 약 300개에 달했습니다.

이 과정에서 부실이 표면화된 사건은 태국 비은행 금융기관 파이낸스 원이 1997년 3월 타이다뉴은행에 합병된다는 소식이었습니다. 파이낸스 원은 태국 최대의 금융기업이었으며, 부동산 시장에 자금을 제공하던 주요 금융기관이었습니다. 파이낸스 원의 부실로 인해 추진된 합병 소식은 부동산 시장 및 금융산업에 큰 문제가 있음을 알리는 신호였던 것입니다.

발표 이틀 후, 은행, 금융회사, 증권회사의 주식거래가 정지되었고, 주식시장은 전반적으로 하락세를 보이기 시작합니다. 결국 뱅크런이 발생해 총 예금의 9퍼센트 금액이 인출되며 금융기관들이 현금을 확보하느라 분주해지는 상황이 일어났습니다. 태국의 금융시장이 불안정세를 보이자 해외 투자자들은 태국의 지속적인 경상수지 적자도 주목합니다. 태국의 경제성장은 수출을 중심으로 일어난 것이 아니라, 부동산과 같은 비교역재 부문을 중심으로 팽창된 것이었습니다. 태국의 불안정한 경제 상황이 드러나면서 국제금융시장에서 바트화를 매도하는 움직임이 확산됩니다. 경제가 불안정한 국가의 화폐는 그 가치가 언제 급격히 하락할지 알 수 없기 때문입니다.

특히나 국제 투기 자본은 대규모로 바트화 선물을 매도했으며, 태국 중앙은행은 바트화 가치가 떨어지는 것을 막기 위해 외환시장에 개입합니다. 그러나 중앙은행의 외환보유고가 급격하게 줄어들면서 더 이상 방어하는 게 의미가 없자 대응을 포기했습니다. 이에 7월 2일 태국 통화당국은 공식적으로 바트화 가치 방어를 중단하면서 변동환율제로 전환합니다. 태국 바트화의 가치는 환율 시스템 변경과 동시에 하루 만에 20퍼센트 폭락하게 됩니다.

변동환율제로 전환한 이후에도 바트화의 가치는 꾸준히 하락세를 보였습니다. 이제는 국제자본의 바트화에 대한 매도세뿐 아니라 태국의 기업과 금융기관의 외화 수요가 급격히 증가하면서 문제가 발생했습니다. 해외 금융기관이 더 이상 채무를 연장해주지 않자, 태국 경제주체들은 해외 채무를 상환하거나 뒤늦게 외화 채무의 실질적인 부담을 관리하기 위해 외환시장에서 달러를 매입하기 시작했고, 외화의 수요는 더욱 높아졌습니다.

태국 금융당국은 외환보유고가 소진되기 이전에 변동환율제로 전환했으나 환위험을 관리하지 않았던 민간 부문이 뒤늦게 외환 위험을 관리하고자 달러를 사들인 결과, 달러화 대비 바트화의 가치는 더 빠르게 떨어지게 됩니다. 반대로 외화의 가격은 더욱 올라갔습니다. 바트화의 가치가 낮아진 만큼 해외 채무에 대한 실질적인 부담도 커졌습니다. 태국의 외환위기는 이렇게 시작된 것입니다.

## 인도네시아를 위험에 빠뜨린 변동환율제

위기감은 한번 조성되면 인근 지역까지 의심이 확산됩니다. 태국의 부동산 시장이 무너지고 외채 연장이 중단되면서 일어난 '신흥국 통화 매도세'라는 불길은 필리핀, 인도네시아, 말레이시아 등 주변국까지 번집니다. 위기에 빠진 국가의 화폐는 언제 그 가치가 폭락할지 모르기 때문입니다. 동남아시아 주요 국가들도 태국과 마찬가지로 자본자유화를 통해 해외 자본이 유입되었고, 자산 가격에 버블이 형성된 상태였습니다. 또한 이들 국가도 7년 이상 경상수지 적자가 지속된 채무국들이었습니다. 인도네시아의 사례를 살펴보면 동남아시아의 외환위기 확산 과정을 조금 더 자세히 이해할 수 있습니다.

산유국이었던 인도네시아는 두 차례의 석유파동에 의한 오일 붐이 종식되자 1980년 이후부터 외환 부족과 재정위기에 시달렸습니다. 인도네시아 정부는 이에 대한 돌파구로 외국인 투자 유치, 금융·자본자유화 등을 본격화하기 시작했습니다.

1987년부터는 증시를 개방하면서 외국인 투자자가 국내 상장기업에 투자할 수 있도록 조치를 취합니다. 같은 기간 인도네시아 은행이 해외 금융기관으로부터 외화를 차입할 수 있는 한도를 없애고, 외국인 투자자를 규제하는 방식도 네거티브 시스템으로 전환하는 등 자본에 대한 규제를 상당부분 완화합니다. 해외 자금의 차입 규모와 외국인의 증권 투자가

**네거티브 시스템(포괄주의)**
규제 원칙을 지정하는 개념으로, 제한하거나 금지하는 규정을 열거하고 나머지는 자유화하는 규제 체계를 뜻한다.

늘어나면서 국내 유동성이 풍부해졌고, 주요 부동산의 가격이 일제히 상승세를 보였습니다.

문제는 태국의 부동산 거품이 꺼지면서 시작되었습니다. 태국 경제가 불안정해지고 바트화의 가치가 급격한 하락세를 띠면서 인접국에 대한 의심도 짙어집니다. 그리고 그 과정에서 인도네시아의 단기외채 비율 증가세와 경상수지 적자와 같은 거시경제지표가 주목받으면서 인도네시아 경제를 불신하는 눈길도 늘어갔습니다. 이에 따라 인도네시아의 루피아화 가치도 불안정한 움직임을 보이며 루피아화 매도압력이 강해집니다.

인도네시아 금융당국은 외환시장에서의 통화가치와 고정환율 사이의 괴리를 해소하고자 최대 8퍼센트였던 환율변동폭을 12퍼센트로 넓힙니다. 또한 루피아화 가치를 방어하기 위해 인도네시아 중앙은행은 외환보유고를 활용해 루피아화 가치 방어를 시도합니다. 그러나 1997년 8월 14일에는 외환시장의 급격한 변화에 대응할 여력이 부족해지면서 인도네시아도 고정환율제를 유지하지 못하고 변동환율제로 돌아설 수밖에 없었습니다.

변동환율제로 돌아서면서 루피아화의 가치는 기존의 환율변동폭 최대치였던 12퍼센트 이상 하락했습니다. 루피아화의 급격한 가치 하락을 막으려고 인도네시아는 정부예산을 삭감하고 고금리 정책을 시행했으나 자본유출의 흐름을 전환시키기에는 역부족이었습니다. 외화 유출이 심화하고, 금융기관들의 부실이 표면적으로 드러났으며, 통화가치를 방어하려고 높인 금리가 기업경영에 부담으로 작용하면서 경제 상황은 점차 나빠졌습니다.

연초 달러당 2,380루피아였던 환율은 연말에 5,400루피아까지 올랐으며, 1998년에는 1만 루피아까지 상승하며 태국보다 더 심각한 수준에 이릅니다. 글로벌 신용평가사 S&P는 인도네시아의 신용등급을 BBB에서 BB+로 조정했고, 인도네시아 채권은 투기 채권으로 분류되어 해외 금융기관으로부터 돈을 빌리는 것은 사실상 불가능한 지경에 이르렀습니다.

루피아화가 급격히 하락하자, 해외수입품을 비롯한 갖가지 물품들의 가격이 급등했습니다. 또한 IMF의 구제금융을 지원받는 조건으로 정부가 재정 건전화를 시행하기 위해 연료비, 전기료, 교통요금을 올렸습니다. 경제 상황이 악화한 것뿐만 아니라 물가까지 걷잡을 수 없게 된 것입니다.

그러자 생활고에 시달리던 시민들이 폭동을 일으키고 시위에 가담합니다. 정치적 불안정이 쉽게 누그러지지 않는 가운데 대규모 시위는 유혈사태로 이어졌고, 정부와 시민들 간의 갈등은 고조되었습니다. 결국 1998년 5월에는 32년간 장기집권했던 수하르토 **Haji Mohammad Soeharto** 대통령이 하야를 선언합니다. 외환위기는 인도네시아의 정권마저 교체했습니다.

동남아시아를 한껏 뒤흔든 외환위기는 홍콩에도 영향을 미쳤습니다. 1997년 7월에 바트화 매도가 본격화하는 시기는 마침 홍콩이 영국에서 중국으로 반환되는 시점이었습니다. 이에 국제 투기 자본은 홍콩을 먹잇감으로 점찍습니다. 공산주의 국가가 홍콩을 관리하게 되면 홍콩의 경제 상황이 어떻게 될지 모르기 때문이었습니다.

1997년 10월에는 대만이 동남아시아에서 시작된 환율 공격에 크게 대응하지 않고 빠르게 변동환율제로 전환하고, 이에 따라 홍콩 달러 및 주가지수에 대한 매도 압력은 더욱 거세어집니다. 홍콩은 자국 화폐가치를 보호하기 위해 은행 간 금리를 5퍼센트에서 10퍼센트로 급격히 인상하는 방식으로 대응합니다. 그러나 금리 인상은 기업 수익 전망에 악영향을 미쳤고, 이는 홍콩 증시 하락으로 이어졌습니다. 10월 17일 1만 3,601이었던 홍콩 항생지수가 10월 23일에 1만 426으로 폭락했고, 시가총액의 30퍼센트가 증발했습니다. 주가 하락에 베팅했던 국제 투기 자본은 실현한 수익을 다시 홍콩달러 매도에 활용했고, 홍콩의 금융시장도 더 불안정해지게 됩니다.

아시아의 금융 허브 역할을 자처하던 홍콩의 금융시장이 불안정해지자 국제자본도 홍콩에서 철수하려는 움직임을 보입니다. 이는 홍콩으로부터 국제 자본을 대규모로 조달했던 한국까지 영향을 미칩니다. 특히 한국의 금융기관 중 상당수가 홍콩으로부터 자금을 차입했으며, 외채의 구성도 단기외채의 비중이 58퍼센트를 차지하는 등 홍콩을 중심으로 돌아가던 아시아 금융시장에 영향을 많이 받을 수밖에 없었습니다. 이로 인해 한국 금융기관에서 외화 차입이 더욱 어려워지게 된 것입니다. 그리고 앞서 이야기한 것처럼, 1997년 11월 블룸버그 통신이 "한국의 금융위기는 태국보다 심각해질 가능성이 크며 IMF에 자금 지원을 요청할지도 모른다"고 보도하면서 한국의 금융기관의 신용은 더 크게 훼손되었습니다.

## 미숙한 외환시장 규제로 인한 한국의 위기

태국에서 부동산 버블이 형성되고 붕괴하면서 외환위기가 몰아친 것처럼, 한국의 외환위기에도 조금 더 근본적인 원인이 몇 가지 있었습니다. 그 원인을 몇 가지 짚어보자면, 정치적 목적을 달성하기 위한 정책 방향, 금융기관의 위험 관리 실패, 대기업 집단의 국제경쟁력 하락에 따른 연쇄 부도, 핵심 산업이었던 반도체 부문의 불황 등을 들 수 있을 것 같습니다.

사실 한국의 경우 거시경제지표만 가지고 갑작스러운 외환위기를 예견하기는 쉽지 않았습니다. 1990년대 당시 우리나라의 연평균 성장률은 물가를 조정하고도 무려 7퍼센트를 기록했으며, GDP 대비 경상수지 적자도 -5퍼센트를 기록했던 1996년을 제외하면 GDP 대비 3퍼센트 미만에 그쳤습니다. 약 7~8년간 지속적으로 경상수지 적자를 기록한 동남아시아 국가들과는 대조적입니다. 외관상 한국 경제는 튼튼했고 특별히 문제가 될 이유가 없었음에도 태국에서 시작된 불안감이 한국을 집어삼킨 이면에 있는 이유를 이해하기 위해서는 당시 한국 정부의 정책과 기업의 경쟁력 변화, 일본의 상황을 이해해야만 합니다.

1993년에 집권한 김영삼 정부는 자유시장경제체제를 옹호하고, 세계화라는 거시적 흐름에 발맞추어 정책을 시행했습니다. 그리고 집권한 정권의 성과 중 하나로 OECD 가입을 내걸며 1994년 12월부터 본격적인 준비에 착수합니다.

한국 정부는 1994년 〈외환제도 개혁 계획〉을 발표하며 자본자유화를 본격적으로 추진했습니다. 이에 따라 1995년에는 외화예금이 허용되었고, 외국환은행의 설치와 업무를 자유화하게 됩니다. 1994년부터 1996년까지 총 24개의 투자금융회사들에 국제 업무와 리스 업무를 허가해주었고, 종금사에 해당하는 금융기관이 30곳으로 늘어났습니다. 그리고 1996년 12월 말에는 OECD 가입이 확정되면서 자본거래에 대한 규제가 더욱 완화됩니다.

당시 우리나라의 OECD 가입 확정을 알리는 기사는 다음과 같이 보도되었습니다.

> 어제밤 이사회 결정, 한국 29번째 회원국에:
> 선진국 자격 세계정제 적극참여
> 한국의 경제협력개발기구 OECD 정식 회원국 가입이 11일 확정됐다. OECD는 이날 파리에서 열린 이사회에서 한국의 29번째 회원 가입을 정식 의결했다. (중략) 이로써 한국은 선진국 경제협의체인 OECD에서 세계경제정책·환경·노동·국제투자 등 세계 경제질서 논의에 적극적으로 참여할 수 있게 됐다. 또 한국은 OECD 정식 회원국으로서 선진국의 각종 경제정보에 용이하게 접근하고 세계경제의 흐름을 미리 파악할 수 있게 됨으로써 국제경쟁력 향상의 토대를 마련하게 됐다. (중략) 국내 은행의 국제 신용도가 상승함에 따라 유리한 조건으로 자금을 차입하여 국내기업과 외국기업에 대출할 수 있게 돼 금융산업의 활성화가 기대된다고 밝혔다. (중략) OECD는 각 경제부문의 자유화를 유도하고 있으나 회원국의 수용능력을 고

려, 일정 기간 자유화 의무를 면제 또는 유보하는 제도를 두고 있는데 한국은 이날 51개항에 걸쳐 자유화 유보조건을 확보했다. 그러나 시설재차관 도입이 99년 완전 자유화되고 2000년에는 외국인주식투자의 제한이 없어지는 등 시장개방이 빨라져 그만큼 국내 금융시장이 경쟁에 휩싸이고 자칫 해외 자금 유입에 따른 단기혼란이 빚어질 것으로 우려된다.[6]

그러나 정치적 목적을 달성하고자 급격하게 세계화를 추진하고 OECD 가입을 준비한 결과, 규제가 미숙한 상태로 자리 잡게 됩니다. 대표적으로 장기 외화 자금 차입에서는 사전 보고 및 신고 의무가 있었던 반면, 단기 외화 자금 차입에 대한 규제는 미비했습니다. 이에 국내 금융기관들도 외화 자금을 차입하는 과정에서 장기외채보다는 단기외채에 더욱 의존하는 형태를 보입니다. 통상 단기금리가 장기금리보다 저렴하기 때문에 금융기관으로서도 수익성을 더 높일 수 있는 방안이었습니다. 그 과정에서 1993년 43퍼센트 수준이었던 총외채 대비 단기외채 비율은 58퍼센트까지 늘어납니다.

금융기관이 해외에서 단기로 차입해서 영업하는 방식은 국제적으로 유동성이 풍부하고 국가의 신용도가 높을 때는 문제가 없으나, 태국에서 시작된 금융위기로 해외 금융기관들이 위험 회피 성향을 보일 때는 상황이 달라집니다. 안타깝게도 종금사는 채권과 채무의 만기도 제대로 관리하지 않았기 때문에 외환위기 당시에 자금을 마련하지 못하고 부도가 나고 맙니다. 물론, 그 배경에는 종금사의 위험한 자금 운용 방식에 대한 감독 실패도 있었습니다.

1980년대 후반부터는 국내 몇몇 업종에 대한 규제가 완화되었습니다. 이전까지는 자동차, 철강, 석유화학 등에 새로 발을 들이는 게 불가능해 기존 업체들이 국내에서 과점 체제를 이루었는데, 규제가 완화되자 신규 진입자가 늘어났고, 설비투자 규모가 급격히 늘어났습니다. 산업에 대한 규제완화는 아시아권 국가에서 이루어지는 국제적인 흐름이기도 했습니다. 규제완화로 산업 내 경쟁이 격렬해지자 제조업의 수익성이 떨어졌고, 설비투자 규모의 증가는 기업들의 차입금 규모를 확대시켜 이자 비용에 대한 부담을 키웠습니다.

국제적으로 격화한 산업 경쟁에 따라 1997년 초부터 한국의 주요 기업들이 부도를 겪었습니다. 그리고 기업들에 자금을 빌려줬던 금융기관들의 수십조 원어치 대출 채권이 부실화되는 사태가 발생했습니다. 당시 한보, 삼미, 기아 등 대기업들이 연쇄부도를 일으켰으며, 정부는 국제사회에 한국이 자유시장경제로 완전히 전환했다는 신호를 보내기 위해 파산을 용인했습니다. 그러나 이는 오히려 외국 투자자들이 한국의 경제 상황이 좋지 않다고 생각하는 계기가 되고 말았습니다. 당시 세계은행은 한국 경제의 불황을 예측했으며, 노동계에서는 총파업이 일어나 주가가 급락하고 기업경쟁력도 더욱 주춤댔습니다.

게다가 1996년은 반도체 산업이 국제적으로 불황에 빠진 시기여서, D램 가격이 80퍼센트나 폭락해버렸습니다. 대한민국에서 반도체 산업이 벌어들이는 외화 규모가 상당히 컸는데, 하필 동아시아 금융위기가 발생해서 외화가 부족할 때 주력산업에서도 외화를 확보하지 못한 것입니다.

즉 외환시장이 불안정해 외채를 조달하는 데 어려움을 겪었고,

국내 금융기관이 부실화했으며, 경상수지도 흑자를 유지하지 못하면서 외환위기가 국내에서도 심화한 것입니다.

## 국제 대출 규모의 축소와 일본의 위기

일본은 아시아권 국가에 자금을 공급했던 주요국 중 하나였습니다. 1989년 일본 경제는 버블이 붕괴하면서 자산 가격이 폭락했고, 이후 일본 정부는 경기침체에 대응하기 위해 금리를 지속적으로 인하하고 대규모 재정정책을 시행했습니다. 일본의 금융기관은 자국의 낮은 금리를 활용해 고정환율제도를 운영하는 주요 아시아권 국가에 자금을 대출해주며 수익을 확보하기도 했습니다.

그러나 1997년 연초부터 일본의 금융기관들은 국제 대출 규모를 축소하기 시작했습니다. 그 원인으로는 일본이 1993년부터 준수하기 시작한 자기자본비율 규제와 1996년에 집권한 하시모토橋本 내각의 정책을 꼽을 수 있겠습니다. 당시 국제 업무를 맡은 일본은행은 BIS비율에 따른 국제 기준에 따라 자기자본비율을 8퍼센트 이상, 국내 업무만 맡은 일본은행은 4퍼센트 이상을 유지해야 했습니다. 그리고 해외 대출에 대해서는 위험가중도를 높게 산정하도록 했습니다.

**자기자본비율(BIS비율)**
BIS비율이란 국제결제은행(BIS)에서 정한 은행의 안정성 지표. 은행이 보유한 자산을 위험에 따라 가중치를 부여해 '위험가중자산'을 계산한 후, 은행이 보유한 자본금으로 나눈 값을 의미한다. 같은 규모의 채권을 보유하고 있더라도 위험한 대출 채권을 많이 보유하고 있다면 위험가중자산은 높게 측정되고, 은행의 BIS비율은 낮게 계산된다. 낮은 BIS비율은 은행의 안정성이 낮다는 의미가 된다.

즉 국제금융 업무를 맡은 일본의 금융기관들은 더 엄격한 규제를 준수해야 했으며, 해외 금융기관에 대출을 해주면 더욱 위험한 자산을 보유하고 있는 것으로 판단했습니다.

당시 일본의 주요 금융기관들은 이러한 규제를 도입한 탓에 대출 규모를 크게 늘리기 어려운 상태였습니다. 일본의 금융기관들이 딱 규제 한도를 겨우 맞출 만큼 적은 자본금을 보유했던 이유는 1989년 일본의 버블 붕괴 이후 금융기관이 막대한 손실을 경험하면서 자본금의 상당 부분이 잠식되었기 때문입니다. 이러한 상황에서 일본의 금융기관이 추가적인 손실을 겪게 된다면, BIS비율을 준수하기 위해 위험 가중도가 높은 해외 대출부터 먼저 회수해야 했습니다.

문제는 1996년 11월, 당시 일본에 집권한 하시모토 내각이 재정개혁을 시도하면서 시작되었습니다. 1989년 일본에서 버블이 붕괴한 이후 일본 정부는 경기를 부양하기 위해 대규모 재정정책을 시행했고, 정부부채의 규모가 상당히 누적됩니다. 대책이 필요했던 하시모토 내각은 GDP 대비 재정적자 비율을 낮추기 위해 재정지출을 많이 줄입니다.

그러나 갑작스러운 재정지출 감소는 아직 1989년에 일어났던 버블 붕괴의 여파에서 빠져나오지 못한 일본 경제를 다시 침체기로 돌려세웠습니다. 일본 내 자산 가격이 다시 하락세를 보였고 금융기관의 재정 상태는 더욱 악화했습니다. 1997년 말에는 준대형 증권회사 산요증권과 대형 시중은행 홋카이도타쿠쇼쿠은행도 파산을 신청했습니다. 일본 4대 증권사에 해당하던 야마이치증권도 폐업하게 됩니다. 이렇게 금융기관의 파산 소식이 전해지자 다른 금융기관들도 혹시 모를 대규모 손실을 대비해 대출을 회수하고 현금을 보유하기 시작했습니다. 그 과정에서 아시아 국가에 제공했던 대출도 급히 회수한 것이지요. 특히 아시아 주요 금융기관들이 단기로 자금을 빌렸기 때문에 일본으로서는 대출 회수도 상당히 용이했습니다.

이 시기는 마침 아시아 금융위기가 한창 진행되던 시기였습니다. 아시아에 가장 큰 자금을 공급하던 일본의 금융기관이 철수하자 아시아 신흥국들은 자금을 빌리는 데 더욱 애를 먹었고, 외국 채무를 갚지 못해 IMF에 구제금융을 요청하게 됩니다.

## 동아시아 금융위기의 근본적인 원인

거시경제의 관점에서 보면 동아시아 금융위기의 더 근본적인 원인은 먼델 플레밍 Mudell Fleming의 삼불일치론(트릴레마 Trilemma)에 있습니다.

삼불일치론이란 자본자유화, 고정환율제, 통화정책의 독자성을 모두 만족하는 방법은 없다는 것을 뜻합니다. 세계화된 경제구조 아래 개별 국가는 자본자유화, 고정환율제, 통화정책의 독자성 중 두 개의 조합만을 선택할 수 있습니다. 즉 자본자유화를 시행한 동아시아 국가들은 사실상 통화정책의 독자성과 고정환율 가운데 하나만 선택할 수 있는 것입니다.

성장세를 보이던 주요 아시아 국가들은 고정환율제를 채택함과 동시에 해외 자본을 유치하고자 고금리 정책을 펼쳤습니다. 아시아 국

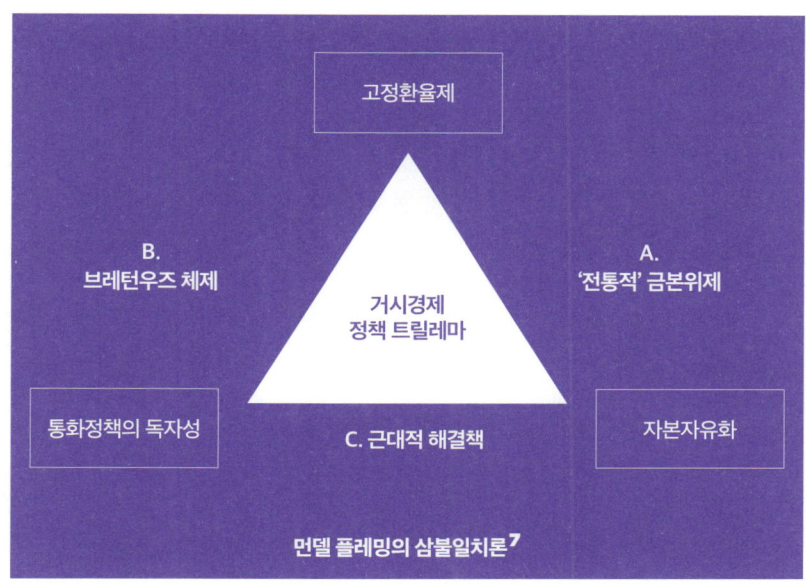

먼델 플레밍의 삼불일치론[7]

가들이 성장하려면 대규모 투자가 필요했고, 투자의 재원은 국내 자본만으로는 충분하지 않았기 때문입니다.

환율이 고정되어 있다면 외국계 금융기관으로서도 엄청난 기회입니다. 고정환율제도인 국가에서 영업을 하는 외국계 은행들은 해외 자금을 차입해서 아시아 국가에 공급하면 막대한 규모의 금리차익을 얻을 수 있기 때문입니다(이를 차익거래라고 합니다). 특히 태국의 경우 역외금융시장을 통해 해외 금융기관에 세제 혜택까지 제공했으니 해외 금융기관으로서는 더할 나위 없이 좋은 기회였습니다.

그러나 이러한 상황이 오랜 기간 지속될 순 없습니다. 예를 들면, 국내 금융기관이 해외 금융기관으로부터 돈을 빌린다고 가정해보겠습니다. 국내 금융기관은 해외 금융기관으로부터 외화로 돈을 빌릴 것이고, 빌린 외화를 외환시장에서 팔고 국내통화를 사들일 것입니다. 그러면 외환시장에서 외화의 가격이 떨어지고 국내통화의 가격이 오르겠지요. 수요와 공급에 따라 가격이 바뀌는 것이 시장의 원리입니다. 이제 국내통화를 보유한 국내 금융기관은 그 자금을 국내 기업들에 빌려주게 됩니다.

문제는 고정환율제입니다. 자국 통화가치가 계속 높아지는데 고정환율을 유지하는 것은 시장의 원리를 무시하고 있는 것입니다. 시장의 원리를 무시하려면 자본거래를 통제해야 하는데, 자본자유화를 시행했으니 그럴 순 없었습니다. 그렇다면 중앙은행이 금리를 낮추어 자국 통화가치를 하락시켜야 합니다. 즉 자본자유화와 고정환율제를 선택한 상황에서 금리를 결정할 수 있는 통화정책의 독자성이 사라지는 것입니다. 그게 아니라면 중앙은행이 외환보유고를 활용해 자국 통화를 외환시장에서 매수해서 자국 통화가치를 보호하는 수밖에 없는데, 이 또한 외환보유고가 넉넉지 않은 국가에서는 지속할 수 있는 방법이 아닙니다.

그러나 자국통화의 금리를 낮추면 오히려 해외 금융기관의 차익거래 기회가 줄어들어 해외 자본이 대거 이탈할 것이고, 이는 또다시 자국 통화가치를 떨어뜨립니다. 이 상황에 들어서면 국제 투기 세력이 외화를 매입하고 트릴레마에 빠진 나라의 통화를 매도하는 전략을 취합니다. 그리고 환율이 조정되거나 변동환율제로 돌아서면서 트릴레마에 빠진 나라의 통화가치가 하락하면 투기세력은 큰 이익을 취하는 것이지요. 자본유출입이 자유로운 나라에서는 장기적으로 환율이 조정될 수밖에 없기 때문입니다. 따라서 장기간 지속할 수 없는 외환 정책을 고수한 것이 동아시아 금융위기의 본질이라고 볼 수 있습니다.

## 우리가 알아야 할 것들

**1. 자본자유화와 금융 국제화는 규제완화를 통한 금융의 팽창을 가져온다.**

태국과 인도네시아, 한국에서 보았듯이 자본자유화와 금융 국제화는 닫힌 금융의 문을 여는 행위이기 때문에, 외국 자본이 국내로 진출하는 과정에서 금융 규제가 완화됩니다. 기존에는 이용할 수 없었던 외국 자본을 이용할 수 있게 되어 자연스럽게 금융산업이 팽창합니다.

**2. 고정환율제에는 장점과 단점이 있다.**

고정환율제는 환위험을 줄여주기 때문에 자본자유화에 도움이 될 수 있습니다. 또한 고정환율제를 통해 자국 통화를 저평가할 수 있다면 수출 증대를 통한 경상수지 흑자를 유지할 수 있습니다. 그러나 고정환율을 재평가 없이 오랫동안 유지하게 되면 통화의 실제 가치와 고정환율 사이의 괴리가 커져 외환위기가 올 수 있습니다.

**3. 통화정책의 독자성은 정부의 중요한 무기가 된다.**

통화정책의 독자성은 국내외 거시경제 상태 변화에 정부가 효과적으로 대응할 수 있도록 하는 중요한 무기입니다. 통화정책이 독자적일수록 정부는 자국의 경제 상황에 유연하게 대처해 위기를 줄일 수 있습니다.

4. **자본자유화, 고정환율제, 통화정책의 독자성은 동시에 달성할 수 없다.**

    세계화된 경제구조 아래 개별 국가는 자본자유화, 고정환율제, 통화정책의 독자성 중 두 개의 조합만을 선택할 수 있습니다. 고정환율제를 선택하게 되면 중앙은행이 시행하는 통화정책에 효과가 없습니다. 그러나 변동환율제를 선택하게 되면 환율의 안정은 포기하는 대신 중앙은행이 시행하는 통화정책이 효과를 갖게 됩니다.

5. **금융위기는 실물경제 침체로 이어질 수 있다.**

    경제학파 중 하나인 고전학파는 통화량이나 인플레이션과 같은 화폐경제적 요인들이 경제 생산량, 소비량, 투자량 등과 같은 실물경제 변수에 영향을 주지 못한다고 주장하는데, 이를 '고전적 이분성'이라 부릅니다. 그러나 1997년 아시아 금융위기에서 보았듯이 금융산업에서 시작한 불안감이 확산된다면 실물경제에 큰 영향을 미칠 수 있습니다.

3장

# 무분별한 대출이 불러온 부동산 투자의 종말

【금융 버블】

2007~2008년
세계금융위기

2000년대 초반 미국에는 자금이 넘쳐났습니다. 세계화 과정에서 대폭 성장한 신흥국들이 미국에 물품을 수출해 벌어들인 대규모 자금을 미국에 다시 빌려줬기 때문입니다. 특히 신흥국 사람들은 저축의 미덕을 중요하게 여겼는데, 이는 함부로 돈을 빌렸다가 갚지 못하면 혹독한 구조조정을 겪을 수 있다는 것을 1997년에 닥친 아시아 금융위기를 통해 체득했기 때문입니다.

돈은 넘쳐나면 어딘가로 흘러가야만 합니다. 2000년 초·중반, 미국에 넘쳐나던 돈이 흘러간 곳은 부동산 시장이었습니다. 미국의 금융기관들은 넘쳐나는 예금을 부동산 시장에 대출해주었고, 집을 사려는 이들은 손쉽게 자금을 빌릴 수 있었습니다. 이에 따라 미국의 부동산 가격도 가파르게 오르기 시작했습니다.

그러나 2007년이 되자 주택담보대출을 받은 이들 중 일부가 원리금을 갚지 못했고, 부동산 경매시장에 매물이 급격히 늘어나기 시작했습니다. 이와 동시에 부동산 가격도 하락세를 보이기 시작합니다. 부동산 담보대출에 자금을 댔던 금융기관들의 재무 사정도 나빠지기 시작했습니다. 당시 대부분의 금융기관이 주택담보대출 시장에 자금을 빌려주었기 때문에 금융기관들은 서로를 신뢰할 수 없었습니다. 악성채권을 보유한 금융기관에 돈을 빌려주었다가는 자금을 회수하지 못할 수도 있기 때문입니다. 즉 금융시장에 신뢰가 사라지면서 금융기관들 사이에서 자금이 유통되지 않았고, 일반 기업들도 자금을 구하지 못해 금융 시스템 전체가 위험한 상태에 이르게 된 것이 바로 글로벌 금융위기입니다.

### 생각해볼 질문들

- 왜 수많은 투자자들은 미국 부동산 시장에 자금을 쏟아 부었을까?
- 금융혁신의 실체는 무엇일까?
- 글로벌 금융위기는 왜 벌어졌을까?
- 금융위기에 대응하고 예방하기 위해 정부는 어떻게 해야 할까?
- 글로벌 금융위기 이후 금융시장은 어떻게 변했을까?

## 모기지 대출의 빛과 그림자

2008년 금융위기는 주택담보대출(이하 모기지Mortgage)를 기반으로 발행한 주택저당증권Mortgage Backed Security(이하 MBS)에 문제가 생겨 발생한 전 세계적 위기였습니다. MBS는 모기지 증권화라는 금융 기법에 기반하고 있어 용어들이 상당히 까다롭습니다. 그래서 이번 장에서는 몇 가지 용어들에 대한 설명과 함께 시작해보겠습니다.

모기지란 집을 담보로 한 대출을 의미합니다. 은행은 돈을 빌리는 사람(채무자)의 집을 담보물로 설정해 돈을 빌려주게 되는데, 그 대가로 일정 기간 동안 빌려준 돈에 대한 원리금을 상환받을 수 있는 권리(주택저당채권)를 보유하게 됩니다. 이 주택저당채권은 은행 입장에서 자산에 해당하지요.

은행이 누군가한테 주택담보대출을 해주고 나면, 남아 있는 현금이 없으니 다른 누군가에게 대출해줄 기회가 사라집니다. 그러나 미국

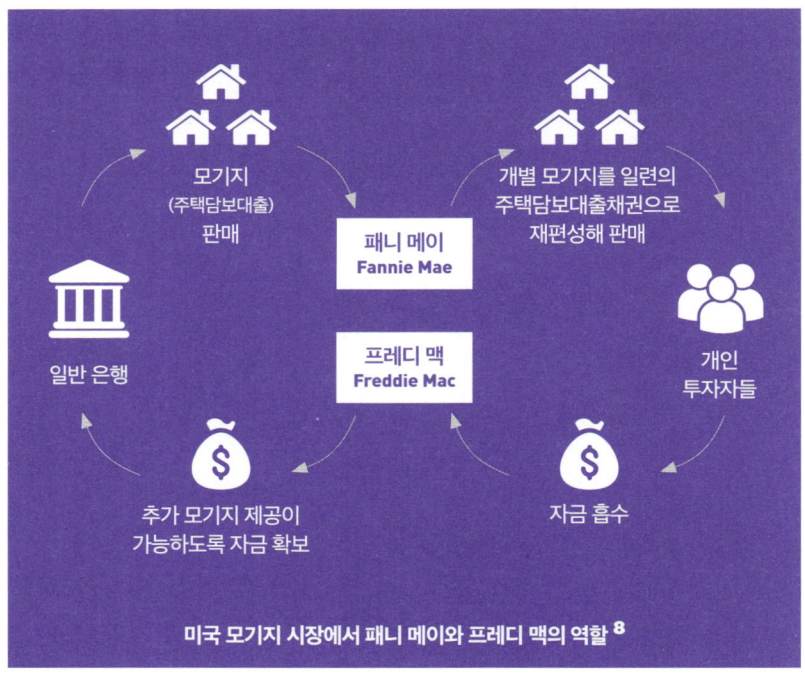

미국 모기지 시장에서 패니 메이와 프레디 맥의 역할 [8]

에는 패니 메이와 프레디 맥이라는 특이한 금융기관이 있습니다. 민간 은행이 자체적인 신용평가에 따라 개인들에게 자금을 빌려주는 대신 보유하게 된 주택저당채권을 매입해주는 기관이 바로 패니 메이와 프레디 맥입니다. 은행으로서는 주택저당채권을 매각해 현금을 받는 것인데, 이를 유동화라고 합니다. 정부의 주택공급 의지에 따라 패니 메이는 1938년, 프레디 맥은 1970년 패니 메이의 경쟁업체로 설립되었습니다. 정부가 지분을 보유하고 있지 않지만, '암묵적 보증'을 받는 이른바 '공공기관형 사기업'입니다. 76쪽의 그림을 보면 패니 메이와 프레디 맥의 역할을 쉽게 이해할 수 있을 것입니다.

금융기관들은 패니 메이와 프레디 맥에 주택저당채권을 매각해 대금을 지급받으려면 제 나름대로 대출채권의 등급을 평가해야 합니다. 우량채권일수록 은행들은 패니 메이와 프레디 맥에 더 높은 금액으로 팔 수 있으니까요. 미국의 경우 모기지를 신용등급에 따라 프라임 prime, 알트에이 Alt-A, 서브프라임 subprime으로 구분합니다. 서브프라임 모기지는 가장 신용등급이 낮은 대출채권이며, 우량한 프라임 모기지에 비해 대출자의 신용 점수가 낮고, 2~4퍼센트가량 대출 금리가 높습니다. 그런데 금융산업에서 폭발적으로 수익을 창출할 수 있게 된 마법의 증권이 탄생했습니다. 그 당시에는 금융혁신이라 불렸던 주택저당증권입니다. 집을 사기 위해 일으킨 대출, 즉 모기지를 수천 또는 수만 개 모아 하나의 묶음으로 만든 후 원리금에 대한 청구권 순위를 나눈 다음, 여러 개의 증권으로 유동화시켜 새로운 채권을 발행한 것입니다. 결국 부동산이 담보로 잡혀 있는 유동화 증권인데, 78쪽의 그림에서 MBS의 구조를 확인할 수 있습니다.

이 MBS의 마법은 분산 효과로 가격 프리미엄을 만들고, 새로운 안전자산까지 만들어내는 능력입니다. 보통 MBS를 유동화하는 과정은 이렇습니다. 우선 주택저당채권 수천 개를 MBS라는 하나의 상품으로 묶고, 이를 원리금 지급 권리에 따라 세 개의 차등등급으로 나눕니다. 첫 번째는 가장 먼저 원리금 상환을 받는 시니어 등급 Senior se-

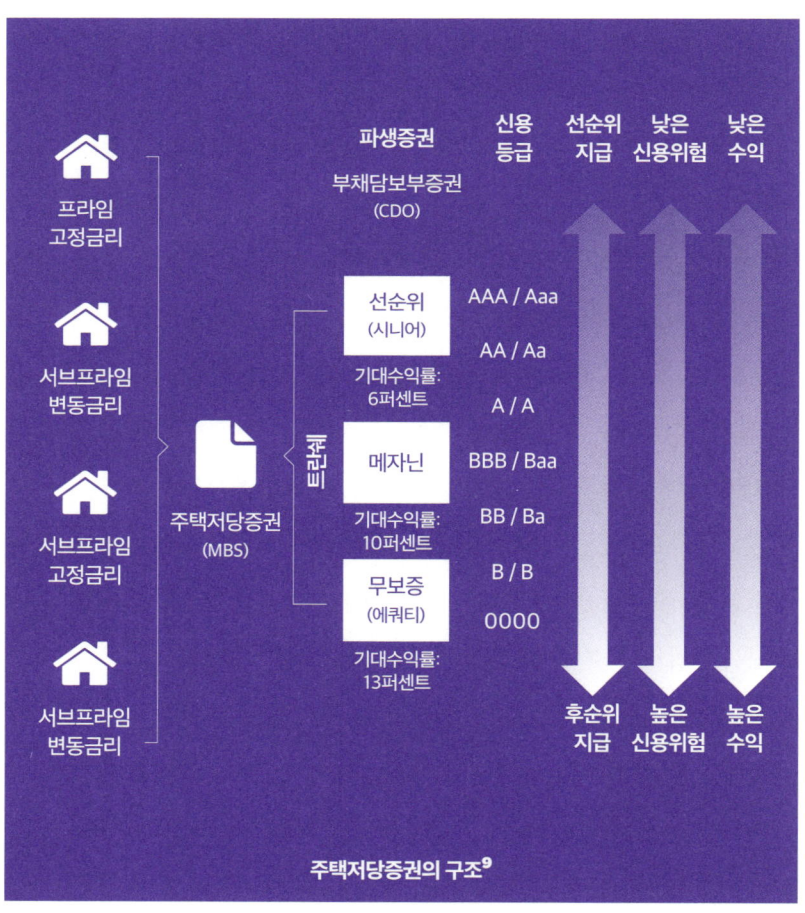

주택저당증권의 구조[9]

cured이며, 두 번째는 첫 번째 등급이 원리금을 받은 후 나머지 원리금에 대해 청구권을 가지는 메자닌Mezzanine 등급, 세 번째는 시니어 등급과 메자닌 등급에 원리금이 지급되고 난 후 마지막으로 원리금에 대한 청구권을 가지는 에쿼티Equity 등급입니다. 만약 MBS에 들어 있는 채권의 평균 금리가 10퍼센트라면, 시니어 등급은 지급받는 이자율이 6퍼센트, 메자닌은 10퍼센트, 에쿼티는 지급하고 남은 이자 모두를 가집니다. 놀라운 점은, 분명 10퍼센트 금리를 부담하는 위험한 채권들을 묶었는데, 시니어 등급이라는 안전등급 채권을 만들어낼 수 있다는 것입니다.

여기에 그치지 않고, 금융산업은 시니어 등급, 메자닌 등급 등 새롭게 설계된 상품들에 대한 보험상품까지 만듭니다. MBS를 유동화시키기 위한 이 증권들이 파산하면, 지급불능에 대한 보상을 보험사가 하게 되는 것이지요. 이 구조로 인해 대출을 실행하는 은행, 상품을 유통하는 투자은행, MBS를 보유한 금융기관, MBS의 채무불이행을 보증하는 보험사가 서로 긴밀하게 엮이면서 리스크가 전염되는 금융 시스템이 완성됩니다. 이 MBS로 만들어낸 새로운 세 종류의 증권(시니어, 메자닌, 에쿼티)은 파산위험에 따라 보험사에 내야 하는 보험료가 달라지는데, 이때 내는 보험료를 신용부도스와프Credit Default Swap, CDS라고 부르며, 신용등급의 차이에 따라 발생하는 추가 보험료를 CDS 프리미엄이라고 부릅니다. 간략한 설명을 마쳤으니, 이제부터 2008년 금융위기가 어떻게 시작되었는지 하나씩 살펴보겠습니다.

## 패니 메이와 프레디 맥을 통한 주택 소유 장려

2001년 미국은 공화당 출신의 조지 W. 부시 정권이 집권한 시기였습니다. 늘 그렇듯 정당 간의 대립은 치열했지만, 초당파적인 합의를 보이는 의제가 하나 있었습니다. 바로 빈곤층도 자신의 집을 가질 수 있도록 기회를 부여하자는 것이었습니다. 이에 새로 집권한 부시 정권은 1995년 빌 클린턴 행정부 시절부터 시행된 주택 소유 정책을 일관성 있게 이어갑니다.

이 정책을 위해 정부보증기업 패니 메이와 프레디 맥은 은행의 모기지를 인수하는 역할을 맡았으며, 은행들이 모기지를 더욱 원활하게 공급할 수 있도록 자금을 조달했습니다. 그리고 매입한 모기지들을 묶어서 MBS라는 형태로 재발행해 연기금과 같은 해외 투자자들에 판매했습니다. 쉽게 말해, 은행뿐 아니라 보험사, 국부펀드, 연기금 등이 주택시장에 돈을 빌려줄 수 있는 통로가 만들어진 셈입니다.

이러한 MBS는 높은 분산성과 주택시장 호황을 근거로 신용평가기관에서 AAA 신용등급을 받았습니다. 가장 높은 신용등급을 받은 이 증권은 국부펀드부터 비은행 금융기관까지 다양한 국제금융기관들의 인기 금융상품이 되었고, MBS를 매각한 은행과 금융기관은 매각 대금으로 다시 주택담보대출을 해줄 수 있었습니다. 즉 다양한 국제금융기관을 통해 미국으로 흘러든 국제자본은 미국 주택담보대출의 재원이 된 셈입니다.

호황이 절정에 이르렀을 때에는 미국인들의 주택 소유 비율이

69퍼센트를 달성하며 사상 최고 수준에 이르렀습니다. 정치적 목적을 달성하는 방향에 맞는 움직임이지요. 그리고 미국 주택담보대출 시장에 자금이 흘러넘치자 나중에는 적절한 신용등급을 갖추지 못한 사람들에게도 주택담보대출을 제공하게 되는데, 이렇게 실행된 대출을 '서브프라임 모기지론'이라고 부릅니다. 이 서브프라임 모기지론은 글로벌 금융위기의 주요 원인 중 하나가 됩니다.

## 금융혁신이라는 빛 좋은 포장

냉전이 끝나자 미국은 러시아와 경쟁하며 우주로 로켓을 쏘아 올릴 필요가 없어졌습니다. 물리학과 수학을 전공하던 사람들은 새로운 일자리를 찾아야 했습니다. 이 틈을 타고 월가에서는 물리학과 수학으로 무장한, 새로운 일자리를 찾던 공학자들에게 고액의 연봉을 제시합니다. 다수의 수학자와 물리학자들을 영입한 덕분에 월가에서는 복잡한 금융상품 설계와 수학적으로 더 정교한 위험관리가 가능해졌고, 금융산업 내에서 파생금융이라는 복잡한 금융분야가 빠르게 확대됩니다. 파생금융이란 주식, 채권, 외환, 금리 등을 기반으로 투자자의 입맛에 맞게 다양하게 설계되는 금융상품을 의미합니다. 월가에서는 이를 '금융혁신'이라고 불렀습니다.

　　복잡하면서도 우아한 파생금융에 대한 수학적 논리는 학계와 금융당국에서 인정을 받았습니다. 초기 파생금융상품의 가격을 결정하는 방법을 연구한 학자들은 노벨경제학상을 받았으며, 파생금융에 대한 신뢰도 점차 깊어졌습니다.

그러나 수학으로 무장한 위험관리 분야는 결함을 가지고 있었습니다. 분석 방법이 너무 복잡했기 때문에 직관적인 이해가 사실상 불가능했습니다. 또한 개별 금융상품의 가격을 결정하는 방법론이 수학적 논리에서 발전했기 때문에 예상치 못한 변수를 수식에 반영하지 못하면 잘못된 결론에 도달할 수 있었습니다. 그러나 복잡한 수학에 대한 무지는 논쟁 가능성을 교묘히 가렸으며, 파생금융이 금융시장에 미치는 영향에 대해 정확히 이해하는 사람도 거의 없었습니다.

그러다 보니 금융당국으로부터 제대로 규제가 이루어지지 않았습니다. 2002년 워런 버핏 Warren Buffett은 CDS와 같은 파생상품을 두고 "금융 대량 살상 무기 Financial Weapons of Mass Destruction, FWMD"라고 언급한 바 있었는데, 그 위험성은 거대 투자은행 리먼 브라더스 Lehman Brothers가 파산하고 글로벌 보험회사 AIG가 채무불이행을 눈앞에 두는 상황에 가서야 알게 되었습니다.

제품에 혁신적인 과학기술이 적용됐다고 해서 전부 성공을 거두지는 않습니다. 고객들의 눈길을 끌고 적절한 품질보증이 이루어져야만 인기를 누릴 수 있습니다. 이는 금융상품도 마찬가지입니다. 복잡한 수학적 기교가 반영되었다고 해서 투자자들이 새로운 파생상품에 관심을 가졌던 것은 아닙니다.

투자자, 특히 연기금을 관리하는 펀드매니저에게는 투자 의사결정에 대한 근거가 필요합니다. 이때 펀드매니저들의 의사결정 부담을 덜어준 곳이 신용평가회사였습니다. 앞에서 패니 메이와 프레디 맥이 보유한 주택담보대출채권의 묶음은 MBS라는 새로운 상품으로 재탄생했고, 이 주택저당증권은 신용평가기관으로부터 가장 높은 신용등급을 받고 전국적으로 유통되었습니다.

즉 금융혁신이라는 이름 아래 탄생한 새로운 금융상품 MBS는 신용평가회사가 찍은 품질보증을 달고 수많은 투자자를 모집할 수 있었습니다.

## MBS에 대한 불신이 높아지다

1998년에는 러시아의 채무불이행 선언 이후 공산주의의 한계가 명확히 드러났습니다. 이에 따라 중국과 인도를 비롯한 수많은 국가가 세계화된 시장에 편입되었고, 이 시기부터 국제경제는 '저물가, 고성장'을 이룬 '대완화' 시기에 돌입했습니다.

세계화를 통해 효과적으로 국제 공급 사슬이 구축되었고, 신흥국들은 수출을 중심으로 성장을 이루었습니다. 신흥국의 저렴한 인건비와 선진국 기술의 결합은 물가상승을 일으키지 않고 성장할 수 있는 기반이 되었습니다. 즉 세계화가 공동의 번영을 가져다주는 수단이었습니다.

IT 버블 이후 금융위기가 발생하기 전까지 신흥국의 실질 GDP는 선진국의 두 배 이상으로 성장했고, 세계화는 빈곤을 가장 빠르게 탈출하는 효과적인 방법으로 부상했습니다. 다국적 기업들은 신흥국에도 대규모 생산설비를 구축하기 시작했으며, 수많은 기업이 신흥시장에 진출했습니다.

반면 신흥국들은 세계화를 통해 벌어들이는 수익은 많았으나 지출은 적었습니다. 앞서 이야기했듯이 다수의 신흥국이 과거 빈곤에 대한 경험으로 저축을 미덕으로 삼았으며, 1997년에 발생했던 아시아 금융위기가 무분별한 차입 및 소비로 인해 일어난 사건이라고 인식했기 때문입니다. 이에 신흥국은 수출을 통해 쌓아 올린 이익의 상당 부분을 저축했고, 이는 국제자본시장에서 금리를 떨어뜨리는 요소로 작용했습니다. 이렇게 낮아진 금리는 국제금융기관이 자금을 쉽게 조달할 수 있는 환경을 조성했는데, 쉽게 조달된 이 자금들은 미국을 비롯한 선진국들의 부동산으로 흘러가 집값을 올리는 계기가 되었습니다.

미국을 중심으로 시작된 글로벌 도시의 집값 급등은 증권화를 통해 상승세가 더욱 빨라졌습니다. 증권화는 은행예금뿐 아니라 각종 비은행 금융기관이 보유한 자금을 주택저당증권에 투자하게 만듦으로써 국제유동성이 미국의 주택담보대출 재원으로 활용될 수 있도록 만들었습니다. 미국의 주택담보대출 재원이 많아지자 2000년대 미국의 평균 주택 가격은 매년 15퍼센트가량 상승하며 폭발적인 성장을 보여주었습니다. 금리가 낮은 시기에 부동산 가격이 계속 오르니 부동산 시장에 뛰어들지 않을 이유가 없었습니다.

최초에 주택담보대출을 내준 금융기관은 주택담보대출채권을 오래 보유하지 않았습니다. 그 대신 채권들을 한데 모아서 묶음상품으로 만든 다음 증권의 형태로 다른 투자자에게 매각하는 전문 기업에 전달했습니다. 이를 '증권화'라고 하는데, 주요 증권화 기업은 최대 주택담보대출업체인 컨트리와이드 파이낸셜Countrywide Financial과 나중에 금융위기의 확실한 신호탄을 알린 리먼 브라더스였습니다.

물론 증권화를 지지하는 수학적이고도 튼튼한 이론적 기반이 있었기 때문에 투자자들도 큰 의심 없이 MBS에 투자했습니다. 그리고 투자자들의 위험선호에 맞게 다양한 종류의 MBS가 발행되었기 때문에 금융시장에서도 큰 인기를 누렸습니다.

MBS에 포함된 모기지 중 몇 개에서 파산이 일어나도 투자자가 지급받는 원리금은 안정적으로 관리될 수 있습니다. 이렇듯 분산 효과에 집중해 안정성을 인정받았던 증권화는 오히려 금융 시스템 내에서의 위험을 부풀리게 됩니다. 대출을 제공하는 금융기관은 채권을 오래 보유하지 않고 증권화해 팔아넘기면 되기 때문에 채권을 만기까지 보유하면서 채무불이행에 대한 위험을 질 필요가 없었습니다. 그래서 대출 심사도 세심하게 진행하지 않았습니다.

대출기관이 중개기관과 신용평가기관을 거쳐 증권투자자에게 도달하기까지 전달 경로가 길어지면서 잘못 실행된 대출 및 금융상품에 대한 책임 소재가 분산되기 시작했습니다. 그리고 이 과정에서 특정 금융기관들이 적은 자본금을 가지고 마구잡이로 주택담보대출을 제공하고 대출채권들을 증권화해 다른 금융기관에 팔아넘기는 과정에서 막대한 이익을 거두어들이는 등 도덕적 해이가 발생하게 됩니다.

금융기관들이 마구잡이로 부동산 담보대출을 진행하자 미국 부동산 가격도 전반적으로 상승세를 보였습니다. 모두가 돈을 빌려 집을 살 수 있으니, 집값이 오르는 것은 당연한 수순이었지요. 게다가 담보로 활용되는 부동산 가격이 계속 높아지면서 부동산이 안전한 자산이라는 인식이 자리 잡습니다. 나중에는 신용등급이 낮은 사람들도 부동산을 담보로 대출을 손쉽게 받을 수 있었습니다.

집값은 계속 상승세였기 때문에 금융기관은 파산인의 집을 처분해 원금과 이자를 회수할 수 있다고 생각했습니다. 2004년 이후로는 대출자의 재정 상태를 제대로 검토하지도 않고 주택담보대출을 해주는 경우도 종종 있었다고 합니다.

위기의 징조는 2007년 4월이 되면서 나타나기 시작합니다. 이 시기 미국 2위의 서브프라임 모기지 대출회사 뉴 센트리 파이낸셜New Century Financial이 파산을 신청합니다. 그리고 프랑스 최대 은행 BNP파리바BNP Paribas가 미국 서브프라임 모기지를 기초자산으로 하는 MBS에 투자한 펀드의 환매를 중지하겠다고 발표합니다. 환매에 대응할 수 있는 자금이 펀드에 없다는 의미였습니다. 두 사건 모두 부적격 주택담보대출과 관련된 비즈니스에서 문제가 발생하고 있다는 신호였습니다.

변화에 민감한 투자자들은 자신이 투자한 펀드에 자금이 묶이는 것을 피하려고 주택담보대출과 관련한 펀드 및 금융기관에서 급히 자금인출을 요구했습니다. 서브프라임 모기지 대출의 가치가 떨어지는 것도 문제였지만, 멀쩡한 MBS조차 투자자들의 관심에서 벗어나게 되었습니다. 즉 시장에 MBS를 매수하고자 하는 투자자가 없었기에 MBS의 가격조차 측정할 수 없었습니다. 가격지표가 사라지자 MBS를 보유한 기관들은 자신들이 입게 될 손실의 규모조차 제대로 파악할 수 없었으며, 이미 방대한 양의 MBS가 유통되었기 때문에 금융기관들은 혼란에 빠질 수밖에 없었습니다.

투자자들이 동요하자 금융기관에서도 투자자들의 요청에 대비해 현금을 비축하면서 은행 간 대출 금리가 급격히 상승하기 시작했습니다. 물론 이때까지만 해도 금융위기가 일어날 것이라고 예상한 이는 거의 없었습니다. 위기가 발생했을 때 파산이 일어나는 것은 자본주의에서는 당연한 일이기 때문입니다.

그래서 정부는 혼란스러운 상황에 적극적으로 대응하지 않았습니다. 사실 피해가 금융 시스템 전체에 위협이 될 만큼 극심하지 않다면 내버려두는 것이 더 낫기 때문입니다. 위기가 확산하는 과정에서 부실기업이 파산해 금융시장에서 퇴출되면 금융 시스템의 안정성은 더 높아지게 됩니다. 게다가 위기가 단순히 기업의 방만한 경영과 위험관리 실패에 따른 채무불이행인지, 금융 시스템 전체에서 문제를 일으키는 심각한 금융위기인지 사전에 구별하기는 매우 어렵습니다. 괜히 정부가 개입했다가 시장의 질서를 교란한다고 비판받을 수 있으니까요.

금융위기가 발생하기 전 금융시장은 MBS에 대해 신용등급을 비롯한 포괄적인 정보만 제공할 뿐, MBS를 구성하고 있는 기초자산, 즉 개별 대출채권에 대한 정보를 공시할 필요가 없었습니다. 투자자들 또한 그저 신용평가회사의 품질보증만 믿을 뿐, MBS를 구성하는 채권의 세부 사항에 대해서는 알아보지 않았던 것입니다. MBS는 수많은 주택담보대출의 집합이기 때문에 제대로 분석하자면 엄청난 양의 시간과 비용이 필요한데, 투자자로서는 그냥 신용등급만 보고 투자하는 것이 간편한 방법이었습니다.

그러나 금융시장이 불안감에 휩싸이자 상황이 달라졌습니다. 금융시장 참여자들은 MBS의 불투명성과 복잡성 때문에 서브프라임 모기지대출로 구성된 MBS뿐 아니라 모든 MBS에 대해 불신을 갖기 시작했습니다. 그리고 특정 MBS가 구체적으로 어떤 대출 자산으로 구성되어 있는지 짧은 시간 안에 확인하는 것은 거의 불가능했습니다.

금융위기가 진행되는 과정에서 정책당국의 관리자들은 당시 금융시장의 상황이 '이콜라이E. coli 효과'라고 불리는 현상과 비슷했다고 합니다. 이콜라이 효과란 햄버거를 먹고 배탈이 났다는 소문을 전해 들은 것만으로 소비자들이 겁에 질린 채, 어느 지역의 어떤 가게에서 문제가 발생했는지 알아보기보다는 햄버거 자체를 먹지 않는 현상을 가리킵니다.

투자자들은 주택저당증권을 구성하고 있는 대출에 부적격 주택담보대출이 있는지 세밀하게 검토하기보다는 부동산 관련 금융상품을 모두 시장에 투매했습니다. 위급한 상황에서는 엄밀한 분석보다는 빠른 대응이 더 중요하기 때문입니다. 그러나 금융시장 참여자들의 이러한 위기 대응은 충분한 담보를 보유하고 있는 안전한 MBS마저 정말 안전한지 의심하게 했습니다. 심상치 않은 분위기 속에서 MBS가 광범위하게 퍼져 있는 금융시장은 공황 국면에 들어서게 됩니다.

## 베어스턴스와 리먼 브라더스의 파산

2008년 3월 14일. 미국의 전통 있는 대형 투자은행 베어스턴스Bear

Stearns가 파산을 선언했습니다. 베어스턴스는 85년의 업력을 가진 미국 5대 투자은행으로 자산 규모만 4,000억 달러에 달하는 대형 금융기관입니다. 베어스턴스는 각종 파생상품을 통해 다양한 금융기업과 연결되어 있었으며, 베어스턴스가 무너질 경우 그 여파가 금융 시스템 전체에 미칠 우려가 있었습니다. 이 시기 연방준비제도(연준)와 재무부는 베어스턴스와 같은 비은행 금융기관을 감독하지 않았습니다. 증권거래위원회SEC가 베어스턴스의 감독을 담당하고 있었지만, 증권거래위원회는 금융기관의 안정성과 건실함을 관리하기보다는 상장된 금융기관의 주식을 보유한 투자자를 보호하는 데 초점을 두는 기관이었습니다.

**연방준비제도**
**(Federal Reserve, Fed)**
미국의 중앙은행으로 1913년에 제정된 연방준비법에 의해 설립되었다. 미국의 중앙은행제도는 전국을 12개의 연방준비구로 나누어 각 구역마다 하나의 연방준비은행을 설립해 그곳의 중앙은행으로서의 기능을 수행하게 하는 방식이다. 연방준비은행은 미국의 금융시장 전반에 걸쳐 큰 영향력을 행사한다. 그 가운데 특히 뉴욕 연방은행은 재무부의 대리인으로서 국내외의 공적 거래를 담당하며 발언권도 매우 강하다.

그러나 연준과 재무부의 관리감독 범위 밖이라고 해서 금융당국이 가만히 있을 수는 없는 노릇이었습니다. 이에 연준은 베어스턴스가 보유한 자산을 담보로 구제금융을 투입했고, JP모건체이스은행이 베어스턴스를 인수하는 것을 주선했습니다. 인수가 완료되기 전까지 JP모건체이스은행이 베어스턴스의 대규모 채무에 대한 보증을 약속하면서 급박하게 돌아가던 금융시장의 불안은 다소 잠잠해지는 듯했습니다.

7월이 되자 저축은행 인디맥IndyMac도 파산을 신청했습니다. 연방예금보험공사는 인디맥의 자산을 압류했고, 이 소식을 들은 예금자들은 돈을 돌려달라고 아우성을 치기도 했습니다. 사실 예금자들은 연방예금보험공사로부터 예금액 중 최대 10만 달러까지는 보상받을 수 있었고, 그렇기 때문에 중산층 예금자들은 걱정할 필요가 없었습니다. 그러나 이 사건은 다른 예금자들의 불안을 자극했습니다. 더 큰 저축은행인 워싱턴뮤추얼Washington Mutual에서도 하루 10억 달러 이상 예금 인출 요구가 빗발쳤으며, 9월 26일에는 결국 워싱턴뮤추얼도 파산 절차에 들어가고 맙니다.

더 큰 문제는 정부보증기업이라고 불리던 패니 메이와 프레디 맥이었습니다. 두 회사는 인디맥보다 50배 이상 규모가 컸기 때문에 금융시장에 미치는 영향도 막대했습니다. 심지어 파산할 뻔했던 베어스턴스보다 그 규모가 네 배나 큰 금융기관이었습니다. 이 두 곳의 금융기관은 5조 달러 이상의 모기지 대출 채권을 보유하거나 보증했으며, 미국 은행들로부터 모기지 채권을 매입하는 핵심 금융기관이었습니다. 그러나 이 두 기업은 위기가 확산함에 따라 서브프라임 모기지 채권에서 발생한 대규모 손실을 감당하지 못하는 수준에 도달했습니다.

이 두 기업이 무너지면 신규 주택담보대출이 갑자기 중단되고 위기에 처한 부동산 시장이 완전히 무너질 수도 있습니다. 부동산 시장에서 대규모 압류가 진행되면 금융시장의 공황을 더욱 심각하게 만들 게 분명합니다. 그러나 정부는 패니 메이와 프레디 맥에 구제금융을 지원할 수 있는 명시적 권한이 없었습니다. 이에 1기 오바마 정권의 재무부 장관이었던 헨리 폴슨Henry Paulson은 관련 법을 제정하기 위해 의회를 설득하고, 두 기업을 국유화하는 절차에 들어갔습니다. 금융기관이 국유화됐다는 것은 파산을 용인할 수 없을 만큼 금융 시스템에 심각한 문제가 일어나고 있다는 뜻이었습니다.

9월 10일. 투자은행 리먼 브라더스의 CEO 딕 풀드Dick Fuld가 엄청난 규모의 손실을 사전에 알리면서, 리먼 브라더스가 보유한 부실자산을 독립된 별도의 법인으로 옮기겠다는 계획을 발표합니다. 이렇게 하면 회사 전체를 위험으로 빠뜨릴 수 있는 대규모 손실로부터 회사를 보호할 수 있기 때문입니다. 딕 풀드의 의도는 리먼 브라더스가 보유한 부실자산에 대해 미리 대응하고 있음을 알리면서 회사 운영 자체에는 문제가 없다는 메시지를 전달하자는 것이었습니다.

그러나 이는 리먼 브라더스가 숨기고 싶어 하는 부실자산의 존재를 확인시켜주는 꼴이었고, 대출기관들은 리먼 브라더스에 추가 담보를 요구하기 시작했습니다. 리먼 브라더스를 프라임 브로커로 설정한 헤지펀드들은 매매 계좌를 폐쇄하고, 신용평가회사들은 리먼 브라더스의 신용등급 하락을 경고했습니다.

**프라임 브로커(Prime Broker)**
헤지펀드가 요구하는 금융서비스를 제공하는 금융투자회사. 주식 대여, 레버리지 제공, 청산 결제, 자본조달 등 다양한 업무를 수행한다.

리먼 브라더스는 베어스턴스와 비교했을 때 자산 규모가 약 70퍼센트 더 큰 투자은행이었습니다. 맺고 있는 파생 계약만 90만 건에 달했으며, 채무관계도 매우 복잡했습니다. 단기자금 대출 규모는 베어스턴스의 두 배를 초과했기 때문에 시장의 급격한 유동성 경색에 훨씬 더 취약한 상태였습니다.

그리고 리먼 브라더스가 파산하면 그 여파로 파산위험에 노출되는 곳은 메릴린치Merrill Lynch가 될 가능성이 높았습니다. 만약 예상과 같이 연쇄도산이 일어난다면, 보유자산이 건전하고 유동성이 높은 골드만삭스Goldman Sachs조차 사업 모델이 의심받아 유동성 위험에 노출될 수 있었습니다.

　금융당국은 금융시장을 안정화시키기 위해 불안정한 상태에 있는 메릴린치와 리먼 브라더스를 다른 금융기관에 인수시키려고 노력을 기울입니다. 이에 뱅크오브아메리카는 메릴린치를 인수하기로 했으며, 영국의 금융기관 바클레이스Barclays는 리먼 브라더스 인수에 관심을 표했습니다.

　그러나 영국의 금융감독기관이 합병을 가로막았습니다. 바클레이스가 리먼 브라더스의 리스크를 감당할 만한 능력이 충분하지 않으며, 인수합병이 주주총회에서 승인이 날 때까지 리먼 브라더스의 채무를 보증할 수 없다는 것이 근거였습니다. 그리고 영국 재무부도 공식적으로 바클레이스의 리먼 브라더스 인수를 지원할 의사가 없음을 명확하게 밝혔습니다.

　영국 정부로서는 제 나름대로 합리적인 판단이었습니다. 만약 리먼 브라더스와 합병된 바클레이스가 최종적으로 정부의 구제금융이 필요한 상황에 처한다면, 영국은 미국에서 금융위기라는 이름으로 건너온 전염병을 치료하기 위해 영국 납세자들의 세금을 쏟아 부어야 하기 때문입니다.

　베어스턴스 사태에서 J.P. 모건이 채무보증을 나서고 인수했던 일이 리먼 브라더스에게는 일어나지 않았습니다. 이에 9월 15일, 리먼 브라더스는 파산절차에 들어갑니다. 이는 미국 역사상 가장 큰 규모의 파산으로, 금융시장 전체에 영향을 미쳤습니다.

　리먼 브라더스는 수많은 은행 및 증권사와 거래하고 있었고, 투자은행 비즈니스에 대한 신뢰가 무너지면서 골드만삭스와 모건스탠리Morgan Stanley와 같은 정상급 투자은행이 발행한 채권들의 금리도 급등했습니다. 그리고 대규모 환매 사태가 시중 은행까지 확산되었습니다. 심지어는 국제적으로 금융업무를 하는 시티은행의 CDS 프리미엄(파산 가능성을 나타내는 지표)도 급등하는 양상을 보였습니다.

파생상품 시장에서 거래되는 신용부도스와프, 주택저당증권 등 각종 복합 금융상품에서 누가 어떤 종류의 파생상품에 투자했고 채무의 연결고리가 어떻게 형성되어 있는지 파악하기는 거의 불가능했습니다. 쉽게 말해, 위기 상황에서 누가 어떤 위험에 처해 있는지 파악하기 어려웠습니다. 결국 금융기관들 사이에 불신이 깃들고 개별 금융기관들은 자기방어를 위해 현금을 비축하기 시작하면서, 금융 시스템 전체에 자금이 융통되지 않았습니다.

심지어는 미국을 대표하는 GE, 포드Ford, 코카콜라 등 신용등급이 우수한 대기업들도 기업어음을 통해 단기자금을 조달하는 경로까지 막혀 어려움을 겪고 있었습니다. 이런 상황이 지속되면 기업들은 투자 규모를 줄이고, 중소 협력업체에 대금 결제를 연기하며, 노동자를 해고하는 등 실물경제에도 극심한 타격을 줄 수 있습니다. 특히 보잉Boeing, 캐터필러Caterpillar, 화이자Pfizer 등의 주요 제조기업들은 대량 감원을 발표하는 등 금융위기가 본격적으로 미국 내 실업률에 영향을 미치기 시작했습니다.

워싱턴 D.C.에 위치해 있는 연방준비제도 본부
ⓒwikipedia

## 미국의 구제금융 대응

글로벌 금융위기는 헤쳐 나가는 과정에서 금융감독 시스템과 관련한 취약성도 같이 드러냈습니다. 금융당국에는 금융 시스템을 포괄적으로 분석하고 잠재적인 위험들을 평가하는 기관이 별도로 존재하지 않았습니다. 은행과 같이 중요한 금융기관을 개별적으로 감시하고 규제하는 체계 정도가 마련되어 있을 뿐이었습니다. 원금이 손실될 위험을 부담하고 투자에 뛰어든 투자자에게 투명한 정보를 공개하는 것을 제외하면 그리 엄격한 규제는 없었습니다.

또한 금융당국은 투자은행과 같은 비은행 금융기관에 대해서는 포괄적인 감독 권한을 보유하지도 않았습니다. 당시는 세계화와 자유시장을 바탕으로 급격히 번영이 이루어지던 시기였기에 세부적인 금융규제는 금융의 역할을 과도하게 제한해 경제 흐름에 악영향을 끼칠 수 있다고 여겼기 때문입니다.

그나마 금융기관의 위기 상황에 긴급 권한을 부여받고 신속하게 대응할 수 있는 기관은 연방예금보험공사 FDIC였습니다. 그러나 연방예금보험공사도 은행 금융기관에 대해서만 권한이 적용되었고, 금융지주회사 또는 투자은행 등을 대상으로는 취할 수 있는 조치가 없었습니다. 그리고 서브프라임과 같은 부실한 대출채권을 발행하고, 이를 묶어서 증권으로 다시 유통하기 시작하면 대출을 철회하거나 증권을 해체할 수 있는 방법이 없었습니다. 금융당국도 서브프라임 모기지 사태가 터지자 여기에 대응할 수 있는 방법이 마땅치 않았던 것이지요.

구제금융을 투입하는 것도 쉽지 않았습니다. 금융위기는 결정적인 사건이 터지기 전에 미리 개입해 위험 요인을 해소하는 것이 중요하지만, 이 위기가 금융위기로 확대될지 사전에 예측하기 어렵습니다. 그리고 구제금융을 투입하면 시장질서를 훼손하고 도덕적 해이를 조장한다는 이유로 워싱턴 정가의 비판이 쏟아지게 됩니다. 따라서 활용할 수 있는 정책 수단이 제한적이었으며, 파생상품으로 복잡하게 얽힌 금융 시스템은 단순히 금리를 낮추는 기존의 통화정책으로는 위기를 해결하기 어려웠습니다. 그래서 금융위기에 대규모 화폐 실험이라고 불리는 새로운 통화정책 '양적 완화 quantitative easing'를 도입합니다.

금융위기가 발생할 당시 미 연준 의장은 벤 버냉키 Ben Bernanke였습니다. 버냉키의 주요 연구 분야 중 하나는 대공황이었는데, 그의 학문적 분석에 따르면 대공황은 금융산업에서 시작된 유동성 경색이 실물경제로 전이하면서 발생한 것이었습니다. 즉 버냉키는 중앙은행이 발권력을 동원해 제때에 금융시장에 유동성을 공급하면 금융위기가 실물로 옮겨 가는 것을 막을 수 있다고 보았습니다. 그렇게 시작된 정책이 양적 완화입니다.

양적 완화란 중앙은행이 금리를 아주 낮은 수준으로 낮추고, 금융기관들로부터 국채와 같은 안전자산을 대규모로 매입해 금융 시스템에 막대한 양의 현금을 주입하는 정책입니다. 이는 금융기관의 유동성을 개선시켜 기존의 대출을 연장시키고 담보 기준을 완화하는 등 실물경제로 자금이 잘 흘러갈 수 있게 합니다.

위기가 발생했을 때 개별 은행들은 혹시 모를 예금 인출에 대비해 현금을 쌓아둡니다. 이때 은행은 만기가 도래한 대출을 회수하고 신규 대출을 허용하지 않는 등의 정책을 도입하는데, 그 결과 경제에 현금이 유통되지 않게 됩니다. 이러한 상황이 발생하면 제조업과 같은 주요 실물기업이 금융기업을 통해 어음을 지급하고 투자금을 마련하기가 어려워집니다.

이것이 금융위기가 경제위기로 확산하는 과정이지요. 따라서 실물기업이 자금경색으로 파산하는 것을 막기 위한 양적 완화는 매우 중요한 대응이었습니다. 금융위기가 본격화된 2008년부터 2010년 1분기까지 양적 완화라는 이름 아래 집행된 자금 규모는 자그마치 1조 7,000억 달러에 달했습니다.

AIG는 거대 보험회사입니다. AIG의 기업 고객만 해도 18만 개가 넘었으며, AIG의 기업고객이 고용하고 있는 노동자의 수만 해도 미국 근로자의 3분의 2에 해당했습니다. 또한 개인고객의 수는 7,000만 명이 넘었으며, 보험의 종류도 생명보험, 건강보험, 자동차 보험까지 다양했으니 보험업계에서의 영향력도 상당했습니다.

문제는 AIG가 보유한 계약들이었습니다. AIG는 2조 7,000억 달러 규모의 파생상품 계약을 보유하고 있었는데, 그 상품의 대부분이 신용부도스와프 계약이었습니다. 금융위기가 발생하자 AIG가 금융회사들에 막대한 양의 보험금을 지급해야 하는 순간이 다가왔습니다. 이 보험금을 당장 지급했다가는 AIG가 파산절차에 들어가 무너질 수도 있는 상황이었습니다.

신용부도스와프 계약에서 엄청난 손실을 입은 AIG가 무너지면 위험 상황에 대비해 보험을 들었던 수많은 금융기관 및 개인들이 정작 위급한 시기에 보험금을 받지 못하는 상황이 발생합니다. AIG로부터 보험금을 받지 못한 금융기관들은 계속해서 위험한 상태로 남게 되어 금융위기는 더 심각해지겠지요. 즉 AIG의 파산은 금융 시스템 전체를 붕괴시킬 위험을 가져올 수 있었습니다.

이에 미국 정부는 AIG의 위기를 기점으로 각종 금융기관들이 무질서하게 붕괴되는 것을 방지하고자 구제금융을 투입하기로 결정합니다. AIG에 대한 구제금융이지만, 조금 더 본질적으로는 금융 시스템을 안정화시키기 위한 기금이라고 볼 수 있습니다.

초기에 연준은 AIG 지분 79.9퍼센트를 담보로 850억 달러의 신용대출을 제공했으며, 재무부가 지원하는 기금을 포함해 미국 정부가

AIG에 쏟아 부은 자금 규모는 총 1,820억 달러에 달했습니다.

　　같은 비은행 금융기관이었던 리먼 브라더스는 구제하지 않았지만 AIG에 구제금융이 투입되자 비난이 난무했습니다. 이러한 비난에 대해 당시 뉴욕연준 총재였던 티머시 가이트너 Timothy Geithner 는 AIG를 구제하는 것이 상상할 수 없는 재앙을 연준 권한 내에서 방지할 수 있는 유일한 대안이었다고 말했습니다.

　　또한 AIG는 사업을 존속시킬 수 있을 만큼 튼튼한 담보물을 확보하고 있었지만, 리먼 브라더스는 그렇지 않았다는 것도 하나의 근거로 작용했습니다. 여담이지만 당시 가이트너는 AIG가 정말 건전한 회사인지 확신이 서지 않아 세계적인 투자자인 워런 버핏에게 의견을 구하기도 했는데요, 버핏은 AIG의 보험 부문 수익성이 장기적으로 매우 탄탄하다고 답변했습니다. 이 또한 리먼에는 적용하지 않았던 구제금융을 AIG에는 투입한 배경 중 하나였겠지요.

## 새로운 규제의 탄생

금융위기의 원인은 종합적이었습니다. 2009년 5월 창설된 금융위기조사위원회 FCIC 는 1년 6개월에 걸쳐 정부 차원의 종합적인 분석을 내놓았습니다. 발표된 보고서에 따르면 금융위기의 원인은 다음과 같습니다.

- 전반적인 금융규제 및 감독의 소홀

- 금융회사의 지배구조 및 리스크 관리의 심각한 취약성
- 금융회사의 과다 차입 및 위험 투자
- 금융시장 전반에 걸친 책임성 및 도덕 기준의 와해
- 모기지대출 기준 붕괴에 가까운 완화와 모기지 증권의 남발
- 장외파생시장 규제 미비
- 신용평가회사의 기능 실패

열거하면 원인이 수없이 많은 것처럼 보이지만, 한 단어로 정리하면 시장실패 market failure 입니다. 개별 기업은 시스템적 위험을 인식하지 못했고, 정부에는 시스템 위험을 관리하기 위한 규제기관이 없었기 때문에 생산성을 자극하지 못하는 곳에 자금이 과하게 흘러들어 부실이 발생하고, 피해가 전염된 것입니다. 결국 시장이 올바른 정보를 수집해서 가격에 제대로 반영하지 못하면 버블이 형성되고 동시에 금융위기를 일으키는 요인이 됩니다.

이러한 배경 아래서 미 정부와 의회는 금융규제를 근본적이고도 포괄적으로 개혁해 금융위기의 재발을 방지하고자 도드-프랭크법 Dodd-Frank Act 이라는 새로운 법안을 제정합니다. 도드-프랭크법은 은행, 증권, 보험, 소비자 보호 등 전 금융 부문에 걸쳐 일어난 광범위한 규제개혁입니다. 그리고 규제의 핵심은 시스템 리스크 관리와 소비자 보호라고 할 수 있습니다.

각종 파생상품과 계약으로 더욱 복잡해진 금융시장은 이제 한 대형 금융기관이 파산할 경우 끼치는 충격파가 강력해졌습니다. 그래서 그로 인한 피해를 줄이려는 예방책으로 금융 시스템을 조기에 관리

할 수 있도록 만든 것이 금융안정법 Financial stability Act 입니다. 금융안정법에서는 금융 시스템의 위험을 지속적으로 관찰하기 위해 금융안정감시위원회 FSOC를 설치하고, 그 산하에 금융조사국을 만들었습니다. 금융조사국은 금융 시스템의 위험을 측정할 수 있는 방법론을 고안해 미래에 발생할 수 있는 위기에 미리 대응할 수 있도록 하는 기관입니다.

글로벌 금융위기의 촉매제가 되었던 서브프라임 모기지론도 사실은 은행권에서 실적을 쌓기 위해 남발한 약탈적 대출의 성격이 강했습니다. 혁신적 대출 기법이라는 이름 아래 제공된 거치식 대출, 변동금리부 대출은 사실상 금리 상승기에 금융소비자들이 큰 부담을 지는 구조였습니다. 금융혁신은 사실 복잡한 수학적 논리를 동원해 금융기관이 대출을 남발할 수 있도록 만들어진 복잡한 프로세스였으며, 그 위험을 이해하지 못한 금융소비자는 잘못된 선택을 하고 말았습니다. 은행원의 조언만 듣고 주택담보대출을 해서 무작정 집을 사버린 것이었지요. 이에 은행권에서 실적을 쌓으려고 무차별적으로 대출을 해주거나 금융소비자가 피해를 보는 상황을 줄이기 위해 소비자금융보호기구 CFPB가 설립되었습니다.

## 금융산업과 금융시장의 변화

양적 완화 정책 이후 금융시장은 점차 안정화 단계에 들어서기 시작했습니다. 그러나 금융위기가 지나간 이후 금융시장의 근본적인 기류에 변화가 일어났습니다.

전통적인 금융자산에 해당하는 주식과 채권은 수익률이 서로 반대 방향으로 움직입니다. 그 이유로 인플레이션율을 들 수 있는데, 물가상승률이 높으면 높을수록 고정된 원리금을 지급받는 채권의 실질가치는 떨어집니다. 반면 부동산과 같은 실물자산을 보유하거나, 물가상승에 맞춰 제품과 서비스의 가격을 조정할 수 있는 기업들의 주가는 인플레이션이 심화할수록 오히려 강세를 보입니다. 그래서 긴 시간 동안 자금을 관리하면서도 필요할 때마다 자금을 인출해야 하는 보험사 및 연기금은 주식과 채권 모두에 투자합니다. 그래야 실질자산가치를 안정적으로 유지할 수 있을 테니까요.

그런데 금융위기가 발생하면서 주식과 채권의 가격이 같은 방향으로 움직이는 경향을 보입니다. 오를 땐 다 같이 오르고, 내려갈 땐 주식, 채권 할 것 없이 다 같이 하락하는 것입니다. 그리고 석탄, 원유 등 각종 원자재의 가격이 재고, 선적량, 수요예측량 등 가격에 영향을 주는 주요 지표와 관련성이 점차 떨어지기 시작했습니다. 즉 시장 메커니즘이 이전과 같이 작동하지 않기 시작한 것입니다. 세계적인 투자자이자 조지 소로스 George Soros 의 후계자로 지명받은 스탠리 드러켄밀러 Stanley Freeman Druckenmiller 는 시장을 예측하는 데 뛰어났던 자신의 감각이 더는 유효하지 않은 것처럼 느껴진다고 말했습니다.

이러한 배경에는 중앙은행의 시장개입이 있습니다. 금융위기를 진압하고자 양적 완화라는 이름으로 중앙은행은 화폐발권력을 동원해 금융 시스템에 통화량을 대규모로 공급했습니다. 이는 각종 자산 가격을 부풀리기 시작했고, 시장의 수급만으로 설명할 수 없는 수준으로 원자재 및 금융자산들의 가격을 밀어 올렸습니다. 그리고 2014년 양적 완화로 금융 시스템에 쏟아 부었던 달러화를 회수하기 시작하자 신흥국들에서 달러가 급격히 빠져나가기 시작했고, 신흥국들의 화폐 가치가 급락하기 시작했습니다. 이제 미국 연준이 세계 금융시장을 흔드는 거인이 되어버린 것입니다. 금융시장에 참여하는 모든 플레이어가 연준의 입장에 더 예민한 이유가 이 때문입니다.

## 우리가 알아야 할 것들

**1. 왜 수많은 투자자는 미국 부동산 시장에 자금을 쏟아 부었나?**

글로벌 금융위기가 발생하기 전까지 미국 부동산 시장에 대규모 자금을 투자한 투자자의 실체는 신흥국입니다. 이 신흥국들이 수출을 통해 벌어들인 외화가 전부 국내에서 사용되면 경기가 과열되어 인플레이션이 발생합니다. 그래서 신흥국들은 이 자금을 전부 미국에 투자했고, 마침 미국도 주택 소유 정책을 위해 많은 자금이 필요하던 시기였습니다. 신흥국의 자금에 탄력을 받아 팽창한 미국의 부동산 시장은 호황을 보였고, 그에 따라 다른 투자자들도 덩달아 부동산 시장에 뛰어든 것입니다.

**2. 금융혁신의 실체는 무엇인가?**

금융혁신이라는 이름으로 탄생한 복잡한 파생금융은 투자자의 위험선호와 투자전략에 맞게 투자상품을 만들어내는 금융 계약이었습니다.

MBS도 그중 하나였습니다. 수많은 금융기관이 이 새로운 금융상품에 투자했고, 복잡한 수학까지 동원되었으니 위험이 제대로 관리되고 있다고 믿었습니다. 그러나 투자자들의 환상과 달리 금융혁신은 복잡한 수학으로 파생금융에 대한 위험성을 파악하기 어렵게 만든 환상에 지나지 않았습니다.

### 3. 글로벌 금융위기의 책임은 누구에게 있을까?

글로벌 금융위기의 책임은 크게 모기지대출회사, 모기지대출을 증권화해 판매한 투자은행, MBS에 품질보증을 찍어주고 대규모의 수수료를 받아 간 신용평가회사에 있다고 볼 수 있습니다. 모기지대출회사는 모기지 채권을 다른 금융기관에 팔아버리면 된다는 생각으로 대출심사를 엄격하게 진행하지 않았습니다. 그리고 투자은행들은 MBS를 비롯한 복잡한 파생상품의 위험성을 숨긴 채 수익성만을 광고하며 투자자들에게 금융상품을 팔아치우고 막대한 이익을 챙겼습니다. 또한 신용평가회사들이 금융계 사람조차 이해하기 어려울 만큼 복잡한 수학적 분석이 동원된 증권에 AAA라는 신용등급을 남발하지 않았다면 서브프라임 모기지 증권과 같은 위험 상품이 금융 시스템 전반에 유통될 일도 없었을 것입니다. 마지막으로 책임 소재가 분산된 금융계를 제대로 규제하지 못한 규제기관에도 그 책임이 있습니다.

### 4. 금융위기에 대응하고 예방하기 위해 정부는 무엇을 해야 할까?

위기가 발생했다는 것은 누군가가 책무를 제대로 이행하지 못했다는 뜻입니다. 따라서 입법기관이 어떤 행위에 대한 책임 소재를 명확히 하고,

규칙을 재정립할 필요가 있습니다. 그리고 규제기관은 이를 적절히 관리·감독할 수 있어야 합니다. 이와 관련된 포괄적 논의가 담긴 법안이 도드-프랭크법입니다. 도드-프랭크법에서는 시스템 리스크 감독 체계부터 은행, 증권, 보험, 소비자 보호 등 다방면에서 대대적인 규제개혁을 진행했습니다. 위기가 발생했으니 원인을 파악하고, 새로운 규제를 만들고, 제대로 된 관리·감독을 하는 것이 올바른 수순입니다.

### 5. 글로벌 금융위기 이후 금융시장은 어떻게 변했나?

늘 그랬듯이, 미국의 통화정책은 국제금융시장에 상당한 영향을 미칩니다. 그리고 글로벌 금융위기에 대응하기 위해 엄청난 양의 달러가 국제금융 시스템에 유입되었고, 자산 가격을 전체적으로 올려버렸습니다. 즉 달러가 세계경제에 미치는 영향이 더 커졌으며, 미국의 통화정책에 대한 국제경제의 민감도가 더 높아졌습니다.

4장

# 실체 없는 혁신에 과감히 투자하다

【낙관론】

## 2001년 IT 버블

앞서 은행의 대출을 중심으로 공급되는 자본이 어떻게 버블 형성으로 이어지는지 개별적으로 살펴보았습니다. 이제는 은행을 넘어 자본시장으로 관점을 확대해보려고 합니다. 보통 은행을 제외한 금융기관들은 원리금 상환을 조건으로 하는 채권계약뿐 아니라 지분투자에 참여하기도 합니다. 쉽게 말해 주식투자도 하는 것이지요. 그리고 여기에는 개인투자자들도 참여하게 됩니다. 은행의 엄격한 대출 심사 과정 대신 개별 투자자들의 판단도 중요한 요소입니다. 이는 잠재적으로 혁신을 만들 수 있는 분야에 자본을 투입하면서도, 미래에 대한 불확실성이 높기 때문에 투기적인 요소도 존재합니다. 이번 장에서는 이 '낙관'이라는 요소가 금융 시스템에 녹아들어가기 시작했을 때 발생하는 버블들을 알아보도록 하겠습니다. 먼저 IT 버블에 대해 이야기해보도록 하지요.

20세기 말은 IT 열풍이 불던 시기였습니다. 많은 이들의 집에 PC컴퓨터가 낮은 가격에 보급될 수 있었고, 정보의 공유가 빨라지면서 혁신도 잦을 것이라는 기대감이 컸습니다. 경제학자들도 '신경제론'이라는 개념을 제시하며 IT 기술을 기반으로 지속적이고 안정적인 성장이 가능해질 것이라 전망했습니다. 이러한 기대감들이 하나하나 반영되어 IT 기업 주식들의 가격이 급격히 뛰었습니다. 주변에 주식으로 돈을 번 사람들이 늘어나고 주식시장이 호황을 보이자 직장인 중에는 일을 그만두고 전업투자자로 전향한 이들도 있었습니다. 더군다나 1990년대는 금리가 낮았던 시기라 은행에서 돈을 빌리기도 쉬웠습니다. 그러다 보니 시중에 돈이 넘쳐났고, 그 많은 돈들이 주식시장에 흘러들기도 했습니다. 주식가격은 더 급격히 오르게 됩니다.

그러나 사람들의 기대와는 달리, 많은 IT 기업들이 허울에 불과했습니다. 이익은커녕 매출조차 제대로 내지 못했으며, 투자금만 까먹으며 연명하는 기업이 넘쳐났습니다. 미국의 통화정책을 담당하는 연준도 주식시장의 과열을 인지하고 금리를 올리기 시작했습니다. 이에 따라 과열된 주식시장이 하락세로 돌아섰습니다. 그리고 저조한 IT 기업들의 실적이 시간이 지나도 나아지지 않자 투자자들도 막연한 희망을 접고 돌아서기 시작했습니다. 결국 2001년 주식시장의 거품이 꺼집니다. IT 기업에 투자했던 수많은 중산층이 돈을 잃고 말았습니다. 많은 이들이 새로운 기술에 기대감을 가지고 뛰어들었으나, 결과는 그렇지 못했습니다.

플랫폼 경제(신경제론), 실적 없는 비즈니스, 낮은 금리, 시중에 넘쳐나는 돈……. 어딘가 지금의 모습과 많이 닮았다고 생각하지 않나요? 이제부터 2001년 IT 버블 사례를 통해 현재 우리가 알아야 할 점들을 이야기해보겠습니다.

IT 버블을 이해하기 위해서는 필립스 곡선, 한계생산체감현상, 규모의 경제 등과 같은 다양한 경제 개념을 알아야 합니다. 이러한 개념들에 대해 한번 더 살펴보면서 이야기를 전개해보겠습니다.

> **생각해볼 질문들**
>
> - 실적이 없는 혁신이 있을 수 있을까?
> - 전망 vs 실적: 당신의 선택은?
> - IT 버블이 터지면서 모든 투자자들이 돈을 잃었을까?
> - 주가가 계속 오를 것이라 말하는데 믿어야 할까?
> - 정부가 버블을 키웠을까?

## 저금리정책, 경제 호황 주식에 집중되는 투자

1990년대는 미국 경제의 호황기였습니다. 미국 달러의 가치를 낮춰서 여러 국가가 미국 제품을 저렴하게 구매할 수 있게 만든 1985년 플라자 합의Plaza Accord와 미국의 주요 무역국들의 재정지출을 늘려 미국의 제품구매를 촉진시켰던 1987년 루브르 합의Louvre Accord를 통해 미국의 경상수지가 호전되었기 때문입니다. 여기에 더해 미국연방준비은행의 지속된 저금리정책과 낮은 임금상승률이 인플레이션을 효과적으로 억제했습니다.

미국은 인플레이션 없는 경제호황을 달성하는 동시에 낮은 실업률을 유지할 수 있었습니다. 이는 인플레이션과 실업률 사이에는 역상관관계가 존재한다는 필립스 곡선에 배치되는 현상이었습니다.

**필립스 곡선**
실업률과 화폐임금상승률 사이에 역관계가 있음을 나타내는 모델이다. 화폐임금상승률은 소비와 직결되어 물가상승률을 의미하기 때문에 필립스 곡선은 실업률과 인플레이션 사이의 역관계를 의미하기도 한다. 실업률을 낮추려면 더 높은 인플레이션을 감수해야 하고 인플레이션을 낮추려면 높은 실업률을 감수해야 한다는 함의를 가지고 있다.

인플레이션 없는 경제호황에 힘입어 미국은 1990년대 중반부터 2000년까지 연평균 4퍼센트의 성장을 할 수 있었습니다.

금리가 낮고 임금상승률이 낮으면 거시경제적으로 국가경제 성장에는 매우 유리합니다. 그러나 개인의 처지에서 생각해보면 월급은 많이 오르지 않는데 금리가 낮아서 돈을 빌리기는 쉬운 상황입니다. 적은 월급으로 만족할 수 없는 사람들은 돈을 벌 수 있는 다른 방법들을 찾아 나섰고, 그러다 보니 투자 붐이 일어납니다. 낮은 금리 덕분에 돈을 싸게 빌릴 수 있었기 때문에 사람들은 자연스럽게 돈을 빌려 투자를 하게 됩니다.

많은 사람이 투자에 관심을 가졌고, 투자를 공부하려는 사람들이 늘어나자 관련 책들은 불티나게 팔렸습니다. 2001년 당시의 경제 상황이 지금하고 비슷한 점이 많다고 생각하지 않나요? 저인플레이션, 저금리, 낮은 임금상승률……. 물론 다른 점도 있습니다. 2001년에 경제는 빠르게 성장했지만 지금의 경제는 성장을 멈추었습니다.

수많은 사람의 관심이 투자에 쏠려 있던 그때, 사람들의 이목을 주식에 집중시키는 수익률 분석 결과가 나옵니다. 《월스트리트 저널 The Wall Street Journal》은 1925년부터 20년을 주기로 주식과 채권의 수익률을 비교한 결과 주식의 수익률이 월등하게 높았음을 보도했습니다. 이 분석을 접한 많은 투자자가 주식시장에 투자하기 시작했고 신규 투자자들의 유입으로 주식가격은 오르기 시작합니다. 이에 맞추어 CNBC는 다양한 투자 관련 사이트를 소개하는 프로그램을 방송했고

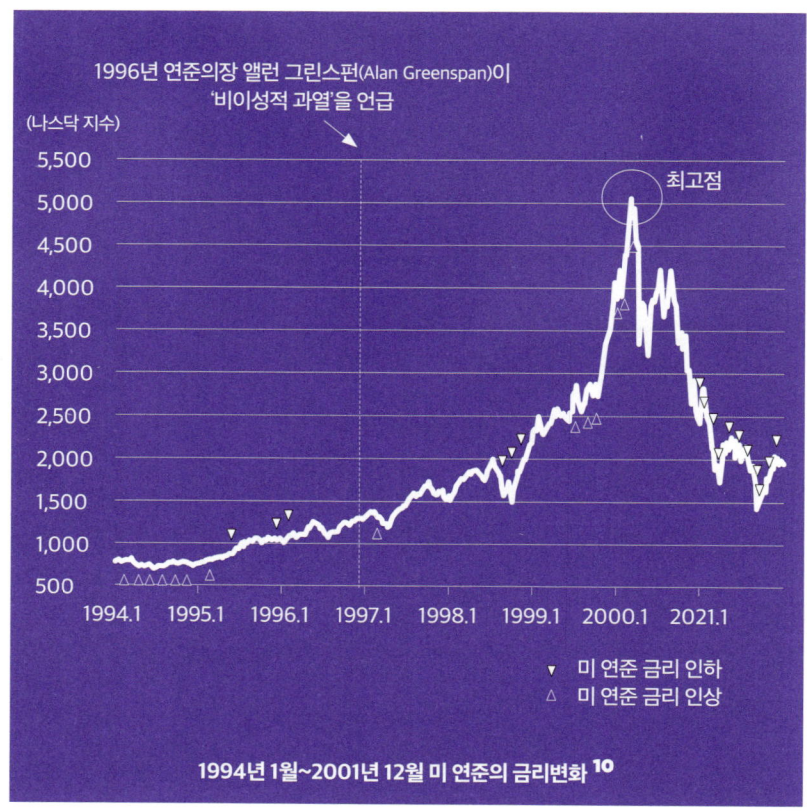

1994년 1월~2001년 12월 미 연준의 금리변화 [10]

주식투자는 유행처럼 번져 나갔습니다.

이 그래프를 보면 1995년부터 1999년까지 연준은 금리를 계속해서 낮췄고, 반대로 나스닥의 주가는 계속해서 올랐음을 알 수 있습니다.

**나스닥(Nasdaq)**
뉴욕 월가에 위치해 있는 미국의 주식시장 중 하나다. 1971년 2월 8일에 창립했고 처음에는 장외시장이었는데 빠르게 성장하면서 장내시장으로 인정받았다. 나스닥의 주요 목적은 테크기업과 벤처기업의 자금조달이다.

## 정보통신기술의 발달과 신경제론의 등장

전화회선을 통한 인터넷 상용화는 우리 일상을 바꾸어놓았습니다. 편지를 보내는 대신 이메일을 쓰고, 전화를 거는 대신 채팅을 하기 시작했습니다. 도서관에 가서 책을 찾기보다는 집에 앉아 컴퓨터 앞에서 자료를 검색할 수 있게 되었습니다. 인터넷은 시간적·물리적 제약들이 거의 없기에 사람들은 이를 혁신이라고 불렀습니다. 인터넷이 상용화됨에 따라 미국 가정의 컴퓨터 보급률은 급등했고, 1997년에는 40퍼센트에 달하는 가정이 컴퓨터를 소유하게 됩니다.

컴퓨터가 보급되고 인터넷 이용자가 늘어나자 인터넷의 파급력에 대한 믿음이 생겨났고, 인터넷으로 인해 활발히 이용되던 야후 채팅방이나 AOL America Online 메신저에 모여 투자에 대한 정보와 의견을 교환합니다. 인터넷을 활용한 정보와 의견 교환은 투자자들의 투자욕구를 더 자극했으며, 그렇지 않아도 뜨거웠던 주식시장을 더 뜨겁게 달굽니다.

제조업을 비롯한 대부분의 산업에서는 한계수익체감 현상이 나타납니다. 전체 생산량이 늘어날수록 같은 노동력, 에너지, 재료 등을 투입해 만들 수 있는 추가적인 한계수익은 감소하는 현상입니다. 역으로 말하면, 전체 생산량이 늘수록 한 제품을 추가로 생산하기 위해 들어가는 노동력, 에너지, 재료 등이 증가해 그 제품을 판매해서 얻을 수 있는 이익은 감소한

**한계수익**
'한계'란 특정 경제 행위를 한 단위 추가하는 것을 의미하고 '한계수익'은 특정 경제 행위를 한 단위 더해서 추가되는 수익을 의미한다.

다는 의미입니다. 이렇듯 계속해서 생산량을 늘리게 되면 제품에 들어가는 원가와 그 제품을 팔아 벌 수 있는 매출이 같아져 한계수익이 0이 될 것입니다. 여기서 기업은 추가투자를 할 만한 매력을 느끼지 못해 사업의 확장을 멈추게 됩니다. 만약 이 지점을 넘어 제품을 추가로 생산해 경제를 팽창시키려 한다면 임금, 원자재, 에너지 가격이 상승하고 인플레이션이 발생할 수밖에 없습니다. 즉 한계생산체감 현상은 앞서 이야기한 필립스 곡선의 주요 원인입니다.

1990년대 미국의 경제가 재미있는 부분은 인플레이션이 낮은데 경제가 성장한다는 점이었습니다. 이는 한계수익체감 현상과 필립스 곡선에 배치되는 것이었습니다. 특히나 IT 기업들을 중심으로 기술주들의 주가가 계속해서 오르기 시작하자 정보통신기술을 기반으로 새로운 유망분야가 출현하거나 확대되고 경제성장과 물가안정의 공존이 지속될 수 있다고 주장하는 '신경제론'이 나타납니다.

신경제론은 IT 기술혁신이 생산성 향상을 초래한다는 이론입니다. 이로 인해 신경제에서는 한계수익체감과는 반대로 생산을 하면 할수록 추가적으로 얻을 수 있는 한계수익이 오히려 늘어나는 규모수익체증 현상이 나타날 수 있게 된다고 주장합니다. 그 결과 특정 상품을 추가로 생산할수록 한계비용이 감소하기 때문에 생산량을 늘릴수록 수익이 늘어난다는 것입니다(이를 한계수익체증이라고 부릅니다). 따라서 신경제론의 지지자들은 규모수익체증은 IT 산업의 중요한 특징이라고 주장했습니다.

예를 들어 정보통신산업은 기본 인프라를 조성하는 데에는 엄청난 비용이 들어가지만 적정 수준 이상의 인프라를 구축하는 데 성공하고 나면 통신망을 추가하는 데 대한 한계비용은 오히려 줄어들게 됩니다. 그렇기 때문에 정보통신산업에서 생산을 증가시키면 한계비용 감소로 인해 오히려 한계수익이 증가한다는 것입니다. 이런 논리라면 IT 산업은 무한히 생산을 할 수 있습니다.

또한 IT 기업은 생산비용을 고민할 필요가 없습니다. 기업의 매출 규모가 커지면 어차피 생산비용은 줄어들 테니까요. 그렇다면 IT 기업의 가치를 평가할 때는 기존처럼 수익성을 보는 방식은 맞지 않게 됩니다. IT 기업은 매출 규모에 기초해 그 가치를 평가하는 것이 옳습니다. 실제 2001년 당시에 IT 기업들의 가치는 매출액을 기준으로 삼아 평가했습니다. 이러한 현상은 현재에도 벌어지고 있습니다. 현재 플랫폼 기업들의 가치를 매길 때 매출액에 비해 몇 배의 가치가 있는지를 따져봅니다. 대부분 기업들이 영업 손실이 나고 있기 때문에 당장의 재무 성과에 바탕해 평가하기는 어렵기 때문입니다. 신경제론이 옳다면, 규모수익체증 현상이 실제로 일어난다면 이러한 가치 평가 방법은 옳다고 볼 수 있습니다.

이러한 규모수익체증 현상으로 인해 임금상승률보다 생산성 증가율이 높아져 인플레이션 없이도 실업율이 감소해 완전고용을 이루는 호황이 가능하다고 주장합니다. 신경제론에서는 정보혁명이 기존의 모든 경제 이론의 틀을 깨버릴 수 있고 이로 인해 장기 호황을 구가할 수 있게 되었다는 긍정론이 그 중심에

**완전고용**
노동의 의지와 능력을 갖추고 취업을 희망하는 모든 사람이 고용되는 상태를 의미한다. 노동의 수요와 공급이 일치하는 상태이기 때문에 이론적으로는 실업률이 0퍼센트여야 완전고용이라고 볼 수 있다. 그러나 이런 상황은 현실적으로 불가능하기 때문에 완전고용이라는 정책목표는 단 한 명의 실업자도 없는 상태를 의미하는 것이 아니고, 이직 등으로 인한 일시적 실업인 마찰적 실업을 제외한 비자발적 실업이 없는 상태를 의미한다.

있었습니다.

신경제론은 간단하게 말하면 기술에 의한 규모의 경제와 그로 인한 비용 절약이라고 할 수 있습니다.

## 벤처 열풍에 휩쓸린 한국

미국에서 발생한 신경제론은 국내에도 상륙해 많은 투자자들의 지지를 받습니다. 미국에 나스닥이 있다면 한국에는 코스닥이 있기 때문입니다. 나스닥이 하늘 높은 줄 모르고 치솟는 과정을 보며 한국에서도 'IT 산업을 중심으로 기술이 세상을 바꿀 것'이라는 생각을 가진 투자자들이 돈을 싸들고 코스닥에 상장한 기업들에 투자하기 시작합니다.

심지어 한국 정부는 '코스닥 시장의 개편 및 육성 방안', '벤처기업 창업 및 육성 5개년 계획'을 연이어 수립하면서 코스닥에 상장된 기술기업들과 벤처기업들에 유동성을 공급하기 위해 이른바 '묻지 마 지원'을 시작합니다. 엄청나게 많은 돈이 IT 기업들과 벤처기업들에 지원이라는 형태로 뿌려졌지만 정작 이들이 어떤 비즈니스를 하는지는 베일에 싸인 경우가 많았습니다.

정부지원금은 수익률을 요구하지 않았기 때문에 투자자들은 정부지원금으로 인해 인위적으로 높아진 수익률을 보게 됩니다. 이에 따라 신산업에 대한 투자가 폭발적으로 증가합니다. 정부는 이러한 지원을 통해 신산업을 성공적으로 육성할 수 있었다고 홍보하고, 이런 홍보는 또다시 민간이 신산업에 투자를 하도록 이끄는 순환구조를 만들어냅니다. 물론 당시 신산업 육성에 투입되었던 천문학적인 지원자금이 다른 곳에 쓰였다면 경제에 어떤 영향을 미쳤을지, 그 기회비용에 대한 분석은 한 번도 본 적이 없다는 것은 비밀입니다.

역시나 반복적으로 언급하는 이야기이지만, 당시 정부의 IT 산업 육성 정책은 현재 국내 테크 스타트업과 P2P 업체들의 자본조달 활성화를 위해 시행되고 있는 지원 정책과 매우 유사한 맥락으로 이해할 수 있습니다.

## 닷컴 버블과 비이성적 광기

주가가 오르기 시작하자 투자자들은 열광합니다. 주변에 주식으로 돈을 번 사람들이 생겨나고 '나만 뒤처진다'는 불안감이 팽배합니다. 원래 사람은 친구가 돈을 벌면 참지 못하는 법이라고 합니다. 투자심리가 극대화되는 데 맞추어 인터넷 관련주들의 약진이 두드러지자 그 회사가 어떤 회사인지 잘 몰라도 '닷컴.com'이 붙은 기업은 매수해야 한다고 생각하게 됩니다. 일례로 생선 단백질 관련 사업을 영위하던 자파타헤이니 코퍼레이션은 자사 이름에 '.com'을 추가하자 주가가 폭등합니다.

투자자들이 인터넷 기업에 과도한 관심을 갖게 되자 당연히 인터넷 기업들과 투자은행들은 이때를 기업공개의 기회로 여기게 됩니다. 투자자들은 인터넷 기업들의 지분을 확보하기 위해 경쟁적으로 기업공개에 뛰어들었고 제대로 된 실적이나 사업 모델 없이 기업공개를 통해 자본을 조달하는 일들이 많아졌습니다. 이런 현상을 잘 드러내주는 통계 수치가 있습니다. 1999년에 총 456개의 기업이 상장했는데, 이 중 77퍼센트가 적자를 내고 있는 기업이었습니다.

이러한 현상은 최근 공유경제 업체들과 테크기업들의 상장 열풍과 매우 유사합니다.

**기업공개**
**(Initial Public Offering, IPO)**
기업의 주식이 증권시장에서 공개적으로 거래되려면 그 시장에 상장되어야 한다. 기업이 주식을 처음 상장하는 방법 중 가장 많이 사용하는 방법이기도 하다. 기존에 기업에 투자하고 있지 않던 외부 투자자가 공개적으로 주식을 살 수 있게 기업이 자사의 주식과 경영 내역을 시장에 공개하는 것을 기업공개라고 한다. 그러므로 주식을 공개하는 행위는 기업의 주식을 증권시장에 공식적으로 등록해 시장에서 거래할 수 있도록 하는 것을 뜻한다.

첫째, 시중에 존재하는 풍부한 유동성을 바탕으로 적자 기업들의 성장성을 과대포장하고 있다는 점입니다. 2001년 닷컴 버블 당시 미국의 호황을 바탕으로 시장에 유동성이 풍부했습니다. 현재도 지속된 양적 완화로 시장에 유동성이 매우 풍부합니다. 그런데 닷컴 버블 당시 상장기업들의 80퍼센트는 적자였습니다. 지금도 테크기업을 표방하지만 다른 사업을 영위하는 상장을 시도하는 기업들은 영업이익을 만들어내지 못하고 있습니다. 예를 들어 토스는 금융업을 영위하지만 스스로를 테크기업으로 분류합니다. 쏘카나 타다는 리스, 렌탈업을 영위하지만 스스로를 테크기업으로 포장합니다. 금융업을 영위하는 또는 렌탈업을 영위하는 플랫폼을 기술로 만들기 때문에 테크기업이라는 논리는 2001년 인터넷 쇼핑몰을 통해 옷을 팔기 때문에 인터넷 기술기업이라는 논리와 묘하게 비슷합니다. 이러한 논리는 기술 그 자체가 아니라, 해당 기술을 접목함으로써 영업활동의 비용 절감 및 수익

향상에 미치는 경로를 구체화하여 수치로 드러낼 수 있어야 의미가 있습니다.

둘째, 기업들에 대한 반독점 규제를 강화하는 움직임이 보이고 있습니다. 2000년 4월 미국 법원은 마이크로소프트사에 대해 반독점 판결을 내립니다. 이러한 반독점 규제로 이용자 수를 늘려 회사의 매출을 극대화하는 비즈니스 모델을 취했던 인터넷 기업들은 직격탄을 맞게 됩니다. 최근 카카오와 네이버를 포함한 빅테크 기업에 대한 독점 우려 및 규제 증가는 비슷한 맥락이라고 생각할 수 있습니다. 플랫폼 기업들의 궁극적인 목표는 독과점입니다. 만약 플랫폼 기업들의 논리가 성립하기 위해서는 독점 또는 과점이 성립되어야 하는데, 전 세계적으로 독과점은 강력한 규제 대상입니다. 만약 플랫폼 기업들의 독점이 허락된다면 재벌들의 일감 몰아주기나 독점 또한 규제의 형평성이 문제가 되어 제재하기 어려워질 수 있습니다.

인터넷기업들의 주가가 주식시장에서 빠르게 올라가고 있던 2000년 1월, 미국 최대 인터넷 사업자 AOL과 미국 미디어 재벌인 타임워너의 합병을 발표합니다. 타임워너는 미국 3대 미디어 그룹 중 하나입니다(나머지 둘은 월트 디즈니 컴퍼니와 뉴스 코퍼레이션입니다).

당시, 시장에서는 AOL이 인터넷 접속 서비스 시장의 50퍼센트를 점유하고 있었으며, 광대역 서비스 분야에서도 탄탄한 조직과 핵심 기술을 보유하고 있었습니다. 타임워너는 전 세계적으로 10억 명이 소비하는 케이블 뉴스 채널 CNN과 구독자가 1억 2,000만 명으로 추정되는 시사주간지 《타임Time》, 영화사 워너 브라더스를 소유하고 있었고, 케이블 설비를 제공하는 타임워너 케이블은 AT&T에 이어 업계

2위로 시장 점유율 20퍼센트를 차지하고 있었습니다. 이런 두 회사의 시너지는 단순하지만 직관적이었습니다. AOL은 자사의 인터넷 서비스로 타임워너의 고품질 콘텐츠를 유통해 수익을 극대화할 수 있고, 타임워너는 AOL을 통해 올드 미디어에서 탈피해 인터넷 시대로 나아갈 수 있다고 생각했습니다.

이러한 이유로 합병 발표 후 타임워너 주가가 하루에 40퍼센트 치솟는 등 시장의 반응은 열광적이었습니다. 두 회사는 몸을 합쳐 이름을 AOL 타임워너로 변경했습니다. AOL 타임워너는 직원 수 약 8만 명, 시가총액 3,500억 달러(당시 환율 기준 402조 1,500억 원)에 달하는 미디어/인터넷 공룡이 되었습니다. AOL과 타임워너의 합병이 발표되는 동시에 수많은 IT 관련 벤처기업이나 기존 IT 기업들의 주가는 폭등했습니다.

국내에서도 상황은 유사했습니다. 매출을 바탕으로 기업의 가치를 평가해야 한다는 신경제론에 입각해 수많은 적자기업들의 가치가 재평가됩니다. 게다가 IT 벤처기업들에 대한 투자는 사실상 묻지도 따지지도 않고 진행되었습니다. 벤처 붐을 등에 업고 국내 시가총액은 1999년에 처음으로 50조 원을 돌파합니다. 그렇지 않아도 주식시장과 IT 기업 투자에 관심이 폭증하고 있던 이 시기에 국제신용평가사 무디스moody's가 우리나라의 국가신용등급을 상향조정하면서 증시는 더 가파르게 올라갑니다.

**국가신용등급**
한 나라가 채무를 이행할 능력과 의사가 얼마나 있는지를 등급으로 표시한 것으로 '해당 경제 내에서 외화표시 채권 발행에 대해 어떤 경제주체가 받을 수 있는 최상의 신용등급'을 뜻한다. 현실적으로는 국채의 신용등급을 의미하며, 국제금융시장에서 차입금리나 투자 여건을 판단하는 기준이 되기 때문에 중요하다. 통상 'AAA', 'BB+'와 같이 알파벳과 '+', '-'로 표기해 신용등급을 표시한다.

이렇게 주가가 폭등하자 이전에 주식투자를 해보지 않은 신규 투자자들이 주식시장에 대거 유입되었고, 시장 메커니즘에 대한 이해나 기업에 대한 이해가 부족했던 초보 투자자들은 기업가치에 대한 이성적이고 합리적인 판단보다는 시류에 따라 투자 의사를 결정하는 경향을 보입니다. 이에 1999년 당시 코스닥 시장도 기업에 '테크', '미디

| 종목명(현재명) | 최저가 | 최고가 | 상승 | 현황 |
|---|---|---|---|---|
| 싸이버텍 (평안물산) | 5,710원 | 232,000원 | 40.6배 | 상폐(2012.6) |
| 다음 (다음카카오) | 11,200원 | 406,500원 | 36.3배 | |
| 장미디어 (네오아레나) | 4,480원 | 155,000원 | 34.6배 | |
| 버추얼텍 | 7,500원 | 206,000원 | 27.2배 | |
| 한글과컴퓨터 | 3,130원 | 58,900원 | 18.8배 | |
| 마크로젠 | 10.050원 | 185,000원 | 18.4배 | |
| 미디어솔루션 (레드캡투어) | 12,300원 | 225,000원 | 18.3배 | |
| 인디시스템 | 3,000원 | 49,900원 | 16.6배 | |
| 대현테크 (IHD) | 1,145원 | 9,960원 | 8.7배 | 상폐(2009.4) |
| 대양이엔씨 | 16,600원 | 92,650원 | 5.6배 | 상폐(2010.9) |
| 로커스 (글로웍스) | 36,950원 | 264,000원 | 7.1배 | 상폐(2011.6) |

1999년 4분기~ 2000년 1분기에 폭등한 종목들의 주가 상승 정도 [11]

어', '텔레콤' 등 IT와 관련한 이름만 붙으면 무조건 사고 보는 이른바 '묻지 마 투자'가 성행했습니다.

'묻지 마 투자'의 한 단면은 주식시장에서 나타나고 있는 일명 '통-텔-컴장' 현상에서도 볼 수 있었는데, 회사명에 ○○통신·○○텔레콤·○○컴퓨터 등만 들어 있으면 실제로 그 회사에서 하는 일과는 상관없이 주식값이 폭등하는 시장현상이 나타납니다. 묻지 마 투자자들은 주식투자자들이 가질 수 있는 최소한의 정보이자 권리라고 할 수 있는 공시도 보지 않았습니다. 또한 근거 없는 호재성 소문에 주식값이 폭등하고, 해당 기업에서 부인 공시를 내더라도 그 추세는 멈추지 않았습니다.

## "희망은 전략이 될 수 없다"

시장과 수많은 투자자의 예상과는 다르게 AOL 타임워너의 비즈니스는 대실패로 끝납니다. 비싼 요금과 질이 낮은 인터넷 서비스에 수많은 사람이 AOL 타임워너로부터 등을 돌립니다. 심지어 AOL이 합병을 성사시키기 위해 거래 종결 전후로 재무실적을 부풀리기까지 했다는 사실도 드러납니다.[12]

이 외에도 수많은 IT 기업이 시도했던 인터넷 서비스들이 십중팔구 시장에서 자리를 잡지 못하고 사라집니다. 과도기적인 인터넷 기술에 너무 많은 것을 융합하려다 보니 기술력이 부족했고, 기대감을 충족시키지 못했던 게 원인이었습니다. 웹 서비스에 대한 불신과 반감이 커지며 거품은 급속도로 꺼지기 시작했습니다. 결과적으로 IT 기업들의 주가가 폭락하고 많은 기업이 파산합니다.

1995년부터 2000년까지 나스닥 종합주가지수는 400퍼센트 상승했지만 이후 버블이 꺼지며 2001년에는 시장이 무너졌고, 그로 인해 투자자들은 무려 5조 달러의 손실을 기록합니다.

코스닥 시장이 2000년 3월, 코스닥 지수 292.5로 최고점을 이룬 뒤, 미국 나스닥 시장의 붕괴와 첨단 벤처기업의 수익 모델에 대한 불신 속에 외국인과 벤처캐피털의 매도 공세가 집중되면서 급락세로 돌변해 브레이크 없이 추락합니다. 결국 2000년 말에는 지수가 51.0까지 곤두박질쳤습니다. 당시 정현준 게이트, 진승현 게이트, 이용호 게이트 등 화려한 벤처 신화 뒤에 숨겨졌던 기업들의 온갖 부정과 정경유착의 검은 비리가 밝혀지면서 한국 IT 주식시장은 투자자들의 신뢰를 잃고 본격적인 침체로 접어들게 됩니다.

기대감이 실현되기 위해서는 체계적인 근거가 필요합니다. IT 기술이라는 포괄적인 개념만으로는 혁신을 만들어내지 못합니다. 즉 IT 기술이 생산성 향상에 기여하는 프로세스를 이해해야만 혁신이 유효한 것이지요. 투자자로서 주목해야 하는 부분도 IT 기술이 아니라 생산성과 이익이 증가하는 논리적인 구조입니다.

아마존은 IT 버블 붕괴 이후 주가는 하락세를 보였지만 실적은 지속적으로 개선되고 있었습니다. 이후에는 그 실적에 맞추어 주가도 꾸준히 상승세를 보였지요. 아마도 사업 모델과 실적에 초점을 두었다면 투자자들은 장기적으로 많은 수익을 거두었을 것입니다. 그러나 대부분의 투자자는 혁신에 대한 기대감만으로 의사결정을 내렸고, '닷컴'이라는 이름이 붙은 기업에 무분별하게 자신의 재산을 걸었습니다. 결과적으로 이들은 엄청난 손실을 입고 말았습니다.

기대감으로 부풀어 투자판에 뛰어든 이들을 보면, 미 재무부 장관을 역임했던 티머시 가이트너의 말이 생각납니다.

"희망은 전략이 될 수 없다."[13]

피땀 흘려 번 돈을 허망하게 잃지 않으려면 새겨들어야 할 말인 것 같습니다.

## 주가 폭등을 포장하는 새로운 방법

신경제라는 패러다임에 입각해 주식시장에서 높은 가치를 인정받는 기업들이 생겨나기 시작했습니다. 월가의 분석가들은 주식시장이 새로운 국면에 들어섰다고 앵무새처럼 떠들어댔으며, "이번엔 다르다!"라는 말이 주식시장의 슬로건으로 자리 잡기 시작했습니다. 2001년이 되자 나스닥에 상장된 상위 100개 종목의 주가수익비율이 100을 넘어서기 시작했습니다.

주요 기업들은 IT 기업에 열광하는 주식

**주가수익비율**
**(Price Earnings Ratio, PER)**
현재의 주가를 주당순이익으로 나눈 수치로, 주가가 주당순이익의 몇 배인가를 나타내는 투자 판단의 지표로 사용된다. PER이 높으면 기업이 영업활동으로 벌어들인 이익에 비해 주가가 높게 평가되었으며, 반대로 PER이 낮으면 이익에 비해 주가가 낮게 평가되었음을 의미하므로 일반적으로 경쟁사 대비 낮은 PER는 주가가 상승할 가능성이 크다는 의미로 해석된다.

### 풋-콜 비율
**(Put-Call Ratio)**
콜옵션의 거래량에 대비한 풋옵션 거래량의 비율이다. 풋-콜 비율이 높으면 투자자들이 현재 시장을 가격 하락 국면이라고 느끼고 시장의 바닥임을 나타내준다. 또한 풋-콜 비율이 낮으면 투자자들이 현재 시장을 가격 상승 국면이라고 느끼고 시장이 절정에 있음을 나타내준다.

### 센티먼트 인덱스
**(sentiment index)**
증권시장에 참여하는 투자자들의 기대를 반영해주는 지수로 투심에 대한 지표로 이용된다. 센티먼트 인덱스를 만드는 방법은 설문조사, 데이터 분석 등 여러 가지 방법이 있을 수 있는데 가장 쉬운 방법은 투즈·전문가들에게 시장이 오를지 떨어질지 설문조사를 하는 방법이다. 데이터를 활용한 방식에는 2006년 베이커와 워글러(Baker and Wurgler)가 쓴 논문에서 제시한 6개의 투자자 심리 대행변수의 첫 번째 주성분을 투자자 심리지수로 정의하는 방법이 있다.

시장의 흐름에 편승하고자 기업명에 '닷컴'이라는 단어를 추가했으며, S&P 500지수의 주가수익비율도 45까지 상승했습니다. 주식시장은 인터넷 기술이라는 프레임 아래에 경제 기초여건(펀더멘털)을 반영하지 못했으며, 수익은커녕 매출조차 제대로 내지 못하는 기업들의 주가가 기업공개와 동시에 100퍼센트씩 상승하는 경우도 있었습니다.

인터넷의 성장은 수많은 개인투자자에게 온라인상으로 주식을 그때그때 거래할 수 있는 수단을 제공해주었습니다. 아이러니하게도, 많은 이들이 주식시장에서 매매하는 것이 쉬워지자 시장은 합리성에서 이탈하기 시작했습니다. IT 기업에 해당하지 않은 기업들도 1990년부터 약간의 버블이 형성되기 시작했습니다. 풋-콜 비율, 기업 분석 보고서, 센티먼트 인덱스 등 투자 의사결정에 유용하게 활용될 수 있는 지표들은 시장이 곧 약세장에 들어설 것이라고 전망했습니다.

그럼에도 본업을 접고 전업투자자로 전향한 사람의 수가 급격히 증가하는 상황은 주식시장에 거대한 버블이 형성되었다는 가장 확실한 신호이기도 했습니다. 결국 탐욕과 도취감에 빠져 있던 인터넷 관련 기업들의 주가는 주식시장이 합리성을 되찾자(펀더멘털을 반영하기 시작하자) 공포감에 발목을 잡혀 거대한 낙폭을 그리며 고꾸라집니다.

오랫동안 주식가격이 오르다가 추세가 바뀌어 가격이 떨어지기 시작하면 일반적으로 소형주가 먼저 하락세를 띱니다. 작은 기업들의 주식을 사고파는 투자자들이 상대적으로 더 적고, 작은 기업들은 자본에 대한 접근성이 떨어지기 때문입니다.

125쪽 그래프를 보면 1990년부터 러셀 2000 지수는 S&P 500 지수와 함께 상승세를 보였습니다. 그리고 1998년 4월(차트의 첫 번째 점선 구간)에 소형주에서 먼저 이상신호가 감지되기 시작하면서 큰 폭으로 하락합니다. 이후 7~8월에는 S&P 500 지수도 18퍼센트의 거대한 낙폭을 보입니다.

그러나 2000년 3월 초부터 러셀 2000 지수의 약세장이 형성되기 전까지(차트의 두 번째 점선 구간) 주가는 최고점을 달성합니다. S&P 500 지수는 9월 초 여름휴가에서 돌아온 전문 트레이더들이 본격적으로 나서기 시작하자 무너지기 시작했습니다. 이 시기에도 마찬가지로 시장에 대한 위험신호는 소형주를 중심으로 먼저 나타났습니다. 뒤집어 이야기하자면, 버블이 꺼지는 기간에는 대형주들이 소형주들보다 피해를 덜 입었다는 의미입니다.

한편 IT 버블의 시작 단계에서 가장 큰 공헌을 한 사람은 당시

**러셀 2000 지수**
미국 증시 시가총액 상위 3,000개 기업의 주가지수인 러셀 3000 지수 중 시가총액 하위 2,000개 중소형 기업으로 구성된 지수이다. 경기 민감도가 높은 종목이 대부분이어서 "미국 경기의 바로미터"라고도 불린다.

**S&P 500 지수**
신용평가 회사 스탠더드 앤 푸어스사에서 만든 지수로, 500개의 대표 종목을 뽑아 시가총액법으로 산정한다. 1957년에 만들어졌으며 다우 지수와 함께 미국의 대표적인 주가 지수로 불린다. S&P 500은 포함 기업을 선정할 때 규모보다는 성장성을 중시하며, 기업의 20퍼센트가량은 첨단산업 관련 기업으로 구성되어 있다.

1994년 1월~2001년 12월 러셀 2000 지수와 S&P 500 지수의 변화[14]

**풋옵션(Put Option)**
옵션거래에서 특정한 기초자산을 장래의 특정 시기에 미리 정한 가격으로 팔 수 있는 권리를 매매하는 계약을 말한다.

미 연준 의장이었던 앨런 그린스펀일 것입니다. 그린스펀 의장은 주식시장이 하락할 조짐을 보이면 금리를 내리고 통화량을 늘려 주식시장의 하락을 미연에 방지하는 정책을 펼칩니다. 이런 정책 이면에는 주식시장이 하락하면 실물경제의 투자에 영향을 미쳐 경제성장에 부담이 될 것이라는 우려가 있었습니다. 이러한 그린스펀의 정책 덕분에 투자자들에게는 그린스펀이 주식가격 하락을 막아준다는 인식이 생겼습니다. 사실상 그린스펀의 정책은 무료로 투자자들에게 풋옵션을 제공해준 것과 같은 효과를 냈고, 투자자들은 이를 '그린스펀(이 제공해주는) 풋'이라고 불렀습니다.

그린스펀 풋은 단순히 투자자들에게 심리적 안정감을 주는 것에 그치지 않고, 금융시장과 실물경제 전반에 걸쳐 아래와 같은 중요한 변화를 가져왔습니다.

### 위험자산 선호 심리 강화

연준이 주식시장 하락 시 금리를 인하하고 유동성을 공급해준다는 믿음은 투자자들이 점점 더 큰 위험을 감수하도록 만들었습니다. 특히 벤처기업과 기술주 같은 고위험 주식에 대한 투자 열풍이 커졌습니다. "연준이 주가를 방어해줄 것이니 적극적으로 투자해도 안전하다"는 생각이 퍼지면서, 신생 IT 기업들은 막대한 투자를 받으며 급성장할 수 있었습니다. 당시 많은 기업들이 실적보다는 "성장 가능성"만을 내세워 높은 기업가치를 인정받았고, 수익을 내지 못하는 기업조차 엄청난 시가총액을 기록했습니다. 결국 이런 흐름이 IT 버블 형성의 중요한 계기가 되었습니다.

### 부채 기반 투자 증가

연준의 완화적인 통화정책은 기업과 투자자들이 돈을 쉽게 빌릴 수 있는 환경을 조성했습니다. 낮은 금리로 인해 투자자들은 대출을 받아 레버리지를 활용한 투자를 확대했고, 기업들은 값싼 자금으로 무리하게 사업을 확장했습니다. 예를 들어 닷컴 붐 당시 많은 스타트업들은 적자를 내고 있음에도 불구하고 과감한 마케팅과 설비 투자를 감행했

> **레버리지 (Leverage)**
> 타인의 자본을 지렛대처럼 이용해 자기 자본의 이익률을 높이는 것으로, 빚을 이용한 투자를 뜻한다.

으며, 이는 시장 전반에 걸친 과잉 투자로 이어졌습니다.

**금융시장과 실물경제의 괴리 심화**
그린스펀 풋이 가져온 장기적인 저금리 정책은 금융시장에 거품을 키우는 데 기여했지만, 실물경제의 생산성 향상과 반드시 연결되지는 않았습니다. 2000년 닷컴 버블 붕괴 이후 많은 IT 기업들이 적자를 감당하지 못하고 파산하면서, 금융시장이 실물경제와 괴리된 거품이었다는 사실이 드러났습니다. 이후 연준은 다시금 금리를 인하하며 시장을 부양하려 했고, 이러한 패턴은 이후 2008년 금융위기 당시에도 반복되었습니다.

**투자자들의 모럴 해저드 Moral Hazard 심화**
투자자들은 연준이 주식시장의 하락을 방어해준다는 믿음을 갖게 되면서, 위험한 투자에 대해 느슨하게 경계했습니다. 이는 결국 자산 가격이 근본적인 가치보다 과대평가되는 버블 형성으로 이어졌고, 버블이 터진 후에는 더 큰 경제 위기를 초래했습니다. 이 패턴은 2000년 IT 버블 붕괴뿐 아니라 2008년 금융위기 때도 그대로 반복되었습니다. 당시에도 금융기관들은 "연준이 유동성을 공급해줄 것"이라는 믿음으로 과도한 부채와 부동산 관련 파생상품 투자에 나섰고, 그 결과 글로벌 금융위기가 발생했습니다.

결과적으로, 그린스펀 풋은 금융시장을 단기적으로 부양하는 효과는 있었지만, 장기적으로는 자산 거품과 금융 불안정을 초래하는 주요 원인이 되었습니다. 이는 투자자들에게 위험을 경시하게 만들었으며, 결국 금융시장이 거품 형성과 붕괴를 반복하게 하는 악순환을 만든 셈입니다.

## 투자자들의 피, 땀, 눈물

현재 코인시장과 블록체인을 보면 IT 버블이 연상되는 것은 당연할 수 있습니다. 기술, 혁신, 돈, 버블 등 유사한 키워드들이 반복적으로 등장하기 때문입니다. 블록체인 기술의 발전을 위해 코인시장의 버블을 묵인해야 한다고 주장하는 사람들이 꽤 많다는 사실에 항상 놀랍니다. 이들은 IT 버블이 아마존, 페이스북과 같은 세계적인 거대 IT 기업들을 남긴 것과 같이 코인버블은 우리에게 세계적인 블록체인 기업을 선사해줄 것이라고 너무 쉽게 주장합니다.

이 책에서 다루지는 않았지만 18세기 프랑스에서 터졌던 미시시피 버블의 경우에도 이와 비슷한 주장을 했던 사람이 있었습니다. 당대의 위대한 사상가 볼테르는 1738년에 쓴 〈무역과 사치품에 대해〉라는 에세이에서 프랑스의 인도회사와 1,800척의 상선은 미시시피의 폐허로부터 이루어낸 결실이라고 주장합니다. 이러한 주장에 대해 아마존, 페이스북, 인도회사를 만들기 위해 뿌려진 수많은 국민의 피, 땀, 눈물은 보이지 않는지 오히려 반문하고 싶습니다. 과연 수많은 국민의 부를 몇몇 기업들에 몰아주면서 그 대가로 중산층이 몰락하고 수많은 사람들이 고통받는 것이 국가경제적으로 이익일까요?

당연히 돈이 모이면 무엇인가가 남을 것입니다. 그러나 만약 IT 버블이 그것을 통해 아마존, 페이스북과 같은 몇몇 기업에 돈을 몰아주어 세계적인 IT 기업을 키워내려는 목적에서 이뤄진 것이었다면, 그리고 그 과정에서 수많은 개인투자자가 상식적으로 말이 되지 않는 사기적인 프로젝트나 기업에 투자해 손실을 받는 것이 필요악이었다면, 아마도 그 돈을 가지고 국가경제에 더 건설적인 투자를 할 수 있었을 것입니다.

아마존이나 페이스북 같은 세계적인 IT 기업을 만들기 위해 주식차트에 개인투자자들의 시체가 즐비하게 깔리고 경제 구성원들이 고통을 감내해야 한다면 그것은 국가경제를 퇴보시키는 행위입니다. 튼튼한 중산층과 실물경제를 양성해야 금융도 발전하고 건강한 국가경제를 가질 수 있습니다.

### 우리가 알아야 할 것들

1. **실적이 없는 혁신은 과연 혁신인지 기만인지 고민해보아야 한다.**
   IT 버블과 현재 우리가 처한 상황의 공통점은 실적 없는 '혁신'이 주도하는 경제라는 점입니다. 실적이 없다면 우리는 미래의 꿈을 보고 투자를 해야 합니다. 미래의 꿈을 잘 파는 사람들이 실물경제에서 기본 가치를 잘 만들어낼 사람들인지 투자자들은 고민해봐야만 합니다.

2. **전망은 속일 수 있지만 실적은 속일 수 없다.**

기본적으로 금융자산의 가격을 설명하는 지표에는 여러 가지가 있습니다. 이러한 지표들로는 주가수익비율 PER, 주가매출비율 PSR, 자산수익률 ROA, 자기자본수익률 ROE 등이 있는데, 장기적으로 주식가격을 설명하는 데 가장 효과적이었던 지표들입니다.

그리고 금융자산의 가격을 설명하는 데 활용되는 이 지표들이 역사적인 추세로부터 벗어날수록, 주식시장은 조정이 일어날 가능성이 점차 증가하고 있다는 신호로 볼 수 있습니다. 소형주 주식들의 주가 동향도 시장에 조정이 일어날 것이라는 주요 지표 중 하나입니다.

3. **IT 버블 안에서도 잘 설계된 사업 모델은 훌륭한 실적과 함께 살아남았다.**

    IT 버블과 현재 상황이 매우 비슷한 점이 있습니다. 부채를 중심으로 기업활동이 이루어지는 구조입니다. 경제는 금리가 상승함에 따라 기업의 수익성에 큰 영향을 받습니다. 하지만 주식시장에서 대규모의 투자금을 마련한 IT 기업들은 자금이 대출에서 나오지 않았습니다. 즉 금리가 상승함에 따라 주가는 붕괴될지언정 비즈니스의 수익성에는 큰 변화가 발생하지 않았다는 것입니다. 신경제라는 분야에서도 기술에 대한 열광으로 주목받은 분야보다는 잘 설계된 사업 모델이 살아남았습니다.

4. **주가가 계속 오를 수는 없다.**

    이 책의 2장에서 반복해서 나오는 이야기입니다. 주가는 계속해서 오를 수 없습니다. 시중에 유동성이 무한정 존재하지 않기 때문입니다.

5. **정부의 정책에 의한 과도한 유동성은 버블로 가는 고속열차이므로 이로 인한 버블은 한순간에 붕괴될 수 있음을 인지해야 한다.**

현재 우리가 처한 상황과 유사하게 IT 버블 직전 시장에 넘쳐나던 유동성은 정부 정책에 의한 것이었습니다. 이렇게 정부의 정책에 의해 공급된 유동성은 시장 수급에 의해 공급되는 유동성과 비교했을 때 한순간에 사라질 수 있습니다. 또한 시중에 자금이 넘쳐나면 기업활동에 변화가 없어도 주가는 상승하고 버블이 형성될 수 있습니다. 기술이나 사회적 분위기를 형성하는 미사여구가 아니라 통화당국의 행동에 초점을 맞춰야 주식시장의 과열에 대한 옳은 판단을 내릴 수 있을 것입니다.

6. **집단은 비합리적인 선택을 할 수 있다.**

탐욕과 망상에 젖은 사회적 분위기는 금융 거품을 일으킵니다. 개인투자자, 전문투자자, 월가의 애널리스트, 규제당국, 정치인, 미디어는 이러한 사회적 분위기에 휩쓸려 정상적인 판단을 하지 못하기도 합니다.

7. **"이번은 다르다"라는 말의 진정한 의미를 곱씹어봐야 한다.**

IT 버블의 사례에서 가장 중요하게 짚고 싶은 부분이 바로 "이번은 다르다"라는 주장입니다. 우리는 똑같은 말을 현 시점에서 세뇌당할 만큼 반복적으로 듣고 있는 것 같습니다. 이런 이야기를 하는 사람들의 진정한 의도는 무엇일까요. 정말 우리는 인류의 모든 것이 바뀌는 시대에 살고 있는 것일까요. 이런 질문을 던지다 보면 20년 전 내가 먹고 있던 음식과 현재 내가 먹고 있는 음식의 형태는 바뀌었을지라도 본질은 크게 바뀌지 않았음을 인지할 수 있을 것입니다.

5장

# 방향을 잃은 세계경제의 지휘자

【 낙관론 】

**1929년 대공황**

1920년대 국제경제에서 미국의 위상은 엄청났습니다. 미국은 제1차 세계대전에서 막대한 양의 전쟁물자를 팔아 큰 부를 축적했으며, 산업화 과정을 빠르게 거치면서 생산성도 급격히 높아졌습니다. 1920년대 말 미국의 생산성은 유럽의 4대 산업국(영국, 독일, 프랑스, 벨기에)을 뛰어넘을 정도였습니다. 튼튼한 실물경제 성장을 통해 미국 기업들의 성장세가 주목을 끌자, 미국 증권시장도 급격히 성장합니다. 많은 사람들이 월가로 몰려들었고, 증권사들도 주식 투자 열기에 부응해 적은 증거금만으로 주식을 살 수 있도록 했습니다. 게다가 주식투자의 수익률이 장기적으로 유리하다는 실증적 분석을 담은 책들이 발간됨에 따라 경제전문가와 소액투자자 할 것 없이 모두 투자판에 뛰어들었습니다.

**증거금(margin)**
주식 또는 파생상품 거래에서 결제를 이행하기 위한 보증금을 말한다. 주식의 증거금은 현재 40퍼센트이다.

그러나 주가는 계속해서 오를 수 없습니다. 1929년 미국의 강철, 자동차 등 주요 제품들의 판매량이 하락세를 보이자 주식시장에는 불안감이 드리웁니다. 게다가 당시 많은 이들이 돈을 빌려 투자했기 때문에, 한번 시장이 하락세를 보이자 연쇄적인 파산이 일어났습니다. 그렇게 시장의 폭락세는 속도를 더합니다. 물론, 사상 초유의 주가 폭락 상황에서도 높은 이익을 낸 투자자들은 있었습니다.

이번 장에서는 1929년 대공황의 사례를 자세히 알아보면서 실물경제는 왜 중요한지, 실물경제의 성장과 주식시장은 어떻게 연결되어 있는지, 군중심리가 왜 무서운지 살펴보고, 수많은 사람의 선택이 항상 옳지만은 않은 이유와 대폭락장에서도 수익을 낸 사람들의 투자 철학을 전하고자 합니다.

역시나 대공황 사례를 이해하는 데에도 거시경제와 경제 메커니즘은 중요한 역할을 할 것이라 예상합니다. 통화승수, 마진콜, 톱다운, 바텀업 등 다양한 개념들을 바탕으로 이야기를 이어가 보겠습니다. 대공황을 이해하려면 당시 미국을 중심으로 재편되던 국제경제 상황에 대해 이해해야 하므로 조금 더 넓은 시야를 가지고 국제경제의 거시적인 흐름에 집중하고자 합니다.

### 생각해볼 질문들

- 전 세계적인 금융 버블에서 미국의 역할은 무엇일까?
- 미국 경제가 전쟁을 통해 급부상할 수 있었던 이유는?
- 실물경제의 성장 없는 금융 팽창의 결과는?
- 주가가 계속 오른다는데 주식을 사야 할까?
- 모두가 옳다고 하는 것이 옳지 않을 수 있을까?
- 왜 합리적인 투자 철학을 가져야 할까?
- 왜 융통성 있는 투자 철학을 가져야 할까?

## 제1차 세계대전 이후 미국 경제의 부상

1929년 대공황이 벌어진 가장 중요한 원인은 제1차 세계대전입니다. 1914년부터 1918년까지 유럽에서 벌어진 제1차 세계대전에서 독일제국과 오스트리아제국이 전쟁에서 패하면서 베르사유조약이 체결되었는데, 이 조약으로 인해 독일은 비현실적인 규모의 배상금을 지게 됩니다. 전쟁의 승자인 유럽의 연합국들 또한 전쟁 과정에서 엄청난 부채를 떠안았습니다. 1916년 12억 달러에 불과했던 미국의 국가 부채는 1919년 250억 달러로 폭증했는데, 이 중 절반이 연합국에게 빌려줄 재원을 마련하는 데 쓰였습니다.

제1차 세계대전 이전의 세계경제의 중심은 런던이었습니다. 영국의 중앙은행인 영란은행이 금본위제를 기반으로 세계경제를 주도했고, 전쟁 이전까지 전 세계 무역신용의 3분의 2를 런던 금융시장에서 통제했습니다. 압도적인 경제 규모, 영국의 지배계층이 가지고 있던 국제경제질서 선도에 대한 확고한 의지를 원동력으로 삼아, 영국은 국제경제질서에 문제가 생겼을 때 신속하고 단호하게 개입했습니다. 그 결과 제1차 세계대전 이전까지 세계 경제체제는 영국을 중심으로 충분히 원활하게 작동했습니다. 존 메이너드 케인스 John Maynard Keynes 의 표현에 따르면 영국은 '국제 오케스트라의 지휘자'였습니다.

남북전쟁 이후 재건 시대를 통한 남부의 산업화와 도금 시대를 통한 금융의 발달로 미국경제는 빠르게 성장합니다. 이에 반해 19세기의 유럽에서는 이전에 볼 수 없었던 대규모 전쟁이 연속적으로 발발

### 재건 시대

미국사를 남북전쟁 이전과 이후로 나누는 분기점이 될 만큼 남북전쟁은 미국에 큰 영향을 남겼다. 재건 시대는 남북전쟁 직후 시대를 뜻한다. 남북전쟁 직후 남부의 노예가 해방되어 노동력이 증가하고 전국적으로 철도가 깔리면서 비교적 낙후되어 있던 남부가 산업화되는 과정에서 도시화가 진행되고 내수시장이 성장해 미국 경제는 남북전쟁으로 인한 사회적 상처와 경제적 피해를 빠르게 재건하게 된다.

### 도금 시대

재건 시대 이후 제1차 세계대전 이전의 시기를 도금 시대라고 부른다. 이 시기에 산업화가 된 남부에서는 새로운 내수시장이 열리고, 해방된 노예들이 노동인력의 증가를 가져와 실물경제의 팽창 및 내수소비 증가를 경험한다. 튼튼한 경제성장을 바탕으로 금융이 발전하고, 철도가 상용화되어 석유, 철도, 철강 등의 중공업 분야가 눈부신 성장을 이룩하며 미국은 전에 없던 경제 호황을 맞는다.

했고, 그로 인해 유럽의 국가들은 생산성이 높은 젊은 인구의 희생을 강요하고 만성 재정적자에 허덕이며 경제적으로 피폐해져갔습니다. 제1차 세계대전 이전의 세계경제에서 영국이 지휘자 역할을 하고는 있었지만 이미 19세기 후반부터 세계경제의 중심축은 영국에서 미국으로 천천히 이동하고 있었고, 미국은 국제 오케스트라의 지휘자 지위를 넘겨받을 운명이었습니다. 그리고 제1차 세계대전은 유럽의 국가들에 미국보다 훨씬 더 많은 인력, 물자, 경제력의 소모를 강제해 세계경제에 대한 영향력의 중심이 영국에서 미국을 옮겨가는 과정을 앞당겼습니다.

전쟁 이후 미국 재무부가 유럽의 연합국들에 빌려준 부채는 120억 달러에 달했고, 그중 영국이 50억 달러, 프랑스가 40억 달러로 가장 많은 부분을 차지했습니다. 미국은 전쟁을 치르는 과정에서 세계에 존재하는 금의 많은 부분을 축적해 세계 경제 리더십을 공고히 했습니다. 리아콰트 아메드 **Liaquat Ahamed**는 그의 저서 《금융의 제왕 **Lords of Finance**》에서 제1차 세계대전 이후 미국을 포커에서 더 이상 게임이 되지 않을 만큼 많은 칩을 가진 플레이어로 설명했는데, 그만큼 당시 미국의 경제력은 전 세계의 나머지 모든 국가를 압도했습니다.

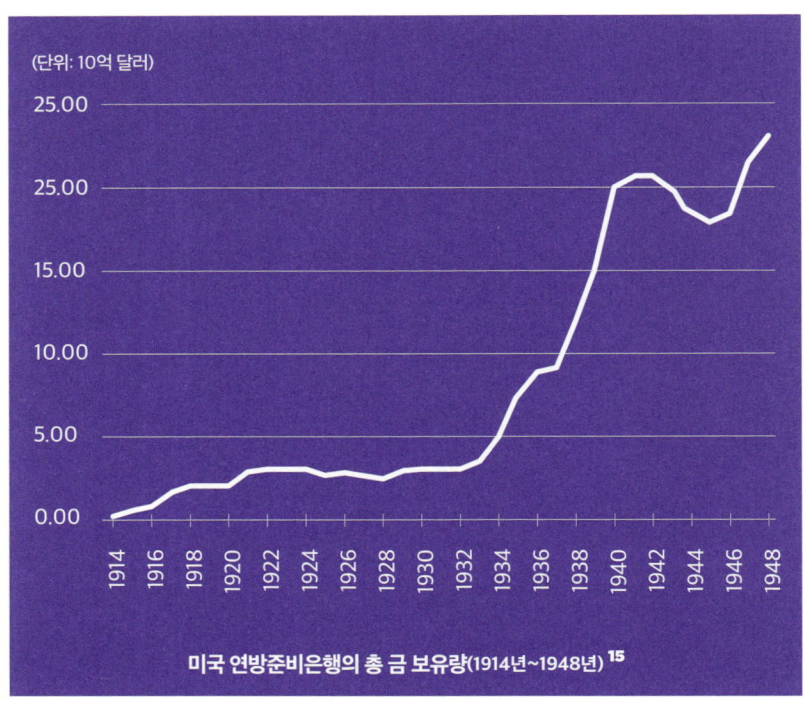

미국 연방준비은행의 총 금 보유량(1914년~1948년) [15]

　영국은 이미 금 보유고가 거의 없어졌고 국내 산업과 경제기반이 무너져버려 국제경제에서의 지휘자 역할을 할 역량이 없었습니다. 압도적인 경제력과 튼튼한 실물경제를 바탕으로 막강한 생산력을 지니고 있던 미국이 전 세계의 경제 리더 역할을 해야 한다는 것은 자명했으나, 가장 큰 걸림돌은 미국의 의지였습니다.

## 고립주의에 한계를 느끼다

전쟁 이후 유럽의 산업기반은 대부분 무너져버렸습니다. 그러나 유럽 여러 나라의 지도자들은 자신의 경제기반이 대부분 사라졌다는 사실을 인정하지 않았습니다. 그들은 전쟁 이전의 경제적 영광을 되찾고자 전쟁 이전의 국제경제체제로의 귀환을 선택합니다. 금본위제와 고정환율제의 부활이었습니다.

여기에 더해 유럽 국가들은 줄어든 경제력을 반영해서 고정환율제인 금본위제 내에서의 환율을 조정하는 데 실패합니다. 유럽의 여러 국가들은 자국 화폐를 과대평가합니다. 이런 자존심은 스스로 경제를 옭아매는 족쇄로 작용합니다.

예를 들어 달러 대비 영국 파운드화의 환율을 파운드의 달러 대비 실제 상대가치보다 고평가하면, 영국에서 생산한 물건을 미국에 수출할 때 해당 상품의 달러로 표기되는 가격이 높게 책정됩니다. 그러면 미국인들은 영국 물건을 비싸게 구매해야 하기 때문에 수요가 적어지고, 결과적으로 영국의 수출이 줄어듭니다. 이와 반대로 미국이 자국에서 생산한 제품을 영국에 팔 때 그 제품의 파운드화 가격은 저평가된 달러로 인해 상대적으로 싸게 책정됩니다. 그렇게 되면 영국인들은 미국 제품을 상대적으로 저렴한 가격에 구매할 수 있기 때문에 수요가 커져 미국에서 영국으로의 수출량은 늘고, 영국은 경상수지 적자를 낼 수밖에 없습니다. 수출 중심의 성장전략을 추구하는 과거의 일본과 한국, 그리고 현재 중국이 달러 대비 저평가된 엔, 원, 위안화를 유지하려는 이유가 바로 이것 때문입니다.

　유럽은 국내 실물경제 상황은 최악이었으나 예전의 경제적 영광을 족쇄 삼아 금본위제의 고정환율제 안에서 스스로 자국의 화폐를 고평가하는 실책을 저질렀고, 이는 유럽 국가들에 다음과 같은 경제 삼중고를 초래합니다.

- 무역 가격경쟁력을 잃고 무역수지가 악화해 자국 산업경쟁력이 떨어짐.
- 산업경쟁력이 떨어지면 실업률이 오르고 고용이 줄어 내수 침체가 찾아옴.
- 금본위제 아래서 화폐가 고평가되면 상대적으로 저평가된 화폐를 가지고 있는 국가로서는 고평가된 국가가 보유한 금의 가격이 실제 가치보다 낮게 책정되는 것이므로 고평가된 화폐를 금으로 바꾸게 되어 고평가된 화폐를 보유한 국가의 금보유고는 빠르게 고갈됨.

　실제 영국의 경우 1931년 노동인구의 22퍼센트가 실직 상태였고 금 보유고가 빠르게 줄고 있었습니다. 영국뿐 아니라 다른 유럽 대부분의 국가들도 같은 문제를 겪고 있었습니다. 거의 모든 선진국이 엄청난 유지비용과 이자 손실을 감수하면서까지 전후 달러 대비 환율을 전쟁 이전의 경쟁력 없는 수준으로 고정시킨 것은 유럽의 국가들이 자존심을 위해 실익을 버리는 선택을 했기 때문이었습니다.

　전쟁 이전 영국은 세계 경제 패권국으로서 그 역할을 해낼 자신

**제1차 세계대전 이후 미국 신문에 실린 고립주의에 관한 만평**
©Wikimedia Commons

감을 가지고 있었습니다. 그에 반해 미국은 자신의 새로운 운명을 잘 감당할 수 있을지 확신하지 못했습니다. 물론 미국 내에서도 토머스 우드로 윌슨Thomas Woodrow Wilson이나 토머스 러몬트Thomas Lamont와 같은 사람들은 세계 경제 패권국으로 발돋움할 필요가 있다고 주장했지만 미국 내에 큰 세력을 가지고 있던 고립주의자들의 생각은 달랐습니다. 미국의 국익을 위해서 미국은 유럽이 직면하고 있는 부채, 적대감, 전쟁에 관여해서는 안 된다고 생각했습니다.

상단의 그림은 제1차 세계대전 이후 미국 신문에 실린 만평입니다. 당시 미국의 대통령이던 우드로 윌슨이 '미국'이라고 쓰인 모자를 쓴 소년을 평화의 신전으로 끌고 가는 모습을 풍자했습니다. 여기서 평화의 신전은 제1차 세계대전 종식 후 우드로 윌슨 대통령의 제안으로 만들어진 국제기구인 국제연맹 League of Nations 을 의미합니다. 윌슨 대통령은 국제 협력의 촉진과 국제 평화 및 안전을 유지한다는 일반적·정치적 목적을 가지고 국제연맹을 제안하고 창설했으나 정작 제안자였던 미국은 상원의 베르사유조약 비준 동의 거부로 참여하지 않았습니다. 윌슨 대통령은 미국이 유럽의 일에 적극 개입해야 한다고 주장했는데, 이 그림에서도 윌슨 대통령은 정말 가기 싫어하는 미국이라는 아이를 국제연맹으로 안내하고 있습니다. 그림 하단에는 "혼자 놀고 싶어 하는 아이 The child who wanted to play by himself"라고 쓰여 있는데, 이는 당시 미국의 고립주의를 표현했습니다.

당시 미국 사회에서는 고립주의 Isolationism 와 국제주의 Interventionism 사이의 격렬한 논쟁이 벌어지고 있었습니다. 제1차 세계대전 이후 미국은 전쟁의 참혹함을 직접 경험하면서 해외 개입을 최소화하려는 분위기가 강해졌습니다. 미국인들은 더 이상 유럽의 분쟁에 휘말려 자국의 젊은이들이 희생되는 것을 원하지 않았고, 이를 반영하듯 공화당이 주도하는 의회는 국제연맹 가입을 강력히 반대했습니다. 특히 상원의 대표적 고립주의자인 헨리 캐벗 로지 Henry Cabot Lodge 를 중심으로 한 정치인들은 국제연맹이 미국의 주권을 침해할 수 있다는 점을 문제 삼으며, 유럽 문제에 개입하지 않는 것이 미국의 이익에 부합한다고 주장했습니다. 결국 1920년, 미국은 국제연맹 가입을 거부했고, 이는 국제질서를 형성하는 데 미국의 역할을 제한하는 결과로 이어졌습니다.

그러나 미국 외교정책의 기본 원칙이 된 고립주의는 대공황과 제2차 세계대전을 거치며 그 한계가 분명해졌습니다. 1930년대 미국은 중립법을 제정해 전쟁 중인 국가와의 무기 거래를 금지하는 등 최대한 개입을 피하려 했지만, 유럽에서 나치 독일이 세력을 확장하고 일본이 아시아에서 군사적 팽창을 지속하면서 점차 국제적 현실을 무시할 수 없게 되었습니다. 특히 1941년 일본의 진주만 공습을 계기로 미국은 더 이상 중립을 유지할 수 없었고, 제2차 세계대전에 참전하면서 본격적으로 국제 무대에서 주도적인 역할을 하게 되었습니다. 이 과정에서 미국의 고립주의는 종말을 맞이하고, 이후 미국은 국제 문제에 적극 개입하는 국제주의 노선을 택합니다.

## 전쟁 이후 자금이 주식시장으로 몰리다

1920년대 제1차 세계대전으로 쑥대밭이 된 유럽과 달리 유럽에 군수물자를 수출했던 미국은 전쟁이 끝난 후 전례 없는 호황을 맞습니다. 군수물자를 제조하면서 발달한 공업은 도시를 만들었고, 사람들은 일자리를 찾아 도시로 이주했습니다. 인구의 절반 이상이 도시로 유입되면서 고층건물이 하나둘씩 세워지고 라디오, 세탁기 등 가전제품이 등장하면서 노동자의 생산성이 급격하게 상승합니다. 철강부터 철도, 자동차 등 공업을 대표하는 산업들의 생산량과 판매량은 매번 신기록을 달성하기 시작했습니다. 특히 1914년에 제작 기간만 14시간이 걸리던 포드 모델T 자동차가 1924년에 들어서는 10초당 1대 꼴로 생산되었습니다. 중산층의 비율이 늘어나기 시작하고 국민들의 주머니가 채워지기 시작하자 공장 노동자조차도 넘쳐나는 현금을 들고 투자에 관심을 가지게 됩니다.

앞서 언급했듯이 제1차 세계대전은 미국 경제의 모든 것을 바꾸어놓았습니다. 미국은 더 많은 물건을 생산할 수 있게 되었고, 도시에 인구가 몰렸으며, 인프라가 개선되고 산업이 성장합니다. 산업의 성장은 소비의 증가로 이어지면서 통화승수가 높아져서 국민의 주머니에 돈이 많아지게 됩니다.

시장에 돈이 많아지고 투자가 늘어나면 자연스럽게 금융에 돈이 몰립니다. 금융의 본질은 비용(이자)을 받고 자금(투자)을 융통해주는 것이기 때문입니다. 전례 없는 호황이 미국 전역에 투자라는 불씨를 지피면서 사람들은 금융회사들이 밀집해 있던 월가로 몰렸고, 월가는 유례없는 팽창을 경험합니다. 뉴욕증권거래소는 기업들에 자본을 빠르게 공급해주었고 기업들은 증권거래소를 통해 주식을 유통시켜 조달한 자본을 이용해 활발히 투자활동을 할 수 있었습니다.

제1차 세계대전 이전에 미국을 이루는 산업은 농업이었습니다. 남쪽으로는 텍사스주에서 시작해 북쪽으로 몬태나와 노스다코타까지, 동쪽으로는 미시시피강과 미주리강, 서쪽으로는 로키산맥까지, 미

**통화승수(money multiplier)**
중앙은행이 시중에 돈을 공급하면 이 돈은 누군가 소비/투자의 형식으로 쓰게 된다. 소비 또는 투자한 돈은 다른 사람의 소유가 되어 또 소비 또는 투자가 된다. 즉 중앙은행이 100억을 시중에 공급하면 그 돈이 여러 사람에 의해 여러 번 사용되기 때문에 실제 시중에서 쓰이는 돈의 액수는 100억보다 높아진다는 의미다. 통화승수는 중앙은행이 공급한 본원통화 한 단위가 몇 배에 달하는 통화를 시중에 창출해내었는가를 나타내주는 지표다. 즉 중앙은행이 시중에 100억 원을 공급했는데 실제로 720억 원어치의 소비/투자가 일어났다면 통화승수는 7.2배가 된다. 참고로 2020년 우리나라의 통화승수는 15.5배였다.

국 전체 면적의 30퍼센트를 차지하고 남한 면적의 13배에 달하는 광활한 농지 대평원은 미국을 세계 최대의 농업국가로 만들어주었습니다. 1차 산업 위주의 산업구조로 인해 주식을 발행하는 기업 자체가 부족했기 때문에 월가는 주식보다 채권을 중심으로 돌아갔습니다. 하지만 1924년, 월가의 판도를 바꾼 《장기 투자에 따른 보통주Common Stocks as Long Term Investment》가 출간되었습니다. 월가에서 채권을 분석하던 에드거 로런스 스미스Edgar Lawrence Smith가 자신의 분석결과를 집대성한 책이었습니다. 이 책에서 그는 1830년대부터 1920년까지 주식과 채권의 수익률을 분석한 결과, 장기적으로 채권보다 주식이 더 많은 수익을 가져다준다고 주장했습니다.

이 책은 많은 경제전문가들의 찬사를 받으며 주식투자에 대한 인식을 바꿉니다. 개미들의 쌈짓돈과 함께 채권에 흘러가던 대규모 자금 또한 주식시장에 유입되었고, 이에 가세해 정부가 감세정책을 추진하면서 주식시장은 타오르기 시작했습니다. 그 결과 1929년 9월 다우존스 산업평균지수는 381.17포인트를 기록하며 9년 만에 10배가 상승합니다.

**다우존스 산업평균지수**
미국의 다우존스사가 뉴욕증권시장에 상장된 우량기업 주식 30개 종목을 표본으로 해 시장가격을 평균해 산출하는 세계적인 주가지수이다. 주가지수는 미국 증권시장의 동향과 시세를 알려주는 데 사용된다. 1884년에 미국의 《월스트리트 저널》편집장인 찰스 다우(Charles H. Dow)가 처음 창안한 것으로, 뉴욕증권시장에 상장되어 있는 주식 가운데 가장 신용 있고 안정된 30개 종목을 표본으로 시장가격을 평균해 산출하는 주가지수이다.

## 실물경제와 상관없이 오르는 주가

주가는 하늘에 닿을 듯 상승하기 시작했습니다. 매일 최고가를 갱신하는 와중에도 오늘이 최저가라는 생각으로 사람들은 매수를 이어갔습니다. 단순히 주식을 사기 위해 신용대출까지 불사했습니다. 회사원, 주부, 교사 할 것 없이 주식으로 수백만 달러를 벌었다는 기사가 매일 신문 1면을 장식했고, 부에 대한 욕망이 미국 전역을 뒤덮었습니다. 주가가 급등하자 상무부 장관인 허버트 후버 Herbert Hoover 는 월가에서 '정신 나간 잔치'가 벌어지고 있다고 비판하면서 주식시장을 폐쇄할 방법을 찾기 시작했습니다.[16] 그러나 돈에 대한 원초적 탐욕이 만들어낸 이 잔치는 당연하게도 시작하기보다 멈추기가 더 어려웠습니다. 대기업은 갈수록 많은 비중의 이익을 생산적 투자에서 주식 투기로 돌립니다.

새로운 투자자는 증거금만으로 계속 주식을 사들이게 됩니다. 월가가 다른 어떤 곳보다 나은 수익을 안기면서 해외에서 또한 돈이 쏟아져 들어옵니다. 30개 종목으로 구성되어 당시 일반적인 시장 척도로 활용된 다우존스 산업평균지수는 1928년 초 191포인트에서 1929년 9월 381포인트까지 치솟았습니다.

하지만 끝이 없을 것 같았던 미국의 호황

> **투자 대 투기**
>
> 공장·기계·건물이나 원료·제품의 재고 등 생산활동과 관련되는 실물경제 내의 자본재의 총량을 유지 또는 증가시키는 활동을 투자라고 한다. 이에 반해 투기는 생산활동과는 관계없이 오직 이익을 추구할 목적으로 실물자산이나 금융자산을 구입하는 행위를 말한다. 투자와 투기는 이익을 추구한다는 측면에서는 같지만, 그 방법에서 투자는 실물경제의 생산 활동에 필요한 자금을 조달하는 방법인 반면 투기는 실물경제와는 상관없이 투자한 증권 또는 자산의 가격이 오르고 내림에 따라 그 차이에서 오는 이익을 챙기는 것을 목적으로 한다는 점에서 차이가 있다.

은 1929년에 들어서자 주춤하기 시작합니다. 호황을 이끌던 강철 생산량과 자동차 판매량이 상승을 멈춘 것이었습니다. 금융산업의 본질은 중개업입니다. 여유자금을 가지고 있는 사람들에게 돈을 위탁받아 그 돈이 필요한 기업에 채권이나 주식의 형태로 자본을 조달해주는 것이 금융회사가 영위하는 사업의 본질입니다. 아무리 복잡한 기법을 사용하더라도 아니면 아무리 큰 의미를 부여하더라도 이 단순한 사실은 바뀌지 않습니다.

그런데 1920년대 미국의 주식시장은 철강과 자동차와 같은 실물경제의 성장으로 탄탄히 쌓아 올린 철옹성이 아닌 마치 높이 쌓아 올린 젠가와 같았습니다. 호황이 멈출 징조가 나타나자 투자자들에게 현실이 보이기 시작했습니다. 주가는 오르는데 월급은 오르지 않았고 좁은 도시에 많은 사람들이 몰려들면서 빈부격차는 심해지고 있었습니다. 더욱이 대출이 쉬워지면서 가계부채도 쌓여갔습니다. 특히, 증권사들은 주가의 10퍼센트만 내고 나머지는 대출을 통해 주식을 매입할 수 있는 증거금 제도를 운영했는데, 이는 주가가 상승하면 적은 돈으로 많은 돈을 벌 수 있는 아주 쉬운 수단이었지만 주가가 떨어지면 그 즉시 마진콜을 요구할 수 있는 제도였습니다.

**마진콜(Magin Call)**
주가가 대출 원금 이하로 하락하게 되면, 증권사는 추가 증거금을 청구할 수 있고, 추가 증거금 납입이 이뤄지지 않을 경우 즉시 대출 상환을 요구하는 것을 뜻한다.

주가가 하락하지 않을 것이라는 희망이 있었기에 일반인들뿐 아니라 보수적인 은행까지 예탁금을 동원하며 증거금 제도를 이용해 투자하고 있었습니다. 그 결과 미국인 4명 중 1명을 실업자로 만든 사상 최악의 경제위기인 '대공황'이 시작됩니다.

## 대폭락 이후의 기회

대공황의 전초인 1929년 10월 24일 '검은 목요일', 마침내 '월스트리트 대공황'이 시작됩니다. 이날 주식시장이 개장하자마자 주가는 11퍼센트가 떨어졌습니다. 주가가 떨어진 원인으로 극으로 치달은 빈부격차, 밀 풍년으로 인한 과잉공급 등 여러 가지가 추측되고 있지만, 결국은 아슬아슬하게 버티고 있던 젠가 탑이 작은 손 떨림 하나로 무너진 것이었습니다. 주가가 떨어지자 증권사들은 마진콜을 요구했고 사람들은 증거금을 내기 위해 주식을 팔 수밖에 없었습니다. 연쇄적으로 매도가 이루어지자 주가는 끊임없이 떨어지기 시작합니다. 많은 사람들이 파산에 내몰렸고, 현금이 부족한 은행들이 무자비하게 대출을 회수했음에도 뱅크런으로 인해 많은 은행이 파산합니다.

주가가 떨어지자 가장 큰 손해를 입은 것은 투자를 전업으로 하던 투자자들이었습니다. 어느 날은 장이 마감하기도 전에 11명의 투자자가 자살했다는 안타까운 뉴스가 전해지기도 했습니다. 대공황은 비슷한 상황의 다른 나라가 겪은 어떤 공황보다 더 심했습니다. 대공황이 정점에 이르렀을 때 노동인구의 약 4분의 1이 일자리를 잃었습니다. 게다가 기간도 길어서 무려 12년 넘게 지속되었습니다. 미국 경제는 제2차 세계대전 기간 동안 증산에 나서기 전까지 생산력을 완전히 회복하지 못했습니다.

미국 주식시장에 대해 "미국 주가는 영원히 하락하지 않을 고원에 도달했다"라고 말하며 투자를 부추기던 예일대 교수 어빙 피셔 Irving Fisher마저 엄청난 손실을 입었습니다. 그는 대폭락 이후에도 단순히 조정세라고 여기며 계속해서 상승에 베팅했다고 합니다. 그러나 결국 처가의 재산까지 잃으며 재산뿐 아니라 학자로서의 명성 또한 상당 부분 잃었습니다. 하지만 이때 모든 투자자가 절망한 것은 아니었습니다. 오히려 위기를 경험 삼아 성공의 기반을 다진 투자자 또한 존재합니다. 그중 우리가 만나볼 이들은 바로 워런 버핏의 영원한 스승 벤저민 그레이엄 Benjamin Graham 과 거시경제학의 창시자 존 메이너드 케인스입니다.

## 위기에서 빛난 투자 철학

벤저민 그레이엄은 대폭락이 발생하기 전 자신이 관리하던 펀드로 운용보수를 제외하고도 60퍼센트가 넘는 수익률을 달성하면서 큰 성공을 거두기도 했습니다. 이러한 위대한 투자자조차도 대공황이라는 거대한 흐름은 예측하지 못했습니다. 그 역시 1929년부터 1932년까지 관리하던 자산의 가격이 60퍼센트가량 하락하면서 부진을 면치 못했습니다.

하지만 이런 위기는 결론적으로 그레이엄에게 기회가 됩니다. 그레이엄은 대폭락을 겪으며 다시 한번 자신의 투자 방식을 점검하는 시간을 가집니다. 그는 자신이 분석을 바탕으로 현 주식 상황에 대한 칼럼을《포브스 Forbes》에 세 차례에 걸쳐 시리즈로 기고합니다. 〈미국 기업은 살아 있을 때보다 죽었을 때 가치가 더 높은가? Is America business worth more dead than alive?〉라는 칼럼에서 그레이엄은 기업이 보유한 자산을 다 매각해 채무를 정산하고도 받아갈 수 있는 금액이 기업의 시가총액보다 낮게 형성되어 있다고 주장했습니다. 이 분석을 통해 그레이엄은 모든 자산을 매각하고 모든 부채를 청산했을 때에도 여전히 남는 것이 있으며 주가에 이익이 다 반영되지 않은 저평가 종목에 투자합니다.

이렇게 재정립된 투자 철학은 가치 투자자들의 바이블이라고 불리는 《증권분석 Security Analysis》에 담았습니다. 이 책은 대폭락이 가치투자라는 하나의 투자 철학을 정립할 수 있는 기회가 될 수도 있음을 제시했습니다.

존 메이너드 케인스는 세계에서 가장 유명한 경제학자 중 한 명입니다. 그는 거시경제학의 기틀을 다졌고, 시장에 국가가 깊이 개입해 균형을 맞춰야 한다고 주장하며, '보이지 않는 손'으로 유명한 시장경제에 대한 맹신을 뽑아내고 경제위기를 극복하기 위해서는 시장에 대한 국가권력의 통제가 필요하다는 이론적인 기반을 마련했습니다. 그는 학자로서 유명세를 떨쳤지만 투자자로서의 면모도 뛰어났습니다. 케인스의 투자수익은 무려 3,000만 달러, 한화로 300억에 달합니다. 그는 그러한 재능을 살려 자신의 모교인 케임브리지 킹스칼리지의 기금을 관리하는 책임자 역할을 수행하기도 했습니다.

초기 케인스의 투자 방식은 톱다운 분석 방식이었습니다. 사회 흐름의 큰 그림을 보고 거시적 지표를 바탕으로 자금을 운용했습니다. 오늘날의 ETF와 비슷한 방식이라고 생각하면 이해하기 쉽습니다. 기

뛰어난 투자자이자 투자 철학을 재정립한
벤저민 그레이엄(왼쪽)과
존 메이너드 케인스(오른쪽)
ⓒwikipedia

**톱다운(Top-down) 분석**

톱다운 분석이란 거시경제 상황이나 시장 상황과 같은 국가 또는 산업의 전망을 먼저 분석하고 그다음 유망한 국가와 산업에서 실적이 좋을 것이라 예상되는 기업을 찾는 방법이다. 하향식 투자 방식인 톱다운 분석에서 핵심역량은 성장할 산업들을 찾아내는 것이다.

업 각각의 특성보다 거시적 흐름에 따라 투자한다면 장에 들어갈 시점과 나올 시점을 찾아낼 수 있다고 봤습니다.

하지만 이런 방식은 처절하게 실패했습니다. 그는 대공황 시기에 재산의 75퍼센트를 잃습니다. 많은 이들이 케인스는 거시경제학 이론을 만든 사람이니 그의 투자 방식만큼은 바뀌지 않을 것이라고 생각했습니다. 하지만 모든 예상을 깨고 그는 180도 변했습니다. 톱다운 방식을 버리고 바텀업 분석 방식을 선택한 것입니다. 바텀업 방식은 거시적 지표에 따라 투자를 결정하는 것이 아닌 기업의 특성을 분석해 투자할 기업을 고르는 방식입니다. 그레이엄의 가치투자를 생각하면 이해하기 쉽습니다. 그는 자신이 세운 이론적 토대에도 불구하고 절망하지 않기 위해 사고방식부터 바꿨습니다.

**바텀업(Bottom-up) 분석**
바텀업 분석은 아래에서 위를 쳐다보듯이 실적이 좋을 것이라고 예상되는 개별 기업들을 찾아낸 후 그를 바탕으로 산업 동향을 분석하는 방식이다. 거시경제적인 상황이나 경기에 집중하기보다는 기업이 가지고 있는 본연의 가치에 집중하는 상향식 투자 방법이라고 할 수 있다.

그 후 케인스는 개인자산을 23배 불렸고, 킹스칼리지 펀드 규모도 10배나 커졌습니다. 경제학의 한 축을 세운 경제학자가 자신의 이론을 뒤로했다는 것은 참 아이러니하지만, 이러한 투자 방식은 대공황의 손실을 메우고 오히려 더 많은 것을 가질 수 있게 해주었습니다.

1929년부터 시작된 대공황으로 많은 사람들이 파산에 내몰리고 목숨을 잃었습니다. 부를 얻으려 하는 인간의 욕심은 어느 시대에서나 새로운 자산을 만들고 또 거품을 만듭니다. 현재에도 비트코인, 부동산 등 부를 얻기 위한 노력과 그로 인한 거품이 만들어지고 또 부풀고 있습니다. 끝없는 상승세에 베팅하는 모습이 마치 버블이 터지기 전 모습과 겹쳐 보이기도 합니다.

하지만 상승만 있는 역사는 어느 시대를 찾아봐도 없습니다. 작은 한 명의 인간이 거대한 흐름을 피하기란 쉽지 않습니다. 다가오는 종말의 물결에 또다시 많은 사람들이 휩쓸려 피해를 입을 수 있습니다. 그럼에도 그레이엄과 케인스는 그 물결에 쉽게 휩쓸리지 않았습니다. 그레이엄은 투자 철학을 다시 점검하며 신념을 지켰고, 케인스는 자신의 신념을 뒤로한 채 사고방식부터 바꾸기 시작했습니다. 두 사람의 행동이 다른 것처럼 보이지만 결국 난관 앞에서 자신의 생각을 고집하지 않고 변화를 꾀했다는 공통점을 지닙니다.

철학자 니체는 철학에 대해 이렇게 말했습니다. "진정한 철학은 굳건한 태도와 의견을 가지는 것이 아니라, 삶이 들려주는 이야기에 귀를 기울이는 것이다." 니체의 관점에서 볼 때 그레이엄과 케인스의 변화는 가히 투자 철학이라고 이야기할 수 있지 않을까요?

## 우리가 알아야 할 것들

1. **전 세계적인 금융 버블의 피해 규모는 세계 경제 지휘자의 역량에 의해 결정된다.**

   미국은 영국을 대신해 세계 경제의 지휘자 역할을 해야 했지만, 자신감이 부족해 고립주의를 고수한 탓에 지휘봉을 이어받을 시기를 놓쳤고, 전 세계 경제체제에 큰 혼란을 야기시켰습니다. 전 세계적인 금융 버블이 발생했을 때, 세계 경제의 지휘자 역할을 맡은 국가의 경제, 재정정책은 전 세계적인 피해 규모와 버블 극복 시기를 판단하는 데 가장 중요한 요소가 됩니다. 무역량이 늘어나고 국가들의 경제교류가 더 활발해진 오늘날에는 각국의 금융이 더 촘촘하게 연결되어 있기 때문에 세계 경제 지휘자의 역할을 더 중요해졌습니다. 금융 버블이 있다고 판단되면 미국의 대응을 지켜보는 것이 가장 중요합니다.

2. **전쟁은 최고의 비즈니스다.**

    제1차 세계대전으로 미국 경제는 유래 없는 호황을 누립니다. 전쟁 기간 동안 정부는 지출을 늘려야 하기 때문에 더 효율적인 생산을 추구합니다. 그러면 기술이 진보해 혁신이 일어날 수밖에 없습니다. 또한 전쟁으로 인해 산업과 인구가 도시에 집중되고 고용과 임금이 증가해 중산층의 소득도 증가합니다.

3. **실물경제의 성장이 뒷받침되지 않은 금융의 팽창은 버블을 가져올 수 있다.**

    금융산업의 본질은 중개업입니다. 여유자금을 가지고 있는 사람들에게 돈을 위탁받아 그 돈이 필요한 기업에 채권이나 주식의 형태로 자본을 조달해주는 것이 금융회사가 영위하는 사업의 본질입니다. 아무리 복잡한 기법을 사용하더라도, 아니면 아무리 큰 의미를 부여하더라도 이 단순한 사실은 바뀌지 않습니다.

    그렇기 때문에 실물경제의 성장이 뒷받침되지 않는 금융의 팽창은 높이 쌓아 올린 젠가와 같습니다. 근거 없는 믿음과 광기가 가시면 투자자들에게 현실이 보이기 시작합니다. 투자자들이 투심을 잃는 순간 버블은 유지될 수 없습니다.

4. **모두가 옳다고 하는 것이 옳지 않을 수 있다.**

    아무리 많은 사람들이 옳다고 하더라도 옳지 않을 수 있습니다. '이 많은 사람들이 바보일 수는 없잖아?'라는 생각이 든다는 것은 이미 본인은 무엇인가가 잘못되고 있다는 것을 인지하고 있다는 의미입니다.

5. **기본에 충실한 합리적인 투자 철학은 매우 중요하다.**

    그래서 중심을 잡아줄 투자 철학은 매우 중요합니다. 그 투자 철학은 합리성과 상식에 기반해야 합니다. 상식적으로 이상한 일은 문제를 일으킬 확률이 높습니다.

6. **투자 철학은 시대와 상황에 맞춰 진화해야 한다.**

    그레이엄과 케인스의 사례에서 보았듯이 항상 옳은 전략은 존재하지도 않고 존재할 수도 없습니다. 시대와 상황에 맞춰 자신의 철학을 가다듬고 진화시키려면 경직된 사고를 지양해야 합니다.

6장

# 잃는 자가 있어야 버는 자가 있다

【 정책 버블 】

# 1720년 남해회사 버블

앞서 4장과 5장에서 낙관론이 지배한 금융시장에서 생산성과의 괴리와 함께 붕괴된 버블들을 살펴보았습니다. 그러나 금융 시스템의 느슨한 대출 기준이나 대중의 낙관적인 기대를 끌어올리는 배경에는 정부의 역할이 자리 잡고 있는 경우가 있습니다. 정부도 달성하려는 목적에 따라 인위적으로 버블을 만들려고 하는 경제주체인 것입니다.

이번 장과 다음 장에서는 남해회사와 '일본의 잃어버린 30년'으로 대표할 수 있는 두 가지 정책 주도 버블에 대해 알아보도록 하겠습니다.

먼저 우리에게 잘 알려져 있는 남해회사 버블부터 자세히 알아보고자 합니다. 알려진 것만큼 실제 남해회사에 대해 잘 아는 경우는 많지 않습니다. 남해회사는 어떤 비즈니스 모델을 가지고 있었길래 수많은 사람을 현혹시킬 수 있었을까요? 비즈니스가 실패했는데도 어떻게 주가가 폭등할 수 있었을까요? 버블 이후에도 남해회사는 왜 사라지지 않았을까요? 남해회사에 대해 알고 있는 사람들도 이 질문들에 답하기는 쉽지 않습니다. 왜냐하면 남해회사는 사실 영국 정치를 양분하고 있는 토리당과 휘그당 사이의 알력에서 탄생했기 때문입니다.

남해회사에 대해 이야기할 때 단순히 "주가가 올랐어요, 사람들이 광분했어요, 돈을 많이 투자했는데 잃었어요"와 같은 사실의 나열이 아닌 '왜?'와 '어떻게?'라는 질문에 중점을 두고 전쟁, 정치, 국제경제, 재정정책이라는 맥락에서 남해회사 버블을 새로 이해할 수 있도록 서술했습니다.

무려 300년 전에 일어난 남해회사 버블이 시대를 뛰어넘어 아직도 회자되는 이유는 무엇일까요? 여기에서 우리는 무엇을 배울 수 있을까요?

남해회사 버블은 1720년, 즉 18세기 초에 일어난 일입니다. 이 사건을 제대로 이해하려면 현재의 관점이 아닌 당시의 관점으로 사건을 바라봐야 합니다. 그러므로 그때 일어났던 정치, 사회, 국제상황에 대한 이해가 필수적입니다. 역사적 사건 하나하나를 기억에 담는다기보다는 '아, 이런 일들이 있었으니까 이런 상황이 만들어졌겠구나' 하는 기분으로 옛날이야기를 듣는 것처럼 남해회사 버블에 관한 내용을 살펴보시길 바랍니다.

### 생각해볼 질문들

- 재정정책과 금융산업의 발전은 어떤 상관관계가 있을까?
- 왜 어떤 주식은 가격이 빠르게 오르는 것일까?
- 많은 사람이 몰려들 때 왜 문제가 생기는 것일까?
- 시가총액이 빠르게 증가할 수 있는 이유는 무엇일까?

## 잇따른 전쟁이 남긴 막대한 빚

남해회사 버블이 일어났던 18세기 초 영국의 재정 상황은 최악이었습니다. 17세기 말부터 18세기 초까지 세 번의 큰 전쟁(9년전쟁, 스페인 왕위계승전쟁, 4국동맹전쟁)을 연달아 치러야 했기 때문입니다. 9년전쟁(1688~1697)에서 영국과 싸웠던 프랑스는 지나친 전쟁 경비 지출로 경제위기를 겪었고, 영국은 비치헤드 Beach Head 해전에서 패배하면서 해군이 사실상 궤멸되었으나 재정 부족으로 새 군함을 건조하지 못하는 문제가 생길 정도로 자금난에 허덕이게 됩니다. 그럼에도 5년도 채 되지 않아 영국과 프랑스는 스페인 왕위계승권을 놓고 또 전쟁을 벌입니다.

후사가 없었던 스페인의 카를로스 2세는 자신의 이복동생이자 프랑스 국왕 루이 14세의 손자인 앙주 공작 필리프를 유언을 통해 자신의 후계자로 지명합니다. 카를로스 2세가 사망하기 전, 오스트리아와 바이에른이 밀약을 통해 카를로스 2세와 협의 없이 합스부르크 가문인 오스트리아의 카를 대공을 스페인 왕위계승자로 합의한 데 대한 보복으로 오스트리아의 적대국인 프랑스 국왕의 손자를 지명해버린 것입니다. 이에 오스트리아는 반발했고 영국, 네덜란드, 포르투갈, 사보이공국과 동맹을 맺고 프랑스와 스페인 연합군과 13년간 전쟁을 벌입니다.

스페인 왕위계승전쟁은 1713년 위트레흐트 조약으로 사실상 종결되는데, 이러한 대규모 전쟁을 수행할 재정적 역량이 부족했던 영국 정부는 부채에 늪에 빠지고 맙니다. 일례로 1711년 영국은 1년 예산의 10퍼센트 정도를 채무 이자 비용과 군사비로 지출해야 할 정도로 심각한 경제적 타격을 입습니다.

9년전쟁에서는 해군 유지 비용을 모두 지출해 해상력을 상실하고, 스페인 왕위계승전쟁에 참가해 대규모 부채를 얻은 데다가 4국동맹전쟁까지 치르는 과정에서 이미 국고가 비어 있던 영국은 빚더미에 앉게 됩니다. 간단하게 18세기 영국을 비롯한 유럽의 국가들이 직면한 문제를 설명하면 다음과 같습니다. 유럽의 인구가 늘어나고 생산성이 증가하면서 전쟁과 지출 규모 면에서 양적 팽창이 급격히 일어납니다. 그러나 빠르게 늘어난 지출을 뒷받침할 만큼 재정 시스템이 충분히 진화하지 못한 상황이었기 때문에 영국 정부는 지속된 전쟁으로 인한 부채로 고통받아야만 했던 것입니다.

## 영란은행의 탄생

1688년 명예혁명을 통해 영국 의회는 제임스 2세를 퇴위시키고 네덜란드의 오렌지공 윌리엄을 새 왕으로 맞아들입니다. 네덜란드의 지도자가 왕이 되면서 네덜란드와의 교류가 자연스럽게 늘었고, 이에 네덜란드의 최신 금융기법들이 영국에 소개되어 암스테르담과 같이 런던에서도 주식거래가 활성화됩니다. 18세기 초, 런던에서 금융업이 빠르게 발전할 수 있었던 이유는 암스테르담에서 증권 발행과 주식회사라는, 자본을 조달할 때 자본시장을 효율적으로 활용하는 방법을 배워왔기 때문이었습니다. 그러나 이런 급격한 금융산업의 발전과 주식시장의 팽창은 거래소에서 거래되는 기업들에 대한 정보를 파악하기 어렵게 만들어 위험 또한 증가시켰습니다.

17세기 후반, 영국인들이 금융의 힘을 깨달아가는 중에 영국은 프랑스와 9년전쟁을 하게 되고 비치헤드 해전에서 충격적인 패배를 당해 해군이 궤멸됩니다. 영국 왕실은 해군 재건을 위해 영구채 100만 파운드를 이자율 14퍼센트에 발행하려 했으나 영국 국민들이 더 이상 영국 왕실에서 발행하는 채권을 신뢰하지 않아 자본조달이 어려웠습니다. 이에 영국 정부는 주식시장을 이용해 개인 주주들에게서 돈을 모아 영란은행을 설립, 런던증권거래소에 상장시키고 영국 왕실이 발행하는 100만 파운드의 정부채를 사주었습니다. 이 과정에서 영란은행은 정부채를 인수하는 대가로 은행권을 발행할 수 있는 권리를 취득했고, 이 발행권을 이용해 여러 기업의 채권을 발행해주는 비즈니스를 영위합니다.

**영란은행(Bank of England)**
1694년 설립된 세계에서 여덟 번째로 오래된 은행이자 스웨덴 국립은행의 뒤를 이어 두 번째로 오래된 중앙은행이다. 본점은 런던에 있으며 영국의 정부 은행의 역할을 하고 있다. 1694년 설립 당시에는 주식회사 형태의 특허 기업이었으나 1946년 국유화되었고 1998년 공기업으로 전환되어 전체 지분의 절반을 영국 법무국이 보유하고 있다.

이러한 영란은행의 발행권은 증권발행의 초기 버전으로 볼 수 있습니다. 영란은행은 개인투자자들의 자금을 모집해 다른 기업 또는 국가의 증권을 구매하는 기관투자자의 역할을 수행하며 다른 기업이나 국가가 안정적으로 증권을 발행할 수 있도록 도와주는 투자은행의 역할을 했던 것입니다.

네덜란드는 영국보다 2년 늦게 동인도회사를 설립했지만 암스테르담에서 태동한 금융업에 힘입어 훨씬 빠르게 근대적인 자본시장 체계를 만들어내는 데 성공합니다. 동인도회사의 자본금을 모으는 데서 암스테르담, 로테르담 등 6개 도시의 상공회의소가 모두 참여하는 현대적 형태의 공모를 성공시켰고, 같은 해에 암스테르담 주식거래소를 만들어 동인도회사의 주식과 채권을 거래하는 2차시장을 만들었습니다. 9년전쟁이 끝날 무렵 영국의 동인도회사 또한 네덜란드의 동인도회사를 모델로 자본조달에 성공합니다. 그리고 동인도회사는 200만 파운드에 달하는 영국 국채를 이자율 8퍼센트에 매입합니다. 그 후 신동인도회사를 동인도회사가 매입하는 과정에서 120만 파운드의 영국 국채를 이자율 6퍼센트에 또 매입합니다.

동인도회사의 주주는 500명이 되지 않았고, 이러한 소수의 주주들이 받는 배당은 비과세였습니다. 주식은 영국 여성들이 소유할 수 있는 몇 안 되는 자산이었기 때문에 동인도회사의 주식은 없어서 못 사는 자산으로 자리 잡습니다. 동인도회사가 런던 주식시장을 통해 자본을 조달하는 과정에서 영국 정부는 영란은행과 마찬가지로 사기업을 이용해 정부의 부채를 탕감하는 것이 가능함을 이해하게 됩니다.

시계를 잠깐 영국의 명예혁명 이전으로 돌리겠습니다. 1678년에서 1681년 사이에 벌어진 왕위계승 논쟁에서 찰스 2세의 동생이자 영국의 국교였던 성공회 신자가 아닌 가톨릭교도였던 요크 공작 제임스가 즉위했습니다. 그의 즉위를 인정하는 사람들을 '토리Tory'라고 부른 데서 유래한 토리당은 이후 보수당이 됩니다. 토리당의 반대쪽에는 휘그Whig당이 있습니다. 휘그당은 요크 공작의 즉위를 인정하지 않는 사람들로 구성되었습니다. 그런데 1688년 명예혁명 때 토리당과 휘그당은 제임스 2세를 왕위에서 몰아내는 데 협력합니다. 큰 그림으로 볼 때 제임스 2세가 주장하던 왕권신수설은 그의 즉위를 인정했던 토리당에도 위협이 되었기 때문입니다.

제임스 2세가 폐위된 후 정국의 주도권은 자연스럽게 휘그당으로 넘어갈 수밖에 없었고, 영국의 재정정책을 지원하기 위해 1694년에 설립된 영란은행과 1698년에 주식회사로 탈바꿈한 동인도회사의 주도권은 당시 재정정책을 이끌어가던 휘그당에 넘어가게 되었습니다. 금융산업의 발전과 함께 재정정책에서 토리당은 급격하게 소외되어갔고, 이에 자신들의 재정정책을 지원해줄 기업이 필요함을 깨닫습니다. 이때 만들어진 기업이 바로 남해회사였습니다.

## 남해회사와 국채 상환 프로젝트

스페인 왕위계승전쟁이 발발했던 1701년에 발행한 단기국채 950만 파운드의 원리금 상환기한은 1711년이었습니다. 그러나 1710년경 1년 국가예산의 10퍼센트 가까이를 이자와 군사비로 지출하고 있던 영국 정부는 이 돈을 갚을 여력이 없었습니다. 영란은행과 동인도회사를 이용해 국채상환에 성공한 경험을 바탕으로 영국은 또 한 번 특허를 내주는 기업을 설립해 국채를 상환하겠다는 계획을 세웁니다. 일단 남해 무역을 통해 이윤을 창출하는 남해회사를 설립하고, 런던 주식시장을 통해 남해회사의 자본을 조달합니다. 남해회사에 투자금이 들어오면 부실 상태에 있던 영국의 채권과 증권의 일부를 강제로 남해회사 주식으로 전환시켜 국고를 지원하자는 것이 취지였습니다.

이미 이야기했듯이, 명예혁명 이후 정국의 주도권은 휘그당이 쥐고 있었고 영국 정부의 재정정책을 주도하는 두 핵심 기업인 영란은행과 동인도회사가 모두 휘그당의 영향력 아래 있었습니다. 1711년 당시 재무장관은 로버트 할리 Robert Harley 백작으로, 토리당 소속이었던 그는 재정정책에서 토리당의 영향력을 늘리기 위해 남해회사 설립에 깊게 관여합니다. 남해회사는 같은 해 토리당의 로버트 나이트에 의해 설립됩니다.

남해회사는 사실상 토리당의 동인도회사로 기획된 것입니다. 그렇기에 남해회사의 구조 또한 동인도회사를 그대로 답습했습니다. 여기서 중요한 점은 동인도회사의 경우 인도, 아시아와의 독점 교역이라는 확실한 이윤창출이 가능한 특허권이 있었기 때문에 런던 주식시장에서 자본을 조달하는 일이 가능했다는 것입니다. 즉 남해회사도 대중이 납득해 투자를 이끌어낼 만한, 이윤창출이 가능한 사업계획이 있어야만 했습니다.

스페인 왕위계승전쟁의 결과였던 위트레흐트 조약을 통해 스페인은 영국에 지브롤터와 마요르카섬을 내주고, 그에 더해 영국 정부의 요구로 노예무역 계약의 독점권인 아시엔토 asiento를 30년간 영국에 양도했습니다.

아시엔토는 아프리카의 흑인노예를 스페인령 식민지에 판매할 수 있는 독점특허권으로, 1570년 남아메리카 대부분에서 인디언의

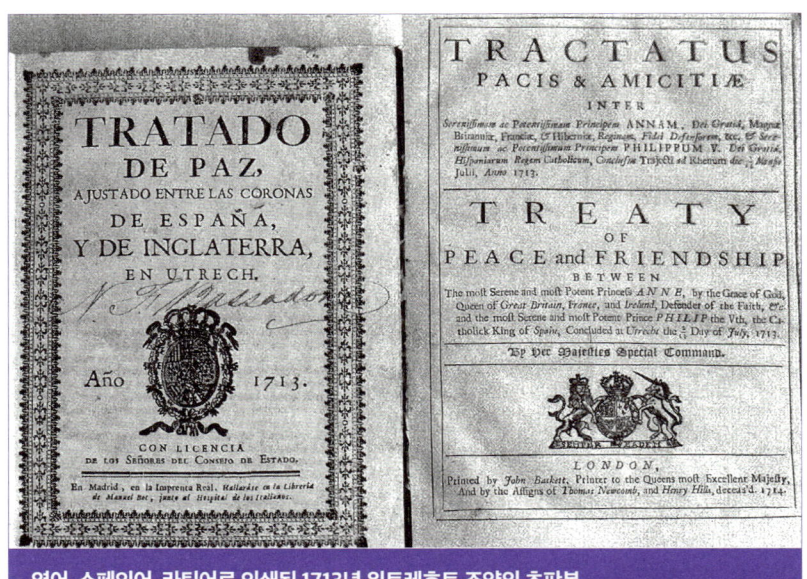

영어, 스페인어, 라틴어로 인쇄된 1713년 위트레흐트 조약의 초판본
ⓒwikipedia

노예화를 금지한 이후 노예를 스페인에 수출할 수 있는 유일한 방법이었습니다. 위트레흐트 조약이 체결되던 1700년대 초반, 스페인령 남아메리카의 광대한 땅과 활발한 개발을 감안하면 매우 큰 경제적 이익을 낼 수 있는 특허권이었습니다.

당시 노예무역은 본국에서 노예를 사는 데 필요한 럼주, 총포, 화약 등을 싣고 아프리카 서해안에 가서 흑인노예와 교환한 뒤 아메리카 대륙으로 건너가 노예를 팔고 그 대금으로 식민지 물산을 구입해서 본국으로 돌아오는 삼각무역이었습니다. 영국 정부는 남해회사를 설립하면서 스페인에게서 양도받은 아시엔토와 함께 남아메리카 그리고 남태평양 무역독점권을 남해회사에 양도합니다. 그 대가로 남해회사는 1,000만 파운드에 달하는 영국의 국채를 인수합니다. 남해회사가 인수한 영국의 국채는 6퍼센트의 이자를 지급하도록 계약되었습니다.

이미 언급했듯이 동인도회사의 주주는 500명이 되지 않았고, 이러한 소수의 주주들이 받는 배당은 비과세였습니다. 거기다가 주식은 영국 여성들이 소유할 수 있는 몇 안 되는 자산이었기 때문에 사실상 정부가 설립하는 기업의 주식을 소유하는 것은 특권으로 인식되어 있었습니다. 이러한 이유로 대중은 아시엔토와 남아메리카, 남태평양 무역독점권을 지닌 남해회사에 전폭적인 신뢰와 사랑을 보냈습니다. 남해회사의 자본조달은 매우 성공적이었고, 영국 정부의 단기국채를 보유한 이들 가운데 97퍼센트가 자신이 가지고 있던 채권을 남해회사 국채로 전환했습니다.

남해회사는 보유 국채에 대해 정부로부터 이자를 받기 때문에 안정적으로 현금을 확보할 수 있었습니다. 이제 남해회사는 남아메리카와 남태평양에서 무역으로 큰 수익을 내어 투자자들에게 보답하기만 하면 되었습니다. 동인도회사처럼 말입니다.

영국이 위트레흐트 조약으로 따낸 무역권의 내용은 대중의 기대에 훨씬 미치지 못했습니다. 1년에 500톤 미만의 물량을 적재한 배 한 척을 보내는 것으로 무역량이 제한되었던 것입니다. 게다가 실제 무역은 1717년에 이르러서야 이루어졌는데, 이 또한 스페인 국왕에게 이익금의 25퍼센트가 귀속된다는 조건이 걸려 있었습니다.

사실상 남해회사는 설립 후 수년간 자본금을 까먹었습니다. 엎친 데 덮친 격으로 1718년에는 스페인과 영국 사이에 4국동맹전쟁이 발발해 스페인이 영국 선박의 입항을 금지시켜버립니다. 남해회사는 결국 200만 파운드의 빚을 지게 됩니다. 높은 부채와 끝이 보이지 않는 선박 입항 금지, 수익이 나지 않는 사업 모델로 인해 궁지에 몰린 남해회사는 최후의 수단으로 같은 해에 복권 형식의 채권을 발행합니다. 당시 영국에는 인구의 팽창 및 생산성 향상으로 인해 잉여 자본들이 쌓이고 있어 이를 노린 복권 형식의 채권은 대성공을 거둡니다.

## 돈을 낳는 기계, 증권 발행

남해회사는 본격적으로 금융회사로의 변신을 추진합니다. 당시 남해회사는 영국 정부에게서 회사 주식을 일반에 공개할 수 있는 권리를 얻어내길 원했습니다. 당연히 영란은행을 포함한 기존의 다른 은행들도 이 권리를 얻어내기 위해서 치열한 경쟁을 펼치고 있었습니다. 이에 남해회사는 전환사채를 만기 8년에 연이율 5퍼센트로 발행해 3,100만 파운드에 달하는 국채를 전액 인수하겠다는 파격적인 조건을 영국 정부에 제시했습니다.

**전환사채**
돈을 빌린 회사의 주식으로, 미리 정한 조건에 따라 일정 기간이 지난 후 전환할 수 있는 권리가 부여된 채권이다. 회사채로서의 확정 이자를 받을 수 있는 데다가 전환 이후 주식으로서의 가치 상승의 이익을 얻을 수 있는, 회사채와 주식의 중간 형태를 취한 채권이다.

영국 의회는 이러한 매력적인 제안을 거부하기 어려웠고, 남해회사의 계속된 로비에 힘입어 결국 남해회사에 주식의 일반 공개 권리를 부여합니다. 당시 5,000만 파운드에 달하던 영국 정부의 부채 중 1,650만 파운드는 중도상환이 가능한 채무였지만 나머지 개인들이 보유하고 있던 1,500만 파운드는 중도상환이 불가능한 장단기 연금증서였습니다. 이 연금증서는 까다로운 조건들이 붙어 있어 사실상 거래가 불가능한 데다 이자 지급이 정부의 재정에 큰 압박으로 작용하고 있었습니다. 그렇기에 영국 정부가 셈하기에 이처럼 높은 이자를 받지만 거래가 잘 되지 않는 채권을 수익은 상대적으로 낮지만 거래가 잘 될 수 있는 남해회사 주식으로 전환하는 프로그램은 재정압박을 줄이는 데 큰 도움이 될 수 있었습니다.

1720년 1월 21일 재무장관 존 아이스래비 경은 남해회사가 제안한 국채/주식 전환 프로젝트 계획안을 의회에 제출해 공식화했습니다. 그러자 액면가 100파운드의 남해회사 주식가격은 1720년 초 128파운드에서 같은 해 2월 중순에는 187파운드까지 폭등합니다. 주가가 오르자 의회는 3월 21일, 제안한 법률을 서둘러 통과시켰습니다. 주가가 더 오르면 남해회사 주식과 국채 교환 비율이 더 불리해져 정부가 손해를 볼 수 있기 때문입니다. 법이 통과되자 남해회사는 더 많은 주식을 발행했음에도 주가가 300파운드를 넘어섰습니다.

남해회사는 3,100만 파운드의 주식 전환에 성공할 경우 750만 파운드를 영국 정부에 지급하겠다고 약속했습니다. 사실상 발행권 취득을 목표로 지급하는 비용이라고 볼 수 있습니다. 원래 300만 파운드를 지급하려고 했는데, 남해회사가 영란은행과의 경쟁에서 이겨 국채 인수 권한을 확보하기 위해 이 금액을 750만 파운드로 올려 제시했습니다.

이 750만 파운드 외에도 130만 파운드에 이르는 뇌물이 옵션 형태로 각료, 의원, 왕실 등에 쓰였습니다. 이에 더해서 로비의 특혜를 받지 못한 다른 의원들과 고위 관료들도 공모주 청약에서 주식을 배정받아 자본이득을 누릴 수 있는 기회를 받았습니다. 국채차환법안이 국왕의 재가를 얻은 1720년, 네 차례에 걸쳐 현금 청약으로 발행한 10만 주 중 20퍼센트 가까이가 의원, 귀족, 고위관료들에게 돌아갔습니다.

주식의 일반 공개 권리를 확보한 후 남해회사의 사업 모델은 매우 단순했습니다.

① 주식과 국채는 시가로 등가교환을 합니다.
② 그러나 발행 허용 수량은 교환 금액에 따르기 때문에 시가가 액면가보다 높다면 주식과 국채를 교환한 후 차액은 회사에 남게 됩니다.
③ 이것을 매물로 내놓으면, 매출액은 그대로 남해회사의 이익이 되고 남해회사의 주가는 상승합니다.
④ 이제 ①로 돌아가서 다시 이 과정을 거치면 같은 수량의 주식으로 더 많은 이익을 남기게 됩니다.

이러한 과정을 반복하면 주가는 계속해서 상승하고, 남해회사의 이익은 늘어나며, 주주들은 부자가 될 수 있다는 직관적이고도 설득력 있는 사업 모델이었습니다. 물론 목표한 바를 이루기 위해서 남해회사의 주가는 계속해서 올라야 하겠지만 말입니다.

## 투기 열풍으로 인한 주가 폭등

남해회사가 제시한 프로젝트가 의회에서 통과되자 남해회사의 주가는 세 배 폭등합니다. 극단적으로 높은 수익률에 시민들은 열광하고, 더욱 남해회사 주식을 사고 싶어 합니다. 이러한 행동은 대중에게 투기 열풍을 일으켜 사람들은 남해회사 버블을 더욱 원하게 되었습니다. 한 통계에 따르면 당시 런던 인구의 절반에 해당하는 사람들이 마차를 끌고 남해회사 주식을 사려고 줄을 서서 도로 통행이 수주일 동안 마비되었다고 합니다.

남해회사의 임원들은 그들의 사업 모델이 성공하려면 주가가 계속해서 올라야 한다는 사실을 잘 인지하고 있었던 것 같습니다. 그들은 주식의 가격을 더 높이기 위해 스페인이 영국에게 페루의 포토시 은광을 양도할 것이고 은이 쇠처럼 흔하게 될 것이라는 소문을 퍼트립니다. 1711년 설립 이후 9년 동안 주당 100파운드대에 머물렀던 남해회사의 주가는 1720년 1월 128파운드, 5월 550파운드, 8월에는 1,000파운드까지 급등하면서 금융회사로 변신한 이후 몇 개월 동안 1,000퍼센트가 넘는 수익률을 기록합니다.

에드워드 매슈 워드 Edward Matthew Ward가 1846년에 그린 〈남해 버블 South Sea Bubble〉은 남해회사 버블 당시 런던 증권거래소 모습을 담았는데, 이 그림을 통해 얼마나 많은 사람들이 남해회사의 주식을 사려고 했는지 알 수 있습니다. 아이작 뉴턴 Isaac Newton, 대니얼 디포 Daniel Defoe, 윌리엄 호가스 William Hogarth, 게오르크 프리드리히 헨델 Georg Friedrich

Händel 등의 유명인사들 또한 남해회사에 투자한 것으로 유명합니다.

이런 상승 기조에 편승해 런던 주식시장에서 거래되는 다른 주식들의 가격도 같이 오르기 시작했습니다. 뚜렷한 이유 없이 주식의 가격이 두 배 또는 세 배 급등하자 투자자들은 남해회사 주식이 아니더라도 아무 주식이라도 손에 넣으려 혈안이 되었습니다.[17] 이러한 상황에서 대중은 무슨 사업인지 궁금해하지도 않은 채 주식을 구매했고, 우리가 짐작할 수 있듯이 상식적으로 가능하지 않은 프로젝트들 또한 쉽게 투자를 받았습니다.

## 터져버린 거품과 회계감사 제도의 도입

남해회사의 사업 모델은 인위적으로 버블을 만들어 계속해서 투자를 받아야만 지속 가능한 모델이었습니다. 뒤집어 말하자면 시장에서 투자할 수 있는 돈을 모두 소진하게 되면 지속할 수 없는 사업 모델이기도 했습니다.

이미 투자자들도 당시 불어온 투자 광풍에 문제가 있다는 생각은 하고 있었을 것입니다. 그러나 남들이 다 투자하고 있는데 자신만 투자에서 빠지는 것은 쉽지 않았습니다. 특히나 주변 사람들이 전부 돈을 버는데 자신만 못 버는 상황은 참기 어렵기 때문입니다. 이 단계에서 대중은 이런 생각을 하게 마련입니다. '이렇게 많은 사람이 투자했는데 이 사람들이 바보도 아니고 무슨 일이 생기기야 하겠어?', '언

젠가는 폭락하겠지만 나는 그 전에 돈을 빼면 돼.'

　　투자자들은 버블을 인지하지 못해서 손실을 보는 것이 아니라, 위와 같은 생각을 하다가 손실을 보게 되는 것이 일반적입니다. 그들의 생각대로 각각의 개인은 바보가 아닙니다. 다만 집단으로 모이게 되면 이야기가 달라질 수 있습니다. 시장에 추가로 투자될 수 있는 자금이 빠르게 고갈되는 상황에서 정부 또한 이 광기를 보고만 있을 수는 없었습니다. 특히나 무단으로 설립한 회사들이 난립하는 것은 큰 문제였습니다. 300년 전에도(물론 지금도) 정부의 허가 없이 회사를 만들어 자본시장에서 자본을 조달하는 것은 불법이었습니다.

　　6월 24일 영국 정부가 '거품 회사 규제법'을 내고 8월 24일에 고지 영장을 발급하면서 시장의 광기는 수그러들기 시작했습니다. 군중의 집단심리가 부정적인 쪽으로 돌아서자 시장에는 불안감이 팽배해졌습니다. 남해회사의 주가가 상승한 이유가 사실 기업 자체의 미래 수익성에 기인한 것이 아니라는 분석들이 퍼지면서 결국 남해회사 주가 버블은 터지게 됩니다. 투자자들의 심리 변화로 시장의 유동성이 급감했고 거품규제법의 표적이 된 회사에 영장이 발부되어 시장의 불안심리가 높아진 데다가 외국자본이 이탈하면서 주가는 폭락합니다.

　　고지 영장이 발급된 지 한 달 만인 10월 1일, 주가는 290파운드로 떨어졌습니다. 8월 말 1억 6,400만 파운드에 달하던 회사의 시장가치 중 1억 30만 파운드가 한 달 사이에 사라진 것입니다. 1720년 말에는 1720년 초 주가 수준인 124파운드까지 추가로 하락합니다.

　　당시 런던 주식시장의 시가총액이 약 5억 파운드 정도였는데, 이는 영국의 국내총생산의 일곱 배 정도 된다고 추정하고 있습니다.

2021년 현재 미국 주식시장의 시가총액이 미국 국내총생산의 두 배 정도임을 감안하면, 남해회사가 1720년 런던 주식시장을 지나치게 키웠음을 알 수 있습니다.

충분히 예상 가능하겠지만, 국채를 포함해 남해회사 주식과 관련된 다른 주식의 가격도 덩달아 떨어졌습니다. 많은 투자자들이 파산했고, 하원은 이 사건을 조사하라고 명령합니다. 그 결과 3명의 장관이 뇌물을 받고 투기한 정황이 알려져 처벌받았고, 남해회사 임원 중 다수가 해직되었습니다. 그럼에도 남해회사는 사라지지 않았습니다. 남해회사는 토리당이 영국의 재정정책에 영향을 미치는 창구로 만들어졌기 때문이었습니다.

175쪽의 그림은 남해회사에 투자해서 큰 손실을 보았던 윌리엄 호가스의 판화작품입니다. 1721년에 완성하고 1724년부터 대중에게 널리 보급된 작품으로, 최초의 사설만화로 여겨집니다. 남해회사 버블이 영국 사회에 미친 영향이 너무 커 사설만화로 만들 생각까지 했던 것입니다. 이 작품에서 우리는 악마가 행운의 여신의 사지를 절단해 던지고 군중이 그 고기에 하이에나처럼 달려드는 광경, '정직'이 수레바퀴에 묶여 '이기심'에게 고문을 당하고 '명예'가 기둥에 묶여 '악덕'에게 채찍질을 당하는 모습을 볼 수 있습니다.

의회 조사단은 남해회사 이사진의 책임을 추궁하기 위해 남해회사의 회계 기록을 자세히 알고 있는 간부 중 한 명이었던 야콥 E. 브리지가 경영하는 브리지 상회의 장부를 조사합니다. 그 결과를 〈브리지 상회의 장부에 대한 소견〉이라는 문서로 정리하고 이 보고서가 공식적으로 인정받는데, 이것이 세계 최초의 회계감사 보고서입니다. 동인

윌리엄 호가스, 〈남해회사 음모에 관한 상징적인 판화〉, 1721
ⓒwikipedia

도회사의 설립과 네덜란드를 본뜬 자금 조달, 영란은행으로 이어지는 주식회사 제도의 발달은 남해회사 버블이라는 위기를 계기로 문제점이 표면화되었습니다. 이에 일반 대중으로부터 자금을 조달하는 공모는 정당한 제3자에 의한 회계 기록의 평가가 필수적이라는 것을 알게 되었고, 공인회계사 제도와 회계감사 제도를 탄생시킵니다.

# 현금 흐름은 제로섬게임이다

남해회사 버블에서 손실을 본 수많은 사람 가운데 가장 유명한 사람은 단연 뉴턴입니다. 당시 뉴턴은 런던 왕립조폐국장을 지내고 있었는데, 초기에 남해회사 주식을 소액 샀다가 중간에 매도해 7,000파운드의 수익을 냈습니다. 이에 자신감이 붙은 뉴턴은 평단가 700파운드 정도에 거액을 투자했고, 1720년 11월을 전후해 200~300파운드에 매각해 약 2만 파운드의 손실을 본 것으로 알려져 있습니다. 뉴턴은 "나

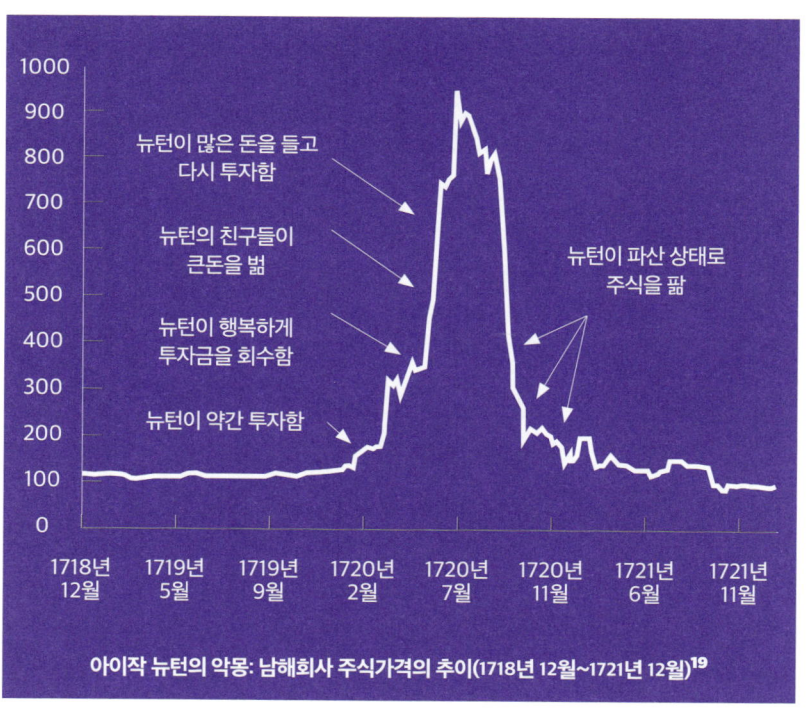

아이작 뉴턴의 악몽: 남해회사 주식가격의 추이(1718년 12월~1721년 12월)[19]

는 천체의 움직임은 계산할 수 있어도 사람들의 광기는 예측하지 못한다"[18]라는 말을 했던 것으로 알려져 있습니다.

주식시장에서 현금은 제로섬게임입니다. 최종 거래가격을 높여 시가 총액을 부풀릴 수는 있지만, 자신의 주식을 현금화하기 위해서는 그 현금이 다른 사람의 호주머니에서 나와야만 합니다. 즉 시가총액은 마지막 거래가격에 의해 결정되기 때문에 부풀려질 수 있지만, 투자자가 현금화시킬 수 있는 유동성은 제로섬게임이라는 의미입니다.

뉴턴과 같이 다수의 투자자들이 손실을 보았다면 누군가는 돈을 벌었어야만 합니다. 남해회사 버블에서 돈을 번 투자자 중 가장 유명한 사람은 독일에서 태어나 영국에서 활동한 바로크 시대의 작곡가 헨델입니다. 헨델은 남해회사 주식으로 돈을 벌어 왕립 음악 아카데미를 설립했습니다.

## 우리가 알아야 할 것들

1. **금융의 발전은 기업의 자본조달을 이용한 재정정책 지원으로부터 기인했다.**

    네덜란드, 영국, 프랑스와 같은 나라들에서는 일반 기업의 자본조달을 이용한 재정정책 지원이 금융산업의 발전을 가져왔습니다. 동인도회사, 영란은행, 남해회사 모두 영국의 국채 부담을 줄이기 위해 시작된 회사들이었습니다. 그러므로 초창기 금융의 발전은 인구가 늘어나고 산업의 혁신으로 인해 실물경제가 성장하는 과정에서 정부의 지출을 효과적으로 팽창시키는 방안을 고안하면서 일어났음을 알 수 있습니다.

2. **군중심리는 기업의 가치를 비합리적으로 과대평가할 수 있다.**

   돈에 대한 탐욕, 돈을 벌었다는 친구에 대한 질투, 나만 뒤처지는 것 같다는 불안감은 군중을 광기에 사로잡히게 할 수 있고, 이러한 광기로 인해 기업의 가치는 비합리적으로 과대평가될 수 있습니다.

3. **'이 많은 사람이 바보도 아니고'라는 의구심은 사실이지만 집단은 비합리적인 선택을 할 수 있다.**

   문제는 이러한 비합리적으로 과대평가된 주가를 보면서 불안해지는 투자자들이 '이 많은 사람이 바보도 아니고'라는 생각 뒤에 숨어버릴 때 생깁니다. 물론 투자자들 개개인은 바보가 아닐 수 있습니다. 그러나 군중의 광기는 투자자 집단이 비합리적인 선택을 하도록 만들 수 있음을 기억해야 합니다.

4. **버블에 투자한 모두가 '나만 아니면 돼'라는 생각을 하고 있다.**

   당연한 이야기이지만 버블에 참여하는 투자자들이 현재 주가가 너무 높다는 사실을 모르지 않습니다. 다만 폭탄을 돌리듯이 나만 아니면 된다는 생각으로 치킨게임을 하고 있다는 것을 버블에 참여하는 모든 투자자들이 인지해야만 합니다.

5. **시가총액은 부풀려질 수 있지만 현금화시킬 수 있는 유동성은 제로섬 게임이다.**

마지막 거래가격이 오르면 가격의 차액이 현재 발행되어 있는 주식 모두에 곱해진 값만큼 시가총액은 오르게 됩니다. 즉 시가총액 기준으로 생각하면, 거래가격이 오르는 동안은 시장에 공급되고 있는 자금이 실제보다 더 많게 느껴질 수밖에 없습니다. 그러나 투자자가 주식을 현금화하려는 순간 시장에 있는 유동성의 양을 느끼게 됩니다.

유동성은 제로섬게임입니다. 내가 현금을 손에 쥐기 위해서는 누군가가 그 현금을 나에게 주어야 한다는 의미입니다. 그러므로 주식을 거래할 때 시가총액뿐 아니라 현재 시장에 존재하는 유동성의 크기 변화에 항상 민감해야 합니다.

7장

# '잃어버린 30년'을 만든 국가의 개입

【 정책 버블 】

**1980년대 일본의 버블 경제**

잃어버린 30년. 흔히 일본의 부동산 버블이 꺼지고 나서 경제성장이 멈춘 기간을 일컫는 표현입니다. 습관적으로 우리는 일본의 잃어버린 30년을 기억해야 한다고 이야기합니다. 그러나 정작 일본 버블이 왜 일어났고 어떻게 진행되었으며 왜 장기침체로 이어졌는지를 풀어서 설명할 수 있는 사람들은 주변에 많지 않습니다. 이는 일본 버블을 '일본의 부동산 가치가 높아졌다가 폭락하면서 경제에 위기가 와서 성장을 멈췄다' 정도로 이해하고 있기 때문입니다.

　이 장에서는 1985년 플라자 합의부터 시작해서 일본 경제가 최고의 호황을 구가하는 1980년대를 집중적으로 조명해보려 합니다. 바로 이 호황이 초래한 국제무역수지 불균형에 의한 정치, 외교적 압력이 일본의 산업구조 재편을 가져왔고, 산업구조 재편과 맞물려 일본 대장성이 펼친 내수 중심 산업정책이 장기 불황을 야기했기 때문입니다. 일본 버블을 제대로 이해하고 보면 당시 상황에서 일본 정부가 생각보다 대응을 잘했다고 생각할 수도 있습니다. 일본 정부의 버블에 대한 대응은 산업 인프라 붕괴를 막을 수 있었기 때문입니다. 물

**대장성**
일본 정부의 대장성은 메이지유신 때부터 있던 중앙행정기관으로, 우리나라의 기획재정부와 같은 부서다. 2001년 중앙성정 개편 이후 그 업무는 재무성으로 넘어가 있다.

론 그로 인해 경제회복이 늦어진 것이 가장 큰 문제였습니다. 항상 모든 것이 완벽할 수는 없습니다.

그러므로 현재의 투자자들은 일본 버블 사례를 이해하는 데서 일본 정부의 대응 그리고 일본 버블이 꺼지는 과정에서 스팍스 그룹을 창업해 눈부신 투자 성공을 이루어낸 아베 슈헤이阿部修平의 행보에 주목해야 합니다.

이제부터 재정 및 통화 정책이 어떻게 인위적으로 버블을 만들어낼 수 있는지, 국제 환율시장이 국가산업과 경제성장에 어떤 영향을 미치는지, 왜 주식 투자자들은 국가 산업구조 재편 과정을 이해해야 하는지, 저성장 국면에서도 수익을 낼 수 있는 투자 방법이 무엇인지에 집중하면서 설명하고자 합니다.

### 생각해볼 질문들

- 재정 및 통화 정책은 버블을 어떻게 만들어낼 수 있을까?
- 수출품 가격 경쟁력을 확보하는 수출 중심 경제성장의 핵심 전략은 무엇일까?
- 통화가 고평가되면(환율이 떨어지면) 경상수지는 왜 적자가 발생할까?
- 제조업이 쇠퇴하고 서비스업 중심의 산업구조 재편으로 인한 부동산 가격 상승의 원인은 무엇일까?
- 정부는 버블로 인한 폭락을 지연시킬 수 있을까?
- 저성장 국면에서도 수익을 낼 수 있는 투자 방법은 무엇이 있을까?

## 일본 경제의 성장 과정

제2차 세계대전 이후 1945년부터 1970년까지 일본 경제는 고도의 성장을 이루어냅니다. 이러한 빠른 성장의 이면에는 ①정부의 공업화 산업정책 및 지원 ②미국의 경제적 지원 ③저평가된 통화라는 성장 요인이 자리하고 있었습니다.

일본 정부는 공업화 및 산업화를 달성하기 위해 기업들에게 실패하더라도 재기할 수 있는 재정정책을 펼쳤습니다. 또한 한국전쟁과 냉전 기간 동안 미국은 아시아의 정치적 안정과 반공산주의 분위기 조성을 위해 일본에 직간접적인 경제적 지원을 아끼지 않았습니다.

일본의 경제가 빠르게 성장할 수 있었던 핵심 이유 중 하나는 저평가된 엔화 때문입니다. 제2차 세계대전 이후 브레턴우즈 체제라는 금본위 고정환율제를 바탕으로 미국을 중심으로 하는 세계경제체제가 갖추어집니다.

브레턴우즈 체제 내에서 고정되어 있던 각국의 환율은 전쟁 이후 각국의 경제 상황을 고려해 설정되었는데, 브레턴우즈 체제가 붕괴되는 1971년까지 환율에 큰 변화가 없었습니다. 영국, 프랑스, 독일, 일본과 같이 전쟁으로 인해 사실상 국내 산업이 붕괴되어버린 국

**브레턴우즈 체제**
**(Bretton Woods system)**
제2차 세계대전 이후 국제통화질서를 확립한 체제이다. 1944년 7월 미국 뉴햄프셔주의 브레턴우즈에서 44개 연합국 대표들이 참석한 가운데 전후의 국제통화질서를 규정하는 협정을 체결한 데서 '브레턴우즈 체제'라 부른다. 브레턴우즈 체제의 핵심 내용은 미 달러를 기축통화로 한 '조정 가능한 고정환율제도'를 도입한 점이다. 이로 인해 국제통화제도를 관장하는 기구로 IMF와 세계은행이 설립되었다. 1971년 미국의 닉슨 대통령의 달러화 금태환 정지 선언으로 주요 선진국 통화제도가 변동환율제도로 이행함으로써 브레턴우즈 체제는 무너졌다.

가들은 산업 재건 과정에서 빠른 경제성장을 경험할 수밖에 없습니다. 빠른 경제성장은 그 국가 화폐를 상대적으로 값어치 있게 만들어주기 때문에 통화가치가 높아져야 하는데, 25년 동안 각국의 경제성장 속도를 무시하고 이들의 통화가 달러에 대비해 저평가된 채 유지되고 있었던 것입니다.

특히 일본 경제는 무서운 속도로 성장했고, 그만큼 엔화는 더욱 저평가됩니다. 저평가된 엔화로 인해 일본 상품은 미국시장에 매우 싼 가격에 팔릴 수 있었습니다. 이렇게 저평가된 환율을 통해 확보한 수출경쟁력은 일본 경제에 달러를 유입시키는 원동력이었습니다. 이로 인해 일본은 1972년 독일을 제치고 세계 2위의 경제대국이 될 수 있었습니다.

1971년 지속된 달러 고평가로 인한 경상수지 적자가 누적된 미국은 브레턴우즈 체제를 유지하지 않았습니다. 이로 인해 세계 주요 국가들은 변동환율제를 선택하게 되었고 엔화 또한 이제 더는 저평가되기 어려웠습니다. 아직 미국에 물건을 수출하는 것을 성장전략으로 삼으며 미국이 만들어내는 경제성장의 과실을 나누어 가졌던 세계 여러 국가의 경제에 빨간불이 켜집니다. 설상가상으로 2년 후에는 제1차 오일쇼크가 발생합니다.

그러나 영국, 프랑스 등과 같은 국가들이 외형적 성장에 집중했던 반면 일본은 산업화

**제1차 오일쇼크**
원유 값이 급등해 전 세계 각국에 경제적 타격을 준 사건이다. 제1차 오일쇼크는 1973년에 발발한 제4차 중동전쟁으로 인해 페르시아만의 6개 석유수출국들이 석유수출국기구(OPEC) 회의에서 원유 고시가격을 17퍼센트 인상한다고 발표한 데서 시작했다. 중동전쟁에서 석유를 정치적인 무기로 사용한다는 선언이었고, 이에 따라 1973년 초 배럴당 2달러 59센트였던 중동산 기준 원유 값은 1년 만에 11달러 65센트로 무려 네 배 가까이 올랐다. 제1차 오일쇼크는 석유가 싼값으로, 필요한 양이 공급된다고 안이하게 믿어왔던 석유 수입국들에 사적·경제적 공황을 초래했다.

에 기초해 튼튼한 실물경제 기반을 쌓는 데 집중했기 때문에 위기를 겪기는 했으나 오일쇼크에서 가장 먼저 빠져나올 수 있었습니다.

일본 정부는 오일쇼크에 대항해 인플레이션을 우선적으로 통제하는 긴축정책을 펼쳤습니다. 실물경제 기반에 자신이 없었던 다른 국가들은 긴축정책이 불황을 유발할 수 있다고 걱정했지만, 튼튼한 실물경제에 자신이 있던 일본에서는 인플레이션 억제정책이 가능했습니다. 인플레이션이 억제되자 일본에서 생산하는 제품의 가격상승에 제동이 걸렸고, 국제시장에서 일본은 선제적으로 제품의 가격경쟁력을 확보할 수 있었습니다. 이로 인해 유래 없는 대규모 수출량을 달성했고, 1978년에 일본은 100억 달러가 넘는 경상수지 흑자를 기록합니다.

일본 경제가 가격경쟁력에 기반한 수출 확대를 밑거름으로 유례없이 팽창하는 사이, 미국은 베트남전쟁과 제2차 오일쇼크의 여파로 높은 인플레이션에 시달립니다. 고인플레이션, 저성장의 늪에서 빠져나오기 위해 당시 미 연준 의장이었던 폴 보커 Paul Volcker 는 인플레이션과의 전쟁을 선언하고 기준금리를 22.4퍼센트까지 인상합니다. 이로 인해 전 세계의 자금은 이자를 많이 주는 미국 채권으로 흘러들기 시작하고, 달러의 가치는 상대적으로 높아집니다. 역시나 높아진 달러 가치는 엔화의 저평가를 뜻했고, 일본은 미국의 고금리 정책으로 인해 추가적으로 가격경쟁력을 확보해 더 많은 경상수지 흑자를 이룰 수 있었습니다. 이렇게 확보한 달러는 추가 투자로 이어졌고, 일본 경제는 더 빠르게 성장했습니다.

## 플라자 합의와 무역불균형 조정

**무역법 301조**

미국에는 외국의 불공정 무역관행에 대항할 수 있는 여러 무역법상 조항들이 산발적으로 존재했는데, 1974년 그것들을 모아 강화한 형태로 만든 것이 무역법 301조가 되었다. 미국의 상호주의에 기초가 된 이 조항은 외국이 미국을 차별하거나 무역상의 합의를 준수하지 않거나 또는 비합리적인 관행을 갖는 경우 미국은 그 수정을 요구하고, 만일 상대국이 그것을 받아들이지 않는 경우 보복조치를 강구할 수 있음을 분명하게 드러냈다. 1988년의 포괄무역·경쟁력 강화법에서는 상대국의 특정 관행뿐 아니라 많은 불공정 무역관행을 취한 국가 또는 국제무역 전체에서 볼 때 불공정 무역 관행이 인정되는 분야도 대상인 이른바 슈퍼 301조가 성립하게 된다.

미국은 30년 이상 지속된 경상수지 적자에 우려를 나타냅니다. 제2차 세계대전 이후부터 세계 각국이 자국 통화의 저평가를 유지해 미국 경제에 기대어 성장하는 정책을 폈는데 그 흐름에 제동을 걸어야 한다고 생각한 것입니다. 경상수지 적자가 계속돼 이미 이 시점에서 미국은 세계 최대의 채무국이 되어 있었습니다. 레이건 행정부는 보호무역주의를 검토했고, 1985년 9월 최초로 일본에 <u>무역법 301조</u>를 적용하는 결정을 내립니다.

미국의 이러한 태도는 미국시장에 기대어 성장하던 세계 주요 국가들에 경각심을 불러일으킵니다. 미국이 더 이상 수입을 하지 않<u>으면 스스로 자본을 만들어낼 역량이</u> 이들에게는 없었기 때문입니다. 세계에서 유일하게 <u>스스로 성장할 수 있는</u> 국가였던 미국이 자신의 자본을 나주어 주지 않겠다는 시그널을 취하자 G5국가(미국, 일본, 독일, 영국, 프랑스)들의 재무장관들은 뉴욕의 플라자 호텔에 모여 환율정상화를 위한 국제합의를 도출해냅니다.

여담이지만 플라자 합의가 이루어진 플라자 호텔은 뉴욕 센트럴파크 끝자락에 위치해 있고, 1990년대 초반 영화 〈나홀로 집에 2〉를 촬영한 장소로 유명합니다. 이 호텔은 당시 도널드 트럼프의 소유였는데, 〈나 홀로 집에 2〉 촬영 조건으로 트럼프의 카메오 출연이 포함되어 있었습니다. 이 영화에서 트럼프는 길을 묻는 주인공 케빈(맥컬리 컬킨 분)에게 호텔 로비가 어디인지 알려주는 장면에서 짧게 등장합니다.

2017년 도널드 트럼프가 대통령에 당선되고 나서 위안화 평가절상과 달러의 평가절하를 위해 중국과 환율전쟁을 벌이는 것을 보며, 플라자 호텔에서의 합의가 오버랩되기도 했습니다. 1985년 미국과 2017년의 미국은 정치적 상황이 달랐지만 유사한 경제적 고민을 하고 있다는 점에서 흥미롭기도 하고요.

플라자 합의 내용은 간결하고 명확했습니다 "달러 대비 환율을 내려라." 이에 따라 일본은 플라자 합의 직전 달러당 238엔이었던 환율을 1986년 7월 150엔까지 떨어뜨립니다. 일본인들은 (달러를 기준으로 할 때) 갑자기 부자가 되었고 미국인들은 (엔화를 기준으로 할 때) 갑자기 가난해졌습니다. 미국은 이로 인해 대일본 경상수지 적자가 호전될 것이라 기대했습니다.

## 내수시장 팽창을 통한 성장을 꾀하다

상식적으로 생각해볼 때, 엔화의 가치를 높이면 미국인들에게 일본의 수출품은 상대적으로 비싸지고, 미국의 수출품은 일본인들에게 상대적으로 저렴해지기 때문에 미국의 경상수지 적자가 호전되어야 합니다. 그러나 플라자 합의가 성립된 1985년부터 2년간 일본의 대미 경상수지는 금세 내려갈 기미를 보이지 않습니다. 이러한 상식에 어긋나는 현상을 설명하기 위해 일본 대장성의 교텐 도요오行天豊雄는 일반적으로 수출 및 수입의 계약이 미리 장기간에 걸쳐 체결되어 있어 상대적 가격 변화에 수출입 업체들이 빠르게 대응하지 못했다는 설명을 내놓습니다. 이를 'J커브 효과'라고 부릅니다.

  플라자 합의로 인한 환율조정에도 불구하고 미국의 적자폭이 줄지 않자, 미국은 경상수지 흑자가 가장 컸던 일본과 독일 정부에 정부지출을 늘리고(재정확장정책) 엔화와 마르크화 공급을 늘려(통화팽창정책) 일본과 독일 경제에 유동성을 늘리도록 추가적으로 요구합니다. 늘어난 정부지출과 통화량의 일부는 미국의 상품을 구매하는 데 쓰일 것이기 때문에 미국의 경상수지 적자를 해결하는 데 도움이 될 것이라는 이유였습니다.

  일본은 플라자 합의 때와 같은 이유로 미국의 요구를 받아들여 1987년 루브르 합의에 서명합니다. 이 합의에서 일본은 내수시장의 수요증가를 위해 금리 인하, 재정지출 확장과 소득세와 법인세 인하를 약속했고, 이를 이행하기 위해 1985년 5퍼센트였던 금리를 1987년 2.5퍼센트까지 내리고 60억 엔을 추가로 지출합니다. 또한 소득세와 법인세를 인하합니다. 이러한 경제 확장정책으로 인해 1985년 2.6퍼센트였던 일본의 경제성장률은 1987년 4.9퍼센트로 증가합니다.

  의도하지 않았던 경제확장정책으로 경제성장률의 상승을 경험한 일본 정부는 루브르 합의에 따라 재정정책과 통화정책을 확장하게 되면 정부지출이 늘고 시장에 유동성이 공급될 것이므로 내수시장 팽창을 통한 성장이 가능하다는 것을 알게 됩니다. 결과적으로 규제완화, 주택과 토지공급 확대, 내수경제 확장, 사회간접자본 확충 등 내수를 중심으로 산업구조를 재편함으로써 신성장 동력을 찾을 것을 주장하며 마에카와 하루오 前川春雄 전 일본은행 총재가 〈마에카와 보고서〉를 작성해 발간하고, 일본 정부는 이 보고서의 제안을 받아들입니다.

> **사회간접자본**
> 간접적으로 여러 가지 생산 활동에 기여하는 자본으로 도로, 철도, 항만, 통신, 공공서비스 등을 의미한다.

## 조직적·인위적으로 경제를 부양시키다

루브르 합의는 1987년 2월 22일, 미국·일본·독일·영국·프랑스·캐나다 등 주요 6개국이 프랑스 파리의 루브르궁에서 체결한 국제 통화 협정입니다. 이 합의는 1985년 플라자 합의의 연장선에서 이루어진 것으로, 플라자 합의 이후 급격하게 진행된 달러화 약세를 조정하고 환율을 안정화하는 것을 목표로 삼았습니다.

  1985년 플라자 합의를 통해 미국은 강한 달러 정책을 수정하고, 달러 가치를 인위적으로 절하하기로 결정했습니다. 이는 미국의 무역 적자를 완화하고 수출 경쟁력을 회복하기 위함이었습니다. 그러나 플라자 합의 이후 달러화 가치가 지나치게 하락하면서 반대로 엔화와 독일 마르크화의 가치가 급등했고, 이에 따라 일본과 독일의 수출 경쟁력이 급격히 낮아지는 문제가 발생했습니다. 특히 일본 경제는 엔고 현상으로 인해 심각한 충격을 받았으며, 이에 대응하기 위해 루브르 합의가 필요해졌습니다.

루브르 합의로 인해 일본 정부는 금리를 낮추고 통화량을 늘렸으며 정부지출을 늘리는 경제확장정책을 폈습니다. 경제확장정책은 투자와 소비를 활성화시키기 때문에 보통은 소비자물가를 상승시킵니다. 그러나 1987년 일본의 소비자물가 상승은 심각하지 않았습니다. 왜냐하면 플라자 합의로 인해 엔화가치가 올라서 수입품의 가격이 떨어졌기 때문이었습니다.

일본에서 생산하는 상품, 부동산, 주식과 같은 엔화로 표시하는 자산 가격과 인건비는 빠르게 올라갔지만 수입되는 물건들의 엔화 가격은 반대로 떨어졌기 때문에 소비자물가는 완만하게 올라갔습니다. 이러한 지표상의 안정성은 마치 엔화환율 조정과 경제확장 정책이 일본 경제에 악영향을 미치지 않은 것처럼 보이게 해주었습니다.

그러나 높아진 인건비로 인해 일본의 생산성은 급격하게 떨어지고 있었습니다. 엔화의 가치가 높아지자 일본 기업들은 인건비를 낮추기 위해 공장을 해외로 옮기기 시작했고, 다수의 일본 노동자들이 일자리를 잃게 되었습니다. 일자리를 잃은 노동자들은 지방에서 직업을 구할 수 없었기 때문에 도시로 몰렸고, 1985년부터 일본 사회는 급격한 도시화를 경험합니다.

엔화가치 상승에 따른 급격한 도시화가 진행되는 가운데 〈마에카와 보고서〉에 따라 일본 정부는 도시개발 사업을 추진하며 부동산 규제를 완화하고 민간이 주도하는 부동산 개발 장려정책을 펼쳤습니다. 도시화라는 사회구조 변화와 도시개발이라는 정책적 목표가 맞아 떨어지면서 일본 주요 도시들의 부동산 가격은 폭등합니다. 1985년부터 1987년까지 2년간 일본 주요 도시의 땅값은 40퍼센트 이상 올랐고, 기업들도 부동산 투자에 열을 올렸습니다.

부동산 가격이 오르자 부동산의 담보대출 한도가 늘어나고, 사람들은 늘어난 담보대출 한도를 이용해 추가로 대출을 받아 다시 부동산에 투자합니다. 그렇게 대출받은 돈이 부동산에 투자되면 다시 부동산 가격이 오르고, 또다시 부동산의 담보대출 한도가 늘어나게 되며 늘어난 담보대출 한도를……. 이 과정이 계속 반복되면서 부동산 가격이 폭등 기차를 타게 됩니다.

일본 버블의 특이점은 정부가 정책적으로 버블을 부양했다는 것입니다. 보통 민간의 투기 열풍이 버블을 만들고 정부는 걱정을 하는 쪽인 데 반해 일본 정부는 내수 중심의 산업구조 재편을 통해 신성장동력을 찾자는 목적 아래 내수시장 성장을 위한 버블을 인위적으로 부양합니다.

제2차 세계대전이 끝나고 일본의 재벌기업들이 전쟁에 협력했다는 이유로 미군정에 의해 해체된 후, 일본 기업들은 관련 산업 기업들의 지분을 서로 보유하고 이를 통해 수평적 비즈니스 협력을 도모해왔습니다. 서로가 서로의 지분을 가지고 있다 보니 자연스럽게 관련 산업으로 진출하기가 용이해졌고, 이로 인해 산업경쟁력을 키울 수 있었기 때문에 일본 정부는 이러한 지분 소유를 통한 협력관계를 장려했습니다. 이러한 지분 구조를 순환출자체계라고 부르는데, 순환출자체계는 간단히 말해서 규모의 경제 달성을 위한 기업들 간의 연대보증 또는 보험이라고 볼 수 있습니다.

이러한 연대보증의 장점은 한 기업에 문제가 생기더라도 관련 산업의 다른 기업들의 주식을 보유하고 있기 때문에 도움을 받아 문제를 해결할 수 있다는 것입니다. 같은 이유로 단점은 그 산업 자체에 문제가 생기게 되면 모두가 한배를 탄 채 같이 침몰할 수밖에 없다는 것입니다.

문제는 1985년 시작된 부동산 가격 급등으로 인해 부동산을 보유하고 있던 기업들의 가치가 같이 오른 데서 시작합니다. 당연히 이 기업들의 주식을 보유하고 있던 기업의 가치도 덩달아 오릅니다. 이는 마치 케이팝 그룹 방탄소년단이 미국에서 큰 인기를 끌자 소속사의 기업가치가 올라가고 그 소속사의 지분을 가지고 있던 기업의 가치도 같이 올라간 것과 유사합니다.

이렇듯 부동산 가격상승은 부동산 보유 기업들의 주가상승으로 이어지고 이 기업들의 주식을 보유하고 있는 기업들의 주가상승을 부추기는 피드백 효과를 낳습니다. 결국 수평적 비즈니스 협력을 통한 산업경쟁력 증진을 가능하게 해주었던 순환출자체계는 지분관계가 엮여 있는 기업들의 주가상승 피드백 고리를 만들어 일본 기업들의 시스템 리스크를 극대화시킵니다. 모두가 한배에 타게 한 것이지요.

플라자 합의로 엔화가 고평가되자 일본의 수출기업들은 매출에 직접적인 타격을 입습니다. 이들 기업의 주가는 폭락했고, 실적이 나쁘고 전망 또한 좋지 않던 이들 기업은 사실상 주식시장을 통해 투자금을 조달하는 게 불

**시스템 리스크**
결제 시스템에 참여하고 있는 한 금융기관의 도산 또는 일시적인 유동성 부족으로 인한 결제 불능이 연쇄적으로 다른 참가기관의 결제 불능을 유발시켜 결제 시스템 전체의 기능 마비를 초래할 수 있는 위험을 의미한다. 금융기관들이 자산을 공유하거나 지분관계가 얽혀 있으면 시스템 리스크는 심화한다.

가능해집니다. 이에 일본 대장성은 기업들이 투자금을 쉽게 조달할 수 있도록 도와주기 위해 인위적인 증시 부양을 시도합니다.

우리나라도 그렇지만 일본은 국가에 대한 믿음이 굉장히 강한 나라이고, 그렇다 보니 우체국 예금이 국민 저축에서 큰 부분을 차지했습니다. 1980년대 일본의 우체국 예금은 면세였기 때문에 더 많은 자금이 들어와 있었습니다. 대장성은 주식시장에 자금을 유입시키기 위해 우체국 예금에 대한 면세 제도를 폐지해버립니다. 게다가 일본의 4대 증권사였던 노무라, 다이와, 야마이치, 니코가 테마주를 띄우도록 유도합니다.

우체국 예금으로부터 유입된 풍부한 자금과 테마주 열풍에 힘입어 일본 주식시장은 무서울 만큼 활기를 띱니다. 평균 주가수익비율은 100배가 넘어가고, 주식가격은 가파르게 올라갑니다. 당시 민영화를 추진하고 있던 일본의 국적항공사 JAL은 민영화라는 테마와 국적항공사라는 신뢰를 바탕으로 투심을 사로잡은 결과 주가수익비율 400배를 달성하는 기염을 토합니다. 참고로 현재 코스피의 주가수익비율은 9~13 사이를 오가고 있습니다. 물론 현재에 비해 1980년대 후반은 금리와 인플레이션이 높았기 때문에 직접적인 비교가 어렵지만, 그래도 10배 가까운 차이는 25년의 간극과 차이를 감안하더라도 당시 상황이 정상적이지 않았음을 직관적으로 보여주는 수치입니다.

은행은 자금을 가지고 있지만 현재 소비하지 않는 사람들에게 여유자금을 예치 받아 자본이 필요한 기업에 대출해주고 이자와 수수료를 받는 비즈니스를 영위합니다. 그렇기 때문에 은행이 일으킬 수 있는 대출 규모는 은행의 수익성에 직결됩니다. 그러나 과도하게 대출을 해주면 은행은 가지고 있는 자금이 부족해져서 예금을 찾으려는 고객에게 돈을 지급해주지 못하는 지급불능에 빠지게 되기 때문에, 세계 대부분의 국가들은 은행의 재무건전성을 확보하기 위해 은행의 대출 규모가 은행의 자기자본 규모에 대비해 일정 비율을 넘을 수 없도록 강력히 규제하고 있습니다.

그런데 일본 정부는 일본 기업들이 서로가 서로의 지분을 보유하고 있는 특수한 순환출자적인 기업지배구조를 반영하는 취지의 정책을 내놓습니다. 기업이 보유한 다른 기업의 지분가치가 올라가면 해당 주식을 판매해 이익을 실현하지 않고 그대로 보유하고 있더라도 보유 주식의 가격 상승으로 인한 미실현이익의 45퍼센트를 자기자본으로 인정받을 수 있도록 조치한 것입니다.

이 정책은 일본 은행들의 대출 확장에 기름을 붓는 결과를 가져옵니다. 앞서 언급했듯이 일본 기업들은 서로가 서로의 지분을 보유하고 있었습니다. 특히나 일본의 주요 은행들이 보유하고 있던 일본 기업의 지분은 37퍼센트에 달했습니다. 이는 거의 대부분의 일본 기업들이 자국 은행에서 주식자본을 조달하고 있었음을 뜻합니다. 은행들이 보유하고 있던 다른 일본 기업들의 주가가 폭등하자 일본 주요 은행들의 보유 자산 가치는 빠르게 증가합니다. 여기에 일본 정부의 미실현이익의 45퍼센트를 자기자본으로 인정해주는 정책이 더해지자 일본 은행들이 인정받을 수 있는 자본 규모 또한 빠르게 증가했습니다.

이는 은행들의 대출 확대로 이어집니다. 은행들의 대출 규모는 해당 은행의 자기자본 규모에 따라 결정되었기 때문에 자기자본의 증가가 대출 규모의 확대로 이어졌던 것입니다. 이로 인해 시장에는 과도한 대출이 풀리게 되고, 1985년부터 1989년까지 4년 동안 새로 공급된 대출은 1700조 엔, 당시 일본 총 GDP의 네 배에 달했습니다. 1985년 1만 포인트였던 니케이 지수는 1989년 4만까지 상승했습니다. 이에 반해 배당은 주가의 상승 속도를 따라가지 못해 주가 대비 배당수익률은 0.4퍼센트밖에 되지 못합니다.

> **니케이 지수**
> 1971년부터 일본의 니혼게이자이(日本經濟) 신문사가 발표하는 도쿄증권거래소 주요 주가의 지수. 도쿄증권거래소에 상장된 주식 중 유동성이 높은 225개 종목을 대상으로 발표가 이뤄진다.

## 완만한 버블 붕괴 이후 찾아온 장기불황

4년의 시간 동안 주가지수가 네 배 오른다면 누구나 버블을 의심할 수밖에 없을 것입니다. 1989년 일본에 투자했던 투자자들도 마찬가지였습니다. 이 버블이 언제 꺼질지 몰라 모두가 불안에 떨었지만, 그와 동시에 주가가 더 오를 수도 있다는 생각에 먼저 매각을 시작하지 못하고 있었습니다. 이런 상황에서 1989년, 조지 소로스는 일본의 주가가 지나치게 높다고 이야기하며 투자금을 회수하기 시작합니다.

물론 일본 정부도 이러한 상황을 인지하고 있었습니다. 명백한 버블에 대한 대응으로 일본 중앙은행은 1989년 초 2.5퍼센트였던 금리를 그해 12월까지 4.25퍼센트로 인상합니다. 이듬해인 1990년 8월에는 6퍼센트까지 추가로 인상합니다. 급격한 기준금리 인상으로 인해 일본 국채수익률은 7퍼센트를 찍습니다. 주식시장에 버블이 의심되는데 금리가 올라 대출을 통해 주식시장으로 추가자금이 유입되기가 어려워지고 채권의 수익률은 오른다면, 투자자들은 어떻게 할까요? 당연히 주식시장에서 자금을 빼 채권시장으로 이동할 것입니다. 1989년 말, 1990년 초 일본에서는 정확히 이런 일이 일어납니다. 니케이 지수는 1990년 8월에 2만 포인트까지 급락하고, 미처 대응하지 못한 투자자들은 지옥을 맛봅니다.

주식시장의 거품에 대응한 일본 정부는 여기에 그치지 않고 1990년 3월 '부동산 융자에 대한 총량 규제'라는 부동산 규제를 도입합니다. 이 규제의 핵심은 부동산 시장에 대출해주는 신규 대출량의 증가율은 현재 부동산 총대출량의 증가율을 넘길 수 없다는 것이었습니다. 신규 대출 증가가 총대출 증가를 넘지 못하면 시간이 갈수록 대출 총량은 줄어들게 됩니다. 이 규제로 인해 일본 부동산 시장에 대출된 유동성은 빠르게 감소하기 시작합니다.

부동산 시장에 대출금이 감소하기 시작하자 대출에 기초해 부동산 프로젝트를 진행하던 기업들은 자금줄이 막혀 가장 먼저 타격을 받습니다. 물론 신규 프로젝트는 급감합니다. 이로 인해 부동산 시장에는 불안감이 팽배하고 부동산 가격이 떨어지기 시작합니다. 부동산 가격이 떨어지기 시작하자 대출을 받아 부동산을 구매했던 개인과 기업들은 부동산을 매각해야만 하는 상황이 벌어집니다. 이렇듯 부동산 매각을 통한 공급이 늘어나자 다시 가격이 떨어지는 악순환이 시작되면서 부동산 버블 또한 붕괴합니다.

버블이 붕괴되는 기간 동안 약 631조 원 정도의 자산가치가 사라졌고, 민간소비, 투자, 대출이 모두 줄어듭니다. 소비가 일어나지 않자 기업의 매출은 감소하고, 투자와 대출이 줄자 기업의 자본조달이 어려워져 기업 가치가 하락합니다. 문제는 일본 기업들은 서로가 서로의 지분을 가지고 있었다는 점입니다. 즉 주식 전반의 가치하락은 다시 은행들의 보유지분 가치하락으로 이어지고, 지분 가치가 줄었으니 가능한 추가 대출도 줄어드는 악순환이 반복됩니다.

이러한 악순환은 정확히 상승장의 반대 사이클로 순환출자로 인해 시스템 리스크가 극대화되었기 때문에 나타났습니다. 1980년대 하반기에 시스템 리스크를 극대화시켜 인위적으로 주가를 부양하면서 정책적·경제적 이득을 얻을 수 있었다면, 똑같은 이유로 1990년대 초에는 주가 하락이 심화하는 결과를 낳았습니다.

일본 버블의 큰 특징은 정부가 주도한 버블이었다는 점과 붕괴가 서서히 일어났다는 점입니다. 1991년부터 1993년까지 3년간 붕괴되었는데 그 기간이 다른 버블 붕괴에 비해 매우 길었습니다. 이는 정부의 인위적·직접적 개입으로 나타난 현상이었습니다.

버블을 의도하고 그 형성과정에 깊게 간여했던 일본 대장성과 중앙은행은 버블이 붕괴하는 과정에도 개입해서 폭락을 막습니다. 자산 가격의 급격한 하락은 대공황이나 다른 수많은 버블의 사례들에서 보았듯이 뱅크런을 유발해 금융기관의 파산을 가져오고 투자자들의 손실을 강요할 수 있기 때문입니다. 이에 따라 금융위기가 실물경제로 옮겨 갈 여지를 줄 수 있기 때문에 내수시장을 통한 경제성장 정책을 취하는 일본으로서는 완만한 버블 붕괴는 매력적인 선택이었습니다.

대장성은 증권사들에게 유상증자, 신주인수권부사채 등과 같은

**신주인수권부사채**
**(Bond with Warrant)**
기업이 자금조달을 위해 발행하는 채권으로, 일정 기간 동안 미리 정해진 가격으로 주식을 살 수 있는 권리인 신주인수권(워런트)이 함께 부여되는 사채. 대개 주식 발행 가격보다 신주인수권부사채 발행 가격이 낮다.

주가를 내려가게 할 수 있는 금융 중개 활동을 자제시켰습니다. 그와 동시에 보험사들에게 주식을 매수하도록 지시합니다. 또한 담보 주식의 가치 인정 비율을 30퍼센트에서 50퍼센트로 확대해주어 기업들이 주식을 계속 보유할 이유를 만들어줍니다. 이러한 대장성의 노력 덕분에 주식시장에서 자금이 급속하게 빠져나가지 않았고, 그로 인해 금융기관이 파산하거나 투자자들이 단기간에 극단적인 손실을 입지 않을 수 있었습니다. 또한 금융위기가 실물경제로 옮겨 가지 않아 내수에도 큰 타격이 없었습니다.

여기까지만 보면 버블을 완만하게 꺼지게 한 일본 정부의 선택은 옳았다고 생각할 수 있습니다. 금융기관, 투자자 그리고 실물경제가 입을 수 있는 피해를 최소화시켰기 때문입니다. 그러나 빛이 있으면 어둠이 있는 법, 대장성의 개입으로 인한 완만한 버블 해소는 일본에 '잃어버린 30년'을 가져왔습니다.

앞서 살펴보았던 여러 버블의 사례를 보면 유사점이 있습니다. IT 버블, 남해회사 버블, 대공황, 니커보커 사태, 아시아 외환위기, 2008년 금융위기는 모두 급하게 버블 상황이 가라앉았고, 그 이후 1년 내로 경제가 안정을 되찾았습니다. 이에 반해 일본 버블이 꺼지고 난 후 일본 경제는 10년 동안 장기침체를 경험합니다.

시스템이 완만하게 붕괴하자 금융기관들은 자산 가격이 계속해서 떨어질 것으로 예상하고 자금을 보수적으로 운용합니다. 고객들이 은행에 예치한 돈을 주식이나 부동산과 같은 공격적 자산을 구매하는 데 사용하지 않고 대장성의 국채를 구입하는 데 사용하는 식입니다. 결국 경제에 자금을 순환시키는 역할을 해야 하는 금융기관이 오히려 자금을 가두어두는 금고 역할을 하게 됩니다. 버블의 완만한 붕괴로 인해 금융기관들은 불안감이 커지고 자신감을 잃은 것입니다.

추가로 돈을 빌리기가 어려워진 기업은 채무를 상환하는 데 집중합니다. 그러다 보니 제 본연의 비즈니스를 추구하는 데 온전히 노력하지 못하게 됩니다. 기업은 비즈니스 자체보다 안정적으로 자본을 확보하는 데 더 많은 노력을 기울이고 금융기관은 돈이 있어도 그 돈을 기업에 제공하지 않으니, 정부에서 시장에 아무리 돈을 풀어도 돈이 순환되지 않고 투자나 소비가 일어나지 않습니다. 이러한 현상을 두고 노무라종합연구소의 수석연구원 리처드 쿠 Richard Koo는 '대차대조표 불황'이라고 불렀습니다.

이런 상황에서는 빚이 경제를 너무 크게 짓누른 나머지, 모든 경제주체가 이익최대화가 아니라 채무변제를 최우선 목표로 둡니다. 자산 가격이 떨어진 탓에, 빌린 돈을 빨리 갚아나가지 않으면 장부에 보유한 자산보다 채무가 더 많은 것으로 표시되기 때문입니다. 영업수익과 현금 흐름이 좋은 사업이라도 일단 장부상의 자산 규모가 채무량보다 적은 것으로 표시된다면 사업자들 간에 신뢰를 유지하기가 더 어려워집니다. 리처드 쿠는 이를 타개하려면 통화정책이 아니라 정부의 광범위한 재정정책만이 효과를 발휘한다고 주장합니다. 이에 대해서는 글로벌 금융위기에 대응했던 미 재무부 장관 헨리 폴슨, 티머시 가이트너, 그리고 연준 의장이었던 벤 버냉키도 동일한 의견을 보였습니다.

## 사업을 살린 아베 슈헤이의 투자 철학

남해회사 버블 사례에서 보았듯이, 뉴턴은 돈을 잃었고 헨델은 돈을 벌었습니다. 마찬가지로 일본의 자산 가격이 빠지면서 금융기관들의 보수화가 일어나고 많은 기업과 투자자가 장기 손실을 보게 되는 과정에서도 역시나 '아베 슈헤이'라는 승리자가 있었습니다.

스팍스 그룹 회장으로 유명한 아베 슈헤이는 미국의 보스턴 주립대를 졸업하고 노무라 증권 영업팀에서 커리어를 시작했습니다. 이 당시 슈헤이의 고객이었던 스위스 유니언 은행에서 일하던 칼람을 알게 되는데, 칼람은 그리스의 부호 마브로마티스의 자산을 관리할 투자회사를 슈헤이와 함께 만들기로 합니다. 그런데 회사 설립 과정에서 칼람과 마브로마티스의 관계가 틀어지고 맙니다. 1985년 초 칼람은 회사를 옮기고, 슈웨이는 홀로 남아 회사 설립을 마무리합니다. 슈헤이는 투자를 철회하기로 했던 마브로마티스를 다시 설득해 1,000만 달러를 위탁받는 데 성공했고, 비록 칼람은 떠났지만 자신의 비즈니스를 시작할 수 있었습니다. 슈헤이는 저평가되었지만 튼튼한 실적을 보여준 건설주를 중심으로 포트폴리오를 구성합니다. 그리고 1985년 9월 22일 플라자 합의가 발표됩니다.

우리가 이미 잘 알고 있듯이 플라자 합의로 인해 엔화는 고평가되고 일본의 수출기업들은 가격경쟁력을 잃어버립니다. 슈헤이의 가장 큰 투자자인 마브로마티스는 일본 증시에 대해 큰 우려를 나타냅니다. 다만 일본 정부가 내수시장으로 산업구조를 재편하는 과정에서 금리를 낮추고 부동산 시장을 활성화시켰기 때문에, 저평가된 건설사들로 이루어진 슈헤이의 포트폴리오는 굉장히 유리한 포지션을 점하고 있었습니다. 슈헤이는 마브로마티스에게 "좋은 실적을 보여준 기업들은 변화하는 환경에 적응해 결과를 도출할 것이라고 믿는다"[20]라고 이야기했으나 일본 증시가 폭락할 것을 우려한 마브로마티스는 투자금을 회수했고, 설립 5개월 만에 슈헤이의 사업은 위기를 맞게 됩니다.

슈헤이는 이에 굴하지 않고 일본의 시장, 기업, 정책방향에 기반한 새로운 투자 아이디어를 떠올립니다. 정부가 〈마에카와 보고서〉에 기반해 내수경제 확장정책을 실행하려면 철도, 항만 등 사회간접시설을 건설해야 했습니다. 또한 고평가된 엔화가 낳은 높은 인건비 때문에 공장들이 해외로 이전한 탓에 인구가 도시로 집중되고 있었습니다. 슈헤이는 이러한 정책과 사회상황을 고려할 때 부동산 가격이 폭등하리라 예상했습니다. 그렇다면 부동산을 많이 보유하고 있는 철도기업들은 주가가 올라야만 한다는 결론을 내렸습니다.

물론 고평가된 엔화로 인해 일본에 거시경제적 위험이 닥칠 수는 있겠지만 좋은 경영진과 훌륭한 실적을 가진 좋은 기업들이라면 급변하는 거시경제 상황에 잘 적응해 내수 활황의 과실을 누릴 수 있다는 것이 슈헤이의 생각이었습니다. 이러한 투자 철학이 담긴 보고서를 이반 보스키Ivan Boesky, 조지 소로스 등 당시 미국의 주요 투자자들에게 보냈고, 소로스는 슈헤이의 관점을 '번뜩이는spark 아이디어'라 평가하며 1억 달러를 위탁합니다.

결과적으로 소로스의 1억 달러는 1년 만에 5억 달러로 불었습니다. 1987년 블랙먼데이에 미국에서 주가 폭락이 발생했지만 일본의

**블랙먼데이(Black Monday)**
1987년 10월 19일 월요일에 뉴욕증권시장에서 일어난 주가 대폭락 사건. 하루 만에 주가가 22.6퍼센트 떨어졌다. 현재는 시장의 과도한 쏠림이나 구조적인 문제로 나타나는 시장의 급락을 지칭하는 일반명사로 쓰인다.

증시는 계속해서 올랐고, 소로스는 일본 증시가 버블이라 판단해 자금을 회수합니다. 소로스는 자신에게 큰돈을 벌게 해준 슈헤이가 뉴욕이나 런던에서 자신을 위해 일하기를 원했으나 슈헤이는 일본에 남아 스팍스 Sparx 라는 투자자문사를 설립합니다. 소로스가 슈헤이의 아이디어를 '번뜩인다'라고 한 표현에서 이름을 가져왔다고 합니다.

이후 슈헤이는 1989년 일본에서 완만한 버블 붕괴가 일어날 때 상대적으로 훌륭한 실적을 냅니다. 그리고 이러한 역량을 인정받아 크레딧 스위스, 중동 국부펀드 등에서 대규모 투자금을 유치할 수 있었습니다.

### 우리가 알아야 할 것들

**1. 재정 및 통화 정책은 버블을 만들 수 있다.**

일본 버블의 사례에서 보았듯이 일본의 대장성은 시스템 리스크를 극대화시켜 서로가 서로의 가치를 높여주는 체제를 구축했습니다. 또한 우체국 예금의 면세를 폐지하고 증권사들에게 테마주 선동을 지시해 인위적으로 증시를 부양습니다. 마지막으로 일본은행의 기업 보유지분에 대한 미실현이익의 45퍼센트를 자본으로 인정받을 수 있도록 설정해 버블을 인위적으로 부양했습니다.

2. **수출품 가격 경쟁력을 확보하는 높은 환율은 수출 중심 경제성장의 핵심 전략이다.**

   일본은 엔화를 인위적으로 저평가해 달러 대비 높은 환율을 유지함으로써 미국인들에게 자국의 상품을 저렴하게 구매할 수 있도록 유도했습니다. 높은 환율로 인해 일본의 상품이 달러로 값이 매겨질 때 상대적으로 저렴해졌고, 이러한 이유로 일본은 대미무역에서 높은 경상수지 흑자를 유지할 수 있었습니다.

3. **통화가 고평가되면(환율이 떨어지면) 경상수지는 왜 적자가 발생할까?**

   반대로 미국의 경우 달러가 엔화 대비 고평가되어 있었기 때문에 같은 이유로 미국의 상품은 일본인들에게 상대적으로 비싸졌습니다. 미국인들의 경우 일본 상품을 저렴한 가격에 즐길 수 있었기 때문에 계속해서 일본으로부터 상품을 구매했고, 이에 따라 경상수지 적자가 발생했습니다.

4. **제조업이 쇠퇴하고 서비스업 중심으로 산업구조가 재편됨에 따라 도시로 인구가 집중되면 부동산 가격을 상승시킬 수 있다.**

   제조업이 쇠퇴하고 공장들이 인건비 부담을 줄이려고 해외로 이전하면 일자리를 찾아 지방 인구가 도시로 모이게 됩니다. 이런 과정에서 도시에 집중된 많은 인구를 부양하기 위해 서비스업 중심으로 국가 산업구조가 재편됩니다. 서비스업이 성장하면 도시는 더 많은 인구를 부양할 수 있게 되어 도시로 사람들이 쏠리는 현상이 심해지고, 이 과정에서 부동산 가격은 올라갑니다.

5. **정부는 버블로 인한 폭락을 지연시킬 수 있다.**

    일본의 주식과 부동산 가격은 이전 버블들과는 다른 형태로 붕괴합니다. 1989년 말에 시작된 버블 붕괴는 1992년 6월까지 점진적으로 발생합니다. 대장성은 일본 주요 증권사에 압력을 가해 유상증자, 신주인수권부사채 등 주가에 하방 압력을 줄 수 있는 금융 중개 활동을 억제합니다. 또한 행정지도를 통해 보험사들이 주식을 매수하게 만들면서 담보 주식의 가치 인정 비율도 30퍼센트에서 50퍼센트로 확대해줍니다.

6. **저성장 국면에서도 수익을 낼 수 있는 투자 방법은 무엇이 있을까?**

    아베 슈헤이는 니케이 지수가 2만 5,000을 넘어 버블이 꺼질 수도 있다는 경고와 미국에서 발생한 블랙먼데이로 글로벌 증시가 하락하는 와중에도 비상장 기업으로 투자 범위를 넓히고 적응력이 뛰어난 기업을 발굴해 위험에 더 인내할 수 있는 새로운 투자자를 확보하는 데 성공하고 훌륭한 투자 실적을 기록합니다. 좋은 기업은 저성장 국면의 다양한 악재와 변화에 대응하면서 이익을 낼 수 있다는 그의 투자 철학은 뉴노멀의 시대를 살고 있는 우리에게 많은 시사점을 줄 수 있습니다.

# 2부.

# 어떻게 부의 흐름을 읽어낼 것인가

## 버블의 교훈

8장

# 그렇게 버블이 만들어진다

**버블의 패턴**

버블이라고 이름 붙은 사건들에는 제 나름의 맥락이 존재합니다. 즉, 투자자들의 광기, 묻지 마 투자, 시장과열 등과 같은 이름으로 불리기에는 조금 더 복합적이면서도 다층적인 이유가 있습니다. 앞서 살펴본 남해회사 버블, 1997년 아시아 금융위기, 2008년 금융위기, 1980년대 일본 버블 경제 등의 경우에는 정치적 의도를 가진 정책방향이 부분적으로 버블 형성에 기여했으며, 대공황, IT 버블은 낙관을 토대로 과도하게 팽창된 신용이 더 이상 실물경제의 생산성에 기여하지 못함에 따라 주식시장이 붕괴했지요.

  세부적으로 원인들을 상세히 서술할 수는 있겠으나, 원인들을 이해한다고 해서 시장의 타이밍을 예측할 수 있는 것은 아닙니다. 서문에서 말했듯이, 버블을 발생시킬 수 있는 맥락들을 이해한 후 실제 투자에서 자신의 상황에 맞게 응용하는 것이 더욱 중요합니다. 이번 장에서는 버블을 발생시키는 조금 더 일반적인 패턴들을 되짚어보고자 합니다.

## 신규 투자자의 유입 패턴

우선 버블이라는 사건이 반복적으로 나타나는 보편적인 원인에 대해 이야기해보려고 합니다. 이는 보통 부를 창출할 수 있을 것으로 여겨지는 투자 아이디어에서부터 시작합니다. 그리고 이 투자 아이디어를 적극적으로 퍼뜨리는 인물들이 금융중개인입니다.

투자은행 및 증권사는 기본적으로 중개수수료를 받는 비즈니스 기업입니다. 즉 주식거래가 많이 일어날수록 투자은행의 수익성은 높아집니다. 부동산 시장에서도 마찬가지입니다. 부동산 거래가 빈번할수록 중개인의 이익 창출 기회도 늘어나겠지요. 그래서 새로운 정보를 지속적으로 배포하고, 사람들이 이 정보에 반응하도록 만들어야 합니다. 가장 효율적인 방법은 공포감을 조성하는 것입니다. 흔히 포모 Fear Of Missing Out, FOMO 라고 부르는데, 훌륭한 투자 기회를 날려버릴지도 모른다는 두려움과 멍청하게 투자 기회를 놓쳤다는 낙인을 받기 싫은 심리를 이용하는 것이지요. 그리고 "이번엔 다르다"는 현혹된 말로 무엇이 다른지 설명하면서, 투자은행이 더욱 많은 수익을 창출할 수 있도록 유도합니다.

진짜 문제는 새로운 투자자들의 유입입니다. 전문투자자들은 독자적으로 정보를 판단할 수 있기 때문에 "이번엔 다르다"라는 말에 속지 않습니다. 그러나 증시가 일시적으로 상승세에 있거나, 경제호황으로 가계에 훨씬 더 많은 저축이 가능해졌을 때, 금융시장에는 신규 투자자가 진입합니다. 이들은 기업의 내재가치를 판단하거나 거시경제가 장기적으로 기업의 수익창출 능력에 미치는 영향을 쉽사리 이해하지 못하기 때문에 다른 사람들과 동일한 투자 의사결정을 내리게 됩니다. 특히 이들의 수가 급작스럽게 늘어날 경우 주가 및 부동산 가격은 적정가격에서 이탈하고 거품이 끼기 시작합니다.

물론, 공매도를 활용하는 투자자들이 존재하기 때문에 거품이 사전에 방지되는 경우도 있습니다. 그러나 신규 투자자들의 거래가 더 많거나 시중에 공매 가능한 주식이 부족할 경우 거품은 지속됩니다. 그리고 이 거품은 신용팽창으로 더욱 증폭됩니다.

1929년 대공황의 사례를 다시 들여다보겠습니다. 1920년대 초중반의 미국 경제는 분명 호황기에 있었습니다. 사람들은 높은 소득을 누릴 수 있었고, 소비를 하고 남은 돈을 주식시장에 투자했지요. 이 당시 수많은 신규 투자자가 주식시장에 참여하게 됩니다. 그리고 경기도 호황이었기 때문에 대출이 쉬웠고, 증거금을 활용한 매수가 빈번했습니다. 그러나 주식시장의 상승세가 실물경제에 비해 급격히 상승하는 순간부터 버블의 규모는 커집니다. 즉 주식시장의 신규 참여자 수는 줄어들고, 낙관을 떠받치는 근거들이 하나둘 제거되기 시작합니다. 결국 경제가 호황이라 할지라도, 정당화할 수 없는 수준으로 금융시장이 과열되면 그 끝은 버블 붕괴입니다. 특히 부정적인 정보는 훨씬 더 빠르게 전파되기 때문에, 작은 악재로도 주식가격은 빠르게 추락합니다. 그래서 주식에 관심이 없던 사람들의 상당수가 주식에 관심을 가지기 시작하는 시점이 버블의 시작을 알리는 강력한 신호탄으로 인식됩니다. 이때부터는 공매도 세력들도 주식시장의 이상 과열을 잡아낼 자금 여력이 부족해집니다.

## 어떻게 감정이 투자로 이어지는가

그렇다면, 신규 투자자들은 어떤 과정을 통해 투자를 하게 되는 것일까요? '이번 기회를 놓치게 될지도 모른다'는 감정이 작동하는 방식부터 고려해보겠습니다. 우리가 삶에서 어떤 기회를 맞닥뜨렸을 때, 기회를 놓친 것에 대한 결과를 인식하기는 어렵습니다. 예를 들면, 두 기업으로부터 입사 제안을 받았다고 가정해보겠습니다. 한 회사를 선택하고 나면, 선택하지 않은 회사에서 발생했을 기회들은 그저 상상에 불과할 뿐, 구체적으로 시각화하긴 어렵습니다. 그러나 주식시장에서 발생하는 가격 변화는 언제든지 관찰될 수 있으며, 그 가격 변화가 급격할 경우 우리에게 미치는 감정적 영향은 훨씬 더 강력합니다. 주식시장을 볼 때마다 '놓친 기회'가 계속해서 눈에 들어오는 것이지요. 그러니 처음 주식시장에서 거래를 하는 사람들은 이 감정에 쉽게 사로잡히게 됩니다.

그러나 기회를 놓쳐서 아쉬운 감정만으로 투자를 하게 되지는 않을 것입니다. 누군가는 투자에 관심도 없는데 주변 사람들에게 등떠밀려 투자를 하게 된 사람들도 있을 테지요. 즉 사회적 상호작용을 통해 개인이 투자에 대한 의사결정을 내리는 방법도 다양할 것입니다. 특히 정확한 정보를 알지 못하는 상태에서 투자 의사결정을 내리는 프로세스에 관해서는 폰지 Ponzi 사건을 조사함으로써 더 깊게 이해할 수 있습니다. 이에 관해 흥미로운 실증연구 결과가 있습니다.

폰지라는 용어는 주로 폰지 사기 Ponzi Scheme 와 관련해 사용되지만, 더 넓은 의미에서는 투자와 금융의 맥락에서 신규 자금의 지속적인 유입이 필요한 금융 구조를 의미할 수도 있습니다. 이 용어는 1920년대 미국에서 대규모 금융 사기를 저지른 찰스 폰지 Charles Ponzi 의 이름에서 유래했습니다. 그는 국제 우편환 IRC을 이용한 투자 기회를 내세워 단기간에 높은 수익을 약속하며 투자자들을 모집했으나, 실제로는 신규 투자자의 돈을 기존 투자자들에게 배당금으로 지급하는 방식을 사용했습니다. 이처럼 외부에서 새로운 자금이 지속적으로 유입되어야만 유지될 수 있는 구조를 의미할 때 '폰지'라는 표현이 사용되기도 합니다.

2008년 핀란드에서는 윈캐피타 Wincapita라 불리는 폰지 스캔들이 있었습니다. 이 폰지는 2003년부터 시작됐으며, 무려 핀란드 인구 0.2퍼센트(약 1만 명)이 투자했던 거대한 사건이었습니다. 이 사건이 표면으로 드러나자, 여기에 투자했던 투자자들을 대상으로 경찰이 조사를 진행했습니다. 그리고 이 경찰조사에서 개개인의 나이, 소득, 교육 수준 등의 인적사항들이 수집되었으며, 정보가 확산된 경위를 추적하는 연구가 이루어졌습니다. 3,000명이 넘는 사람들이 경찰조사에서 진술했으며, 이를 통해 수집된 정보량이 무려 5만 3,000페이지에 달했습니다.

해당 사건의 세부사항에 대해 더 들여다보겠습니다. 윈캐피타는 온라인을 통해 불특정 다수로부터는 투자를 받지 않았으며, 반드시 스폰서(투자자에게 윈캐피타 투자 가입을 제안한 사람)가 있어야 했습니다. 스폰서는 투자자(스폰서로부터 투자 제안을 받아 윈캐피타에 참여한 사람)가 윈캐피타에 투자할 경우 투자금에서 발생한 수익의 20퍼센트를 지급받고, 70퍼센트는 투자자, 남은 10퍼센트는 원캐피타 운용수수료로 배분되는 구조였습니다. 그리고 폰지구조의 네트워크를 추적한 결과, 대부분의 스폰서-투자자 관계는 실제로 친분이 있는 사이였으며, 정보가 대면으로 전달되는 형태였습니다. 해당 연구는 투자정보가 퍼지는 방식 중에서도 대면을 통해 전달되는 투자정보의 전파 과정을 확인할 수 있다는 점에서 상당히 흥미롭습니다.

스폰서의 특성, 투자자의 소득, 스폰서와 투자자의 성별, 상대적 교육수준 등 다양한 변수를 통제해 분석해보니 흥미로운 결과가 몇 가지 관찰되었습니다. 스폰서와 투자자의 관계를 살펴보면, 스폰서가 투자자보다 소득이 미세하게 높고 인간관계가 조금 더 넓을 뿐, 그 외 나이, 교육수준 등에서 별다른 차이가 없었습니다. 다만, 스폰서와 투자자의 관계는 보통 같은 성별이었습니다. 이러한 정보들을 바탕으로 보건대, 상대적으로 비슷한 사람들끼리 정보를 주고받으며 투자 의사결정을 하는 것처럼 보였습니다. 만약 투자자들이 학력이 높은 사람들로부터 받은 정보만을 바탕으로 투자했다면, 스폰서와 투자자 관계에서 교육수준이 유의미하게 특정 패턴을 보인다는 통계 분석 결과가 나타났을 것이기 때문입니다.

더 흥미로운 점은 투자금의 규모입니다. 해당 분석에서는 투자자의 연간소득 대비 투자금 규모를 살펴보았는데, 투자금을 급격히 높이는 요인은 상대적 소득 차이였습니다. 자세히 말하자면, 스폰서의 소득이 투자자의 소득보다 '약간' 더 높으면 투자금 규모가 확 증가했습니다. 반면 스폰서의 소득이 투자자에 비해 더 적거나 압도적으로 크면 투자금 규모가 줄어들었습니다. 또 다른 변수는 투자자의 지역 내

소득분포였습니다. 투자자의 소득이 투자자가 사는 동네의 중간값 미만인 경우, 투자자는 투자 규모를 늘리는 것으로 나타났습니다. 즉 비교대상과 차이가 크진 않지만 뒤처질 때, 투자자들은 투자 규모를 키운다는 것입니다. 자신의 상대적 지위에 대한 불만이 더 과감하게 리스크를 추구하게 만든 것입니다. 이는 돈을 무리하게 투자하는 것뿐 아니라, 폰지 사기의 규모가 더 커지고 오래 지속되는 데 영양분을 제공하는 셈이지요.[21]

미국의 버나드 메이도프 Bernard Madoff가 설계한 대규모 폰지사건은 또 다른 면을 조명합니다. 메이도프는 거대한 주식거래중개기업 메이도프 투자증권의 설립자이자 회장이었으며, 나스닥 회장까지 역임한 이력이 있는 월가의 거물이었습니다. 그런 그가 새로운 펀드를 출시했으며, 해당 펀드가 엄청난 수익률을 기록하고 있다는 사실이 알려졌습니다. 더 놀라운 것은, 시간이 지나도 펀드의 수익률 기록이 별다른 등락 없이 안정적으로 우상향했다는 것입니다. 이는 마치 다른 상품들보다 수익률도 좋은데 손실위험마저 없는 것처럼 보였습니다.

메이도프는 한 인터뷰에서 자신이 운영하는 펀드가 안정적이면서도 기록적인 수익률을 내는 비법이라며 투자전략을 친절히 설명합니다. 이에 몇몇 투자전문가가 메이도프가 공식적으로 내놓은 투자전략을 따라 투자 포트폴리오를 시뮬레이션해보았으나, 실제로 메이도프 펀드의 수익률과 전혀 다른 형태의 수익률 패턴이 나왔습니다.[22] 그러나 메이도프의 지위와 (사실은 조작된) 수익률이 너무도 놀라웠던 나머지, 관련된 의문들은 쉽게 묻혔습니다. 실제로 메이도프 펀드는 현금을 들고만 있을 뿐, 아무런 투자도 하지 않았습니다. 결국 메이도프의 평판만 믿고 투자했던 사람들은 금융사기의 희생자로 전락할 뿐이었습니다.

우리는 무언가를 선택할 때 타인의 조언을 받을 수 있겠지만, 투자를 고려할 때는 정보제공자의 신뢰성뿐 아니라 투자안 그 자체에 대해서도 독립적으로 판단할 필요가 있습니다. 투자자들이 세부사항을 검토하지 않을수록, 사기꾼들은 가짜 수익률 정보로 더 많은 투자자들을 끌어들이고자 할 것입니다. 그저 높은 수익에만 집중하거나, 질투심에 무리하게 투자하거나, 또는 의문투성이임에도 사람의 평판만 믿고 투자하는 것은 단순히 돈을 잃고 말고의 문제가 아닙니다. 잘못된 투자라는 게 밝혀지는 순간, 투자정보를 공유한 지인들과의 인간관계까지 훼손되고 맙니다. 또한 이런 묻지 마 투자는 금융 시스템을 왜곡시켜 생산적이지 못한 방식으로 자금을 융통하며, 투자에 가담하지 않은 이들까지도 간접적인 피해를 보게 합니다. 엄밀한 의사결정은 자신의 재산을 지키는 것뿐 아니라 금융 시스템이 잘 기능하기 위해서도 중요한 일입니다.

## 주가수익비율 지표를 확인해야 하는 이유

어느 정도 투자 경험이 있는 분들은 보통 초기에 시장이 고평가되었다는 느낌을 가집니다. 다만, 이 고평가 추세가 언제 역전될지는 알 수 없습니다. 그러니 이 시기에 투자 포트폴리오를 조심스럽게 재조정할 필요가 있지요. 여러 가지 지표를 확인해야 할 필요가 있겠지만, 할 이야기가 많은 지표 중 하나가 주가수익비율, 즉 PER입니다. PER은 시가총액을 당기순이익으로 나눈 값입니다. 시가총액이 1조 원인 기업이 한 해 동안 500억 원을 벌어들였다면, PER은 20을 기록하겠지요.

PER 지수가 높은 상황을 가정해보겠습니다. 이는 당기순이익 대비 주가가 높은 상황입니다. 보통 세 가지 상황으로 나눠서 생각해볼 수 있습니다. ①미래의 당기순이익이 높아질 것으로 예측되거나, ②당기순이익에 비해 주식가격이 높더라도 시중 이자율이 너무 낮아서 차라리 주식을 사는 게 낫거나, ③과열된 시장이 조정되어 다시 하락할 예정이거나. 실증분석에 따르면, 높은 PER 지표는 주식 보유 수

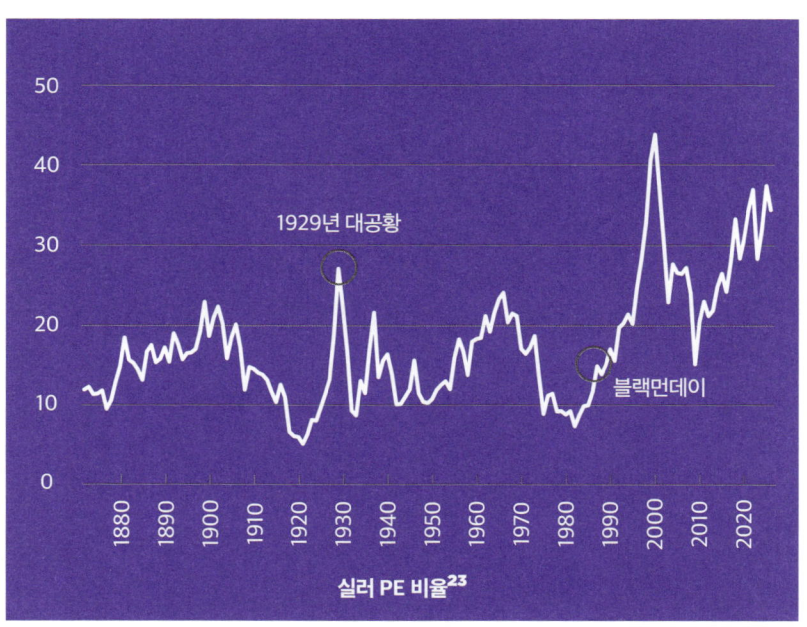

익률이 장기적으로 낮을 것을 강력하게 암시하는 신호입니다.

왜 장기적으로 높은 PER이 지속될 수 없을까요? 첫 번째 상황인 미래 당기순이익의 증가 가능성은 경쟁을 생각해보면 간단합니다. 경쟁이란 본질적으로 기업의 이익 규모를 제한하는 프로세스입니다. 만약 모든 기업이 더 높은 수준의 이익을 얻을 것으로 예상된다면, 더 많은 사람들이 경쟁에 참여하겠지요. 격화된 경쟁은 다시 기업들의 전반적인 이익 수준을 정상범위로 되돌려놓을 수밖에 없습니다.

두 번째 상황은 인플레이션과 연관해 이해할 수 있습니다. 이자율이 지속적으로 낮은 수준이라면, 대출이 쉬워지고 전체적인 자산 가격도 쉽게 오릅니다. 즉 자산소유자들과 노동자들 사이의 빈부격차가 더욱 커집니다. 역사적으로 낮은 이자율에 따른 빈부격차는 정치적 분열을 비롯해 수많은 사회갈등을 야기하는 요소이기도 합니다. 물가가 오르면 국민들의 삶이 더욱 힘들어지기 때문이지요. 따라서 중앙은행의 정책목표 중 하나는 물가안정입니다. 결국 낮은 이자율은 결국 물가안정을 위해 높아지는 순간을 맞이하게 됩니다.

2000년대 초반부터 중반까지 예외적으로 낮은 이자율이 지속되면서도 인플레이션은 낮았던 기간이 있긴 했습니다. 세계화에 의한 분업과 국제금융시장의 연결성이 그 원인이었습니다. 쉽게 말해, 중국과 인도가 국제교역에 더욱 적극적으로 참여하면서 값싼 노동력이 글로벌 공급망에 유입되었고, 이는 제품의 가격상승세를 억제하는 데 기여했습니다. 또한 1997년 동아시아 금융위기로 인해 아시아 국가들이 부채를 활용하는 것을 극도로 꺼리고 국제교역을 통한 경상수지 흑자를 모두 저축하면서 미국 국채금리가 급격히 낮아지는 상황이 발생했습니다.

　당시 몇몇 경제학자들은 이 상황을 보고 거시경제정책을 통해 안정적인 경제 상황을 형성할 수 있다고 판단하기도 했습니다. 그러나 값싼 금리는 결국 2008년 서브프라임 대출로 흘러들어 글로벌 금융위기를 만들어내는 불씨가 되었습니다. 낮은 이자율에 대한 버블도 결국에는 조정되는 시기를 맞이하게 됩니다. 미국의 가치투자의 대가 중 한 명으로 불리는 세스 클라먼Seth Klarman은 2006년 당시 PER 수준이 예상 가능한 시나리오보다 높다고 판단해 관리하던 펀드를 그해 청산했다고 합니다.

## 현금 흐름의 차이 구분하기

앞에서 현금 흐름은 결국 제로섬이라는 말씀을 몇 번 드렸습니다. 이게 굉장히 흥미로운 주제이기 때문에 한번 다뤄보려고 합니다. 우리가 생각하는 부wealth가 자본시장에서 어떻게 형성되고 사라지는지에 대해 알면, 폭락이 발생하는 이유를 이해할 수 있습니다.

　시중에 유통되는 화폐량은 정해져 있습니다. 한국조폐공사에서 계속 화폐를 찍어내긴 하겠지만, 어찌 되었든 무한하진 않습니다. 화폐량은 그대로지만, 유통되는 부의 규모가 증가하도록 만드는 첫 번째 경로는 금융기관입니다. 누군가가 돈을 저축하고, 이 돈을 은행이 다시 대출해주면 예금자는 분명 인출권이라는 부를 소유하고 있으면서도, 대출받은 사람은 대출을 통해 추가적인 구매력이 생기게 됩니다. 이 대출받은 금액으로 어떤 물건을 구매하면, 판매자도 재산이 늘어나겠지요. 즉 시중에 존재하는 화폐보다 더 많은 양의 부가 존재하는 것입니다.

이를 더 증폭시키는 장소가 주식시장입니다. 기업의 시가총액을 예로 들어보겠습니다. 시가총액이 1,000억 원인 기업이 있고, 해당 기업 주식의 주당 가치는 1만 원이라고 한다면, 유통되는 주식 수는 1,000만 주일 것입니다. 이때 기업의 전망이 좋을 것으로 예상되어 갑자기 기업가치가 1조 원으로 뛰었다고 가정해봅시다. 시가총액은 기본적으로 가장 최근에 거래된 주식 한 주의 가격을 바탕으로 계산되기 때문에 기업 전망 변화에 따라 단 몇 명만 거래해도 원래 주식을 가진 사람들의 주식가치가 10배로 불어납니다. 그러나 기업에 대한 전망이 변한 것이지, 발행되는 화폐량은 여전히 그대로입니다. 즉 경기전망이 좋아서 모든 기업이 많은 이익을 거둘 것으로 '기대'가 된다면, PER 지표가 높아지겠지요.

그러나 갑자기 기대가 반전된다면, 사람들은 주식, 예금과 같은 자산들을 현금화하려고 달려들 것입니다. 그러나 말했다시피 현금으로 변환시킬 수 있는 화폐량은 정해져 있기 때문에 유통되던 부의 규모가 갑작스럽게 축소되는 것입니다. 매도세가 쏟아지는 증권을 매수할 수 있는 사람이 없기 때문입니다. 이것이 버블 붕괴 시기에 현금 흐름이 제로섬으로 수렴하는 대략적인 프로세스입니다.

## 과도한 낙관은 부의 신기루일 뿐이다

그렇다면 제한된 화폐량이 버블을 붕괴시키는 요소이며, 중앙은행은 계속해서 시장에 화폐를 공급해야 할까요? 그렇진 않습니다. 생산성이 받쳐주는 환경에서는 금융자산을 현금으로 굳이 전환시킬 필요가 없습니다. 생산성이 향상되는 경제에서는 현금보다는 금융자산이 제공하는 수익이 더 높기 때문이지요. 오히려 기존에 존재하는 부를 화폐로 바꾸려는 동기를 형성하는 요인이 무엇인지 이해해야 합니다.

주식은 기본적으로 기업의 미래 배당금에 대한 청구권입니다. 기업이 미래에 창출할 것으로 예상되는 이익의 규모가 곧 주가에 반영되지요. 즉 주식시장에서 거래하는 투자자 다수가 바라보는 기업의 '전망'이 단기적으로 부를 만들어냅니다. 다시 말해, 기업의 생산 활동에 변화가 없는 상황에서도 투자자 다수가 개별 기업 또는 산업의 전망을 높게 평가하고 주식을 거래하는 행위만으로도 단기적으로 부가 생성됩니다.

이 부는 결론적으로 전망과 실적 사이의 괴리가 확인되면 다시 사라집니다. 이 때문에 단기적으로 형성된 과도한 낙관은 부의 신기루라고 볼 수 있습니다. 이름을 붙인다면 아마도, '낙관적 전망의 단기적 자본화'라고 부를 수 있겠습니다. 특히 전망을 통해 형성된 부가 신용 매수로 발생한 것이라면 금융 시스템 전체에 파괴적인 영향을 가져올 수 있습니다. 투자자의 파산이 신용을 제공한 금융기관의 안정성까지 훼손하기 때문입니다. 그래서 금융기관이 늘 적정 수준의 담보를 요구하는 것은 금융 시스템의 안정성과도 관련이 있습니다.

그러면 전망과 실적 사이의 괴리가 왜 커지는지 자연스레 궁금해질 텐데, 이 궁금증이 다시 신규 투자자의 대규모 진입이 낙관적 전망을 자본화시키는 연결고리 중 하나라고 볼 수 있겠습니다. 그래서 베이비붐 세대의 금융시장 참여가 가끔 주식시장을 갑자기 과열시키는 원인으로 지목받기도 합니다.

다시 IT 버블에서 다루었던 '전망 대 실적'이라는 질문으로 돌아가 보겠습니다. 단기적으로 낙관적 전망에 진입했다가 버블이 붕괴하기 전에 현금화해서 나올 수 있을 거라는 생각이 들지도 모르겠습니다. 글쎄요, 운 좋게 몇 차례 성공할 순 있겠지만, 매번 맞출 순 없을 것입니다. 그러나 한번 타이밍 맞추기에 실패하면 복리로 쌓아온 모든 금액이 날아갈 것입니다. 이는 투자가 아니라 투기에 가까우며, 자본시장을 도박판으로 활용하는 행위입니다. 손실가능성을 제한해야 복리의 혜택을 누릴 수 있는 법이지요.

## 버블이 일으키는 사회적 문제

버블이 붕괴하면 단기적인 전망으로 형성된 부가 사라질 것이라고 말씀드렸습니다. 그러나 버블이 일으키는 사회문제는 조금 더 복잡합니다. 일례로, 주식시장에서 시세차익을 노리고 유입된 자본들은 생산성을 높이는 투자가 아닙니다. 투자와 투기를 엄밀히 나누지 않고 쓰는 경우가 빈번하지만, 여기서 다시 구분지어 논의해보겠습니다. 우리가 흔히 개개인의 자산관리를 위해 주식을 사는 것을 투자라고 부르지만, 이는 정확히 말해 주식을 그냥 구매한 행위입니다. 벤저민 그레이엄과 데이비드 도드David Dodd의 표현을 빌리면, 이러한 주식투자는 "잡다한 금융거래를 그럴듯하게 보이려고 완곡한 표현으로 얼버무린 포괄적 단어[24]"입니다.

경제학에서 투자라고 부르는 것은 생산활동에 유입된 자본을 의미합니다. 그래서 주식시장에서 일어나는 거래의 경우 IPO와 지분투자를 제외하면 투자라고 보긴 어렵습니다. 그냥 자산 관리를 위한 주식거래 또는 주식소유권 이전입니다. 그러나 단순 주식거래가 이익을 가져다줄 것이라는 환상이 시장에 심어질 경우, 많은 양의 자본이 주식거래에 활용되어 실물투자에 쓰지 못하게 됩니다. 장기적으로는 생산에 투입될 수 있는 자본이 단기적 이익 추구에만 활용되어 경제의 생산성도 저해합니다. 특히 일본의 경우 1980년대 후반 버블 경제로 인해 국민 대부분이 투기에만 관심을 가지게 되면서 노동윤리가 무너졌고, 사치를 일삼는 분위기가 형성되기도 했습니다. 향락을 일삼던 경제가 버블 붕괴로 불황에 빠지면, 그 늪을 빠져나오기 위한 시간이 더 길어지겠지요. 버블을 비롯해, 투기와 도박을 장려해서 장기적인 성장을 이룩한 국가는 없습니다.

9장

# 버블은 어떻게 널리 퍼지는가

**버블의 원인과 파급력**

앞 장에서 버블의 공통요소들에 대해 간략하게 들여다보았습니다. 일반적으로 경제성장 또는 신용팽창을 통해 자산 가격이 상승세를 타며, 이는 신규 투자자들의 진입까지 유도해 내재가치와의 괴리가 생기는 수준만큼 가격을 끌어올리게 됩니다. 그러다 가격상승세에 대한 의문이 점차 확산되고, 어딘가에서 부실한 정보가 확인되면 이 소식이 기폭제가 되어 버블이 터집니다. 금융기관이 엮여 있을 경우 이 피해는 더욱 극심해집니다.

그러나 버블은 사회현상이며, 조금 더 근본적으로는 개인과 금융기관 사이의 복잡한 상호작용에 뿌리를 두고 있습니다. 지금까지 우리는 버블이라는 키워드에 초점을 두고 개인의 투자동기와 주식시장의 움직임에 초점을 맞추었습니다만, 사실 앞 장의 내용은 공통요소라는 '현상'을 확인한 것이지 '원인'을 들여다본 것이 아닙니다.

이제 조금 더 큰 틀에서 버블을 생각해보려고 합니다. 큰 관점에서 보자면, 버블은 금융생태계에 자라난 종양 같은 것인데, 이 종양이 생성되는 이유를 알아보는 과정으로 생각해볼 수 있습니다. 그래서 금융기관이 신용을 공급하는 방식을 확인하고, 엉뚱한 곳에 신용이 공급되어 '버블'이라는 악성종양을 키우게 되는 원리를 이해해보겠습니다. 그 시작점은 은행의 비즈니스를 이해하는 것입니다.

## 은행의 비즈니스 원리

금융기관 중 가장 거대하면서도 핵심적인 기관은 은행입니다. 은행을 이해하면 금융 시스템의 상당 부분을 이해할 수 있습니다. 그렇다면 이 은행의 비즈니스는 무엇일까요? 예금과 대출의 금리 차이로 돈을 버는 예대마진이라고 이야기할 순 있지만, 은행이 '무엇을' 하는지에 대한 대답이 되진 못합니다. 이제부터 은행이 '무엇'을 하는지 원론적인 내용들을 살펴보겠습니다. 이를 통해 버블이라는 현상 밑바닥에 깔린 금융 시스템이 왜 그토록 불안정할 수밖에 없는지 부분적으로나마 이해할 수 있을 것입니다. 이를 이해하는 과정에서 버블과 관련된 정책 제안, 비트코인의 한계, 그리고 플랫폼 경제와 AI의 발전이 인간 세상에 가져올 도전 과제들과 같은 거대한 주제들도 일부분 마주하게 될 것입니다. 거두절미하고, 이제 진짜 은행을 들여다봅시다.

은행은 채무의 기간구조 term structure 를 전환시키는 역할을 합니다. 용어가 어려워 보이지만, 핵심은 간단합니다. 단기로 예금을 받고 중장기로 돈을 빌려주는 것입니다. 중장기로 돈을 빌려주는 일은 단기로 돈을 빌려주는 일보다 위험하기 때문에 더 높은 금리를 받습니다. 이 때문에 장기로 돈을 빌려주는 은행은 예대마진을 얻게 됩니다. 즉 단기적으로 자금에 여유가 있는 사람들의 돈을 묶어서 장기적·생산적인 투자를 구상하고 있는 사람들에게 자금을 빌려줍니다. 이 과정에서 경제는 자본을 생산적인 방식으로 배치하게 됩니다.

여기서 두 가지 이슈가 발생합니다. 은행은 대출을 받는 사람들의 상환능력과 생산성을 알아야 하고, 단기예금자들의 인출 요구에 그때그때 대응할 수 있어야 합니다. 둘 중 하나라도 못 하면 은행은 실패하게 됩니다. 파산하지만 않으면 채무의 기간구조의 전환을 통해 발생한 예대마진을 가져갈 수 있습니다. 동시에 안정적인 금융환경이 형성되지요. 그래서 은행은 예금자와 대출자들의 정보를 관리하고 대응하는 비즈니스라고 볼 수 있습니다.

이 정보라는 것은 다룰 때 매우 조심해야 합니다. 늘 완전한 정보를 얻을 순 없으며, 불완전할지라도 고객의 정보가 함부로 유출되어선 안 됩니다. 그리고 대출받는 사람이라 할지라도 자신의 정보가 여기저기 뿌려지는 것을 원치 않으며, 예금자도 모든 저축 금액을 사전에 확정짓기 어렵습니다. 이러한 정보의 불완전한 특성과 자금 필요 시점의 예측불가능성 때문에 개인 간 대출은 필연적으로 형성되기 어렵습니다. 마침 1년간 돈이 필요한데, 딱 1년간 돈을 빌려주고 싶은 사람을 찾는 건 거의 불가능합니다. 심지어 서로 어디까지 정보를 공개해야 하는지에 대한 기준도 없으니까요.

이 예금과 대출을 하나의 기관이 묶어서 관리하면 큰수의 법칙을 활용할 수 있게 됩니다. 그리고 장기간의 노하우를 바탕으로 은행은 대출자들을 선별할 능력도 표준화해서 관리할 수 있지요. 더 나아가 예금 인출이 예상치 못하게 쇄도할 땐 은행

**큰수의 법칙**
어떤 일을 몇 번이고 되풀이할 경우, 일정한 사건이 일어날 비율은 횟수를 거듭하면 할수록 일정한 값에 가까워진다는 법칙이다.

들끼리 자금을 빌려주기도 하며, 대출자들의 정보를 은행들끼리만 공유하기도 합니다. 그래야 한 사람이 여기저기 대출받고 다니는 사실을 공유하고, 악성 채무자를 골라낼 수 있기 때문입니다. 그 대신 이 정보는 민감한 사항이기 때문에, 엄격하게 정보를 관리하도록 법적인 기준이 마련됩니다. 그래서 금융산업은 정보의 활용을 제한하는 엄격한 규제산업입니다.

그런데 아무리 채무자를 잘 선별해도, 또는 은행끼리 급하게 돈을 빌려줄 수 있다 하더라도, 금융기관은 본질적으로 뱅크런에 취약합니다. 그래서 예금보험공사 같은 기관들을 통해 은행보험을 국가가 마련해둡니다. 그런데 예금보험공사의 금액이 부족하면 어떻게 해야 할까요? 이때 국가와 중앙은행의 역할과 기능이 중요해집니다. 그 나름대로 제약이 있지만, 국가는 금융부문뿐 아니라 다양한 경제활동으로부터 세금을 확보할 수 있습니다. 그리고 중앙은행은 일시적으로 부족한 유동성을 화폐발권력을 이용해 해결할 수 있습니다. 앞에서 버블이 터지면 부의 감소와 함께 통화량이 줄어들고, 신용경색에 따른 경제활동 축소로까지 이어질 수 있다고 말씀드렸습니다. 중앙은행은 여기에 대비할 수 있는 최후의 보루이지요.

이 맥락의 연장선상에서 비트코인을 생각해봅시다. 중앙은행의 역할과 발권력은 금융 시스템을 안정화하기 위해 만든 인간의 제도적 산물입니다. 이를 엔지니어들이 화폐의 신뢰성이라는 하나의 기준만 가지고 대체하려고 비트코인을 도입하자고 주장하는 것은 굉장히 위험한 발상입니다. 갑작스러운 자금 수요에 대처할 수 없을 뿐 아니라, 실물경제에서 화폐를 통해 이루어지는 금융의 역할을 깊게 고려하지 않았다는 생각이 듭니다. 즉 금본위제가 왜 붕괴되었는지 그리고 정부가 발권력을 통해서 사회에 제공할 수 있는 것이 무엇인지도 고려해야 합니다.

자, 그러면 이 예금과 대출을 통해 자금의 흐름을 주도하는 은행이 어떻게 버블 형성에 기여하며, 버블이 터질 때 실물경제에도 극심한 피해를 일으키는 원리에 대해 자세히 들여다보도록 하겠습니다. 금융기관의 정보관리, 규제완화에 따른 경쟁 강화, 시장조작 등 세 가지 원리를 염두에 두고 다음 이야기를 이어가 보겠습니다.

## 정보수집 비용의 관점에서 본 금융 시스템

완전한 정보란 없습니다. 모든 정보를 공개할 필요도 없고, 그걸 원하지도 않습니다. 그러나 정보량은 계약의 형태를 변화시킨다는 점에서 매우 중요합니다. 금융산업에서 이 정보들은 채무 계약의 형태를 결정하고, 더 나아가 금융 시스템이 경제에 신용을 공급하는 양을 결정합니다. 신용을 배분하는 관점에서 보면, 은행의 역할은 ①제한된 정보로 신용등급을 평가함으로써 대출 조건을 설정하고, ②대출한 사람들이 빌린 돈을 엉뚱한 곳에 사용하지 않도록 하는 것입니다. 첫 번째 과정을 스크리닝screening, 두 번째 과정을 모니터링monitoring이라고 부릅니다. 이 두 과정 모두 은행의 입장에서 비용이 드는 일입니다. 당연히 효과적으로 관리해야 이익을 남길 수 있겠지요. 이 비용을 줄이는 과정은 부분적으로 버블 형성과 관련이 있으니 하나씩 해체해보겠습니다.

스크리닝을 먼저 생각해보지요. 정보를 효과적으로 수집 및 분석하려면 어느 정도 표준화가 필요합니다. 채무자의 소득, 지출의 패턴으로 채무상환 능력을 판단하겠지요. 그리고 신용도가 좋은 채무자일수록 더 나은 조건으로 대출을 해주기 때문에 우량신용자들이 알아서 모여들게 됩니다. 신용도가 낮은 사람에게 대출을 해주는 것은 위험한 투자에 해당하므로 은행은 더 높은 금리를 요구합니다. 이 금리를 낮추려면 신용이 낮은 사람에 대한 추가적인 정보를 수집하고, 자금 사용처를 관리해야 하는데, 이러면 또 비용이 추가적으로 발생하니 금리도 같이 높아집니다. 그래서 금리를 높여 대출해주기보다는 그냥 대출을 내주지 않는 것이지요. 그게 관리하기도 편할 테니까요. 그러나 급하게 돈이 필요할지도 모르는 금융 취약계층에게 대출 기회조차 없다는 것은 무언가 마음을 불편하게 합니다. 그렇다고 돈을 빌려주었다간 예금자들의 돈이 위험에 처할 수 있으니 그럴 수도 없습니다. 더 큰 관점에서는 금융 시스템의 안정성과 관련된 이슈이지요.

금융 시스템을 안정화하면서도 자금이 필요한 사람에게 공급되도록 하려면 어떻게 해야 할까요? 정부가 금융 취약계층에게 대출이자를 지원해주면 됩니다. 그러면 주어진 정보에 따라 위험과 보상에 균형을 맞추는 금융의 본질적인 기능을 수행하면서도 복지 효과를 발휘하게 됩니다. 그래서 신용보증기금과 같은 기관이 존재하는 것입니다. 다만, 정부의 자원을 직접적으로 투입한다는 점에서 정책목표 내지는 공익에 부합하는 사업을 중심으로 대출이자 지원의 규모가 달라지겠지요. 그것도 아니라면 주기적으로 원금과 이자를 상환하지 않아도 되는 주식을 발행해야 합니다. 이는 사업자가 자신의 비즈니스를 먼저 분석해 투자자들에게 예상되는 수익에 대한 정보를 알려주는 것으로 볼 수 있습니다. 즉 투자자의 정보 취득 비용을 줄임으로써 자금을 공급받는 형태입니다. 물론, 이는 은행이 아닌 다른 금융기관을 통해 이뤄집니다.

이 정보수집 비용이라는 관점에서 금융 시스템을 바라보면 흥미로운 것들이 보입니다. 최근 연구들에 따르면, 사업체가 특정 금융기관의 오랜 고객이거나 그 사업체의 경영자가 사업 운영 이전부터 금융기관과 거래관계에 있으면 더 나은 조건으로 대출을 받을 수 있다는 것입니다. 금융기관과 기업(또는 기업경영자) 사이의 오랜 관계는 대출 창구에서 표면적으로 오가는 정보들보다 더 많은 것들을 금융기관에 전달할 수 있기 때문입니다. 또한 분석하기 쉬운 비즈니스이거나, 금융기관이 해당 산업에 충분한 정보력을 가지고 있으면 대출이 더 원활하게 이루어집니다. 그래서 특정 산업 및 분야에 전문화된 금융기관이 존재하면 금융 시스템이 더 원활하게 기능합니다.

이 정보수집 비용을 줄이는 통로가 하나 더 있습니다. 바로 담보입니다. 수익성이 낮거나 아직 매출이 발생하지 않는 사업체이지만 투자를 지속해야 할 때, 추가적인 자금이 필요합니다. 그러나 사업자가 미래의 어마어마한 수익성을 주장하더라도, 대출기관은 실패할 가능성을 더 중요하게 생각합니다. 빌려준 돈은 원금과 이자로만 받을 뿐, 사업이 대박을 치더라도 은행에 떨어지는 추가적인 이익은 없으니까요. 그래서 은행은 정보수집 대신 담보물이 있으면 기꺼이 돈을 빌려주기도 합니다. 파산하면 담보물을 팔아서 대출금을 회수하면 되니까요. 그래서 정보와 담보는 일정 부분 서로를 대체할 수 있습니다.

다만, 담보가 있는 대출의 경우 채무자가 파산했을 때 은행이 담보물을 팔아서 대출금을 회수할 수 있지만, 정보의 경우에는 회수한다는 개념이 애매해집니다. 이와 관련해서는 다음 장에서 이야기할 무형경제 비즈니스의 특성을 중심으로 더 자세히 살펴보도록 하겠습니다. 또한 대출에 쓰인 담보물에 버블이 낄 경우, 버블 붕괴는 금융 시스템을 타고 실물경제에 더 큰 영향을 끼치게 됩니다. 금융기관은 대출금을 회수하지 못하고, 예금자의 인출에도 대응하기 어려워지기 때문입니다.

예금 인출에 대응하려면 만기가 도래하는 대출들도 다 회수하려고 들 테니 실물경제는 자금경색으로 고통받게 됩니다. 앞서 살펴본 일본 버블 경제, 2008년 금융위기, 대공황 등이 이처럼 담보가치의 붕괴로 버블 붕괴가 실물경제까지 잠식한 대표적 사례입니다. 버블이 붕괴하면 담보로 사용된 자산 가치가 급락하면서 금융기관의 자산 가치도 함께 하락하고, 이로 인해 유동성 위기가 발생합니다. 그 여파로 금융기관과 대출·예금 관계로 얽힌 기업들까지 연쇄적으로 어려움에 처하게 됩니다. 특히 금융기관이 정보수집 비용을 극단적으로 줄이기 위해 담보대출만 실행하면, 정작 수익성이 높은 부문에는 은행을 통한 자금이 흘러들어가지 못해서 경제성장에도 유익하지 못합니다. 이를 금융 시스템 내에서 '정보가 고갈된 상황 information depletion'이라고 부릅니다. 그래서 담보 버블이 발생했던 금융위기들은 생산성을 판단하는 능력도 이미 잃어버리게 되고, 금융 시스템과 실물경제 모두 불황에서 빠져나오는 데 더 오랜 시간이 걸리게 됩니다. 담보 중심 금융의 버블에 내재한 이와 같은 취약성 때문에 부동산 중심의 대출에 대한 우려가 제기되기도 하는 것입니다.

정리하자면, 정보취득 비용과 담보의 조합을 통해 금융기관은 자금을 분배합니다. 그러나 대출을 해주고 나면 끝난 것이 아닙니다. 채무자의 신용 상태를 점검하고, 만기가 도래할 때 대출계약을 어떻게 조정할지 생각해야 합니다. 당연히 담보의 상태도 점검해야겠지요. 이제 이러한 일련의 과정을 의미하는 모니터링으로 화제를 돌려보겠습니다.

## 모니터링이 어려운 이유

충분한 정보를 제공하면, 신용등급에 따라 대출 조건이 결정될 것입니다. 그런데 사람은 일단 수중에 돈이 들어오면 다른 마음이 생기기도 합니다. 고소득자가 우량신용자의 지위로 은행대출을 받아놓고는 갑자기 퇴직하거나, 빌린 돈으로 카지노에 간다면 은행으로서는 곤란한 상황에 처할 수 있겠지요. 기업의 경우 설비투자를 구실로 대출을 받아놓고, 실적과 관계없이 갑자기 경영진의 보수를 뻥튀기시키거나 사업과 무관한 지출을 감행할 수도 있습니다.

이러한 위험을 방지하기 위해 필요한 게 모니터링입니다. 은행은 규모가 큰 대출에 대해서는 자금 사용처에 조건을 걸거나, 기업이 특정한 수준의 신용능력을 유지하지 않으면 대출조건을 바꾸는 등의 조항을 추가하는 경우가 많습니다. 그래서 은행은 채무자들의 신용 상태를 꾸준히 점검합니다. 그러나 모니터링을 한다는 게 쉬운 일이 아닙니다. 스크리닝보다 더 많은 시간과 비용을 요구하기도 합니다. 더군다나 채무자의 계약위반을 발견한다 할지라도 행동을 강제하기는 매우 어렵습니다. 즉 모니터링 과정도 노하우와 기술이 필요한 영역이지요. 앞서 말한 금융 시스템 내에서 정보가 고갈되는 현상도 부분적으로는 모니터링 비용이 매우 높기 때문에 발생하는 것입니다. 그래서 은행이 담보대출 중심으로 비즈니스를 하는 경향이 생깁니다.

모니터링에 필요한 비용을 설명하기 위해 친숙하고도 재미있는 예를 하나 들어보겠습니다. 한 아이가 부모님에게 문제집 살 돈을 달라고 합니다. 평소에 밤낮없이 컴퓨터 게임만 하는 아이라면 부모님이 문제집 살 돈을 줄 리가 없습니다. 부모님의 머릿속에서 스크리닝이 작동하는 것이지요. 반면 요즘 들어 아이가 숙제도 열심히 하고, 일찍 일어나는 모습을 보니 엉뚱한 데 돈을 쓰지 않을 것이라는 생각이 든다면 아이에게 돈을 줄 것입니다(대출 financing이 아니라 상환의무가 없는 자금지원 funding에 가깝지만, 두 가지 모두 자본제공자에 정보를 요구하므로 스크리닝 및 모니터링이 적용되는 경우가 많다는 점에서 활용해볼 만한 예시입니다.).

그런데 문제는 아이가 문제집 살 돈으로 30만 원이나 달라고 하는 겁니다. 시중의 문제집 값을 아는 부모는 당연히 그 돈을 다 줄 리 없습니다. 돈을 주면서 영수증을 받아오라고 요구할 수도 있고요. 아니면 아예 거래내역과 결제 장소가 기록되는 신용카드를 아이에게 줄 수도 있습니다. 여기서 알 수 있다시피, 기술의 발전은 모니터링 비용을 줄이기도 합니다. 신용카드를 주면 영수증이 진짜인지 가짜인지 확인하느라 시간을 쓸 필요조차 없지요. 이는 막대한 양의 고객 결제 정보와 컴퓨터 연산능력을 결합한 플랫폼 비즈니스가 스크리닝과 모니터링 비용 절감을 이뤄내며 금융산업 진입의 기반을 다지는 놀라운 지점입니다. 이에 대해서는 조금 뒤에 더 자세히 논의하겠습니다.

다시, 문제집 살 돈을 달라는 아이 이야기로 넘어가볼까요. 부모는 아이에게 신용카드를 주었고, 서점에서 결제한 것을 확인했습니다. 그런데 아이가 부모 몰래 친구에게 현금을 받고 문제집을 싸게 팔아버렸습니다. 현금거래는 추적조차 되지 않으니 부모는 알 방도가 없습니다(지하경제에서 이뤄지는 불법적인 거래는 추적을 피하기 위해 현금을 사용하니까, 모든 거래를 전산화할 수 있게 현금 없는 사회로 전환하자고 주장하는 경제학자도 있습니다). 그런데 한술 더 떠서, 문제집을 사간 친구에게 한 달 중 이틀만 문제집을 빌려달라고 요구합니다. 그래야 부모에게 착실하게 문제집을 풀고 있는 자신의 모습을 보여줄 수 있으니까요. 기업에서도 이런 행위를 하는 경우가 종종 있습니다. 회계정보를 조작해 재무상태가 좋아 보이도록 감추는 일이 대표적인 사례죠.

그러나 아이의 부모도 학창시절이 있었고, 용돈을 더 받으려고 갖가지 수법을 다 동원해본 이력이 있으니, 이 수법에 쉽게 당할 리 없습니다. 처음 몇 번은 그냥 문제집 값을 주고 말지만, 성적이 오르지 않으면 문제집을 살 것이라는 아이의 요구에 반응조차 하지 않을 것입니다. 반면에 알아서 성적을 잘 올리는 아이에게는 그때그때 필요한 것을 사라며 아예 먼저 용돈을 두둑이 줄 수도 있습니다.

그러나 우리는 성적도, 비즈니스도 그 효과가 점진적으로 나타나지 않는다는 것을 압니다. 이를 비선형성이라고 합니다. 이 비선형성은 오늘날 인과간계를 분석하려는 수많은 연구자에게도 도전과제이면서, 복잡한 상호작용이 이뤄지는 네트워크 분석이 그토록 어려운 이유이기도 합니다. 비선형성을 지니는 것들은 정보로서 관리하기 어려우며, 분석에 요구되는 시간과 비용이 막대합니다. 모니터링 비용이 높다는 뜻이지요.

그래서 은행에서는 영업실적에서 비선형성을 띠는 기술기업의 경우 대출 이후 모니터링 비용도 많이 들고 분석 및 감시도 어렵기 때문에 좀처럼 대출을 내주지 않습니다. 이런 비선형성을 띠는 비즈니스는 모험자본이라고 불리는 주식투자 또는 펀딩을 통해 자본을 공급받아야 합니다. 그러나 가끔 이 비용을 무릅쓰고도 금융기관들이 대출을 승인해주는 경우가 있는데, 이는 금융기관들 사이에서 과도하게 경쟁을 벌인 결과일 때가 많습니다. 즉 금융기관을 통해 버블이 형성되는 경로 중 하나이지요. 이제 이 경쟁의 속성을 따져보도록 하겠습니다.

## 경쟁 효과의 장단점

경쟁은 훌륭한 시스템입니다. 개인 또는 기업이 현재에 안주하지 않고 더 발전하도록 만드는 시스템입니다. 경쟁이라는 과정은 피곤하고 힘든 과정이지만, 한차례 거치고 나면 뛰어난 기업들만 살아남게 됩니다. 소비자로서는 더 나은 품질의 물건을 더 낮은 가격에 구매할 수 있도록 해주는 환경이지요.

경쟁은 발전을 가져오지만, 늘 그런 것은 아닙니다. 경쟁을 통한 기업의 진입과 퇴출이 산업 전체에 미치는 영향을 함께 고려해보아야 합니다. 이 요소들에는 여러 가지가 있겠으나, 산업의 레버리지 수준과 상호연결성이 중요한 요인들에 해당합니다.

해운업을 예로 들어보겠습니다. 해운업은 부채 규모가 큰(레버리지가 높은) 산업입니다. 대규모 선박을 건조할 때면 막대한 양의 부채가 발생하고, 배가 건조 중이거나 완성된 후에도 채무를 완전히 상환하기 전까지 여전히 담보에 잡혀 있는 상황이기에 해운사가 조금씩 부채를 갚아나갑니다. 또한 규모의 경제가 크기 때문에 신규 진입이 어려운 과점 형태를 띱니다. 그리고 회사가 가진 선박만으로는 물동량의 변화에 즉각 대응하기 어렵기 때문에 해운회사들끼리 연합해 수화물을 실을 공간을 서로 빌려주기도 합니다.

그러나 2010년 중반에 해운업은 불황기에 접어들었습니다. 이에 대응하고자 글로벌 해운사 머스크는 비용 절감을 도모하기 위해 초대형 선박을 구비하기 시작했습니다. 다른 해운사로서는 경쟁사가 원가절감을 시도하면 여기에 동참할 수밖에 없습니다. 그러나 불황기에 대형선박 건조에 따른 공급과잉과 레버리지 확대는 산업 전체를 취약하게 만듭니다. 그 결과 출혈경쟁이 심해지고, 2017년에 이르러 우리나라 기업인 한진해운이 도산합니다.

한진해운의 파산은 엄청난 후폭풍을 불러왔습니다. 선박용 컨테이너 리스회사들은 한진해운에 빌려준 컨테이너를 회수하느라 분주했고, 해운동맹으로 복잡하게 엮인 화물 운반 스케줄들을 조정하기도 힘들었습니다. 게다가 출혈경쟁으로 이미 과도한 레버리지를 활용한 탓에 산업 내 누구도 한진해운의 자산을 인수할 만한 여력이 없었습니다. 대한민국은 국가기간사업에 해당하는 해운업의 경쟁력 손실을 최소화하기 위해서라도 공적자금을 투입해 현대상선이 한진해운 자산을 인수하도록 도울 수밖에 없었습니다. 이렇듯, 산업의 복잡한 연결성과 레버리지는 경쟁시장에서도 기업의 퇴출에 따른 막대한 사회적 손실이 발생할 수 있음을 보여줍니다. 이 연결성과 레버리지 수준이 해운업만큼 높은 곳이 바로 금융산업입니다.

금융산업은 은행 간에 경쟁하면서도, 급하게 지급준비금이 필요할 때 서로 돈을 빌려주기도 하는 신기한 시스템이 있습니다. 그리고 규모가 큰 은행이 파산하면, 경쟁자가 줄어서 환영하는 것이 아니라 오히려 두려워합니다. 이 공포 분위기가 형성되는 이유는 금융 시스템의 복잡한 상호연결성 때문입니다. 이 상호연결성에 의한 위험성은 다른 은행들의 모니터링과 스크리닝 실패에 따른 피해가 건전한 은행에까지 전염되기도 한다는 의미입니다. 금융산업의 경쟁 방식은 금융 버블을 이해하는 데 중요한 요소이기 때문에 규제와 함께 조금 더 자세히 설명해보도록 하겠습니다.

금융업에서 흔히 규제완화라고 하면 금융산업에 진출하기가 쉽거나, 새로운 금융상품을 만들기 쉬운 환경을 뜻합니다. 먼저 신규산업 진출이 용이한 환경을 생각해보겠습니다. 은행들은 별도의 신용평가 및 대출채권 관리 노하우를 가지고 있습니다. 즉 스크리닝과 모니터링 방식이 조금씩은 다르다는 뜻이지요. 그런데 은행의 수가 많아지면, 은행들은 서로 고객(대출자)들을 찾아다녀야 하고, 더 나은 조건으로 돈을 빌려줘야 합니다. 그러기 위해서는 스크리닝 및 모니터링의 기준을 완화하고 비용을 절감해야만 합니다. 그러나 한 곳에서 대출기준을 완화하면 다른 곳에서도 기준을 낮추기 시작하겠지요. 그러면 신용이 경제 전체에 과도하게 공급되는 상황이 펼쳐집니다. 경제 전반에 레버리지도 높아집니다. 대출 기준이 느슨하게 적용되었으니, 악성 채무자들이 늘어날 것이고, 대출자 중 어느 누가 갑자기 채무불이행을 선언해도 이상하지 않은 상태로 바뀝니다. 잠재적으로 갑자기 파산하는 기업의 수가 많아지면 대출해준 은행 또한 심각한 문제에 처합니다.

그런데 이 규제완화를 통한 경쟁으로 대형은행이 파산하면 문제가 더욱 커집니다. 대형은행이 보유한 각종 채권들의 물량이 시장에 쏟아지면서 대형은행이 보유하던 증권 및 대출채권의 가격이 확 떨어지게 됩니다. 특히 시장가격이 있는 증권이면 문제가 더 문제가 더 심각해집니다. 한 은행이 파산함으로 인해, 건전성을 유지하며 운용 중이던 은행들이 보유한 자산의 가치가 확 줄어들기 때문이지요. 은행산업 전체가 뱅크런에 노출될 수도 있습니다. 그래서 금융산업은 순전히 경쟁을 통해서 이뤄지기보다는 각종 규제와 정부의 시장개입이 필연적일 수밖에 없습니다.

물론 규제완화의 장점도 있습니다. 앞 장에서 금융중개인이 흥미로운 정보로 개인투자자의 거래를 부추기는 존재라고 스치듯 이야기하고 말았지만, 어쩌면 금융중개인이 자신만의 이익을 위해 소비를 부추기는 장사꾼처럼 보였을지도 모르겠습니다. 하지만 금융중개인들은 시장에 정보를 공급하는 금융시장 취재자들이며, 생산성 있는 산업에 자금이 빠르게 공급될 수 있는 방법 및 수단을 고안하는 사람들이기도 합니다. 이 자본의 흐름에 변화를 줄 수 있는 방법과 수단이 오늘날 금융공학이라는 이름으로 광범위하게 적용되고 있습니다. 새로운 기술은 파괴적인 무기를 만드는 데 활용될 위험성이 있듯이, 금융공학을 통해 자본의 흐름에 변화를 주는 행위도 2008년 금융위기처럼 위험한 결과를 초래하기도 합니다. 그러나 제약, 바이오 산업의 경우 효과적으로 R&D 자금을 공급해 희귀병 치료약 연구를 촉진할 수 있다는 가능성도 제기되기 때문에 늘 금지해야 하는 것은 아닙니다.

금융의 본질적인 기능은 리스크와 잠재이익 사이의 관계를 측정하는 것입니다. 금융의 발전은 잠재적 이익의 기회를 포착할 수 있는 요소들을 금융 시스템 안으로 가지고 들어옵니다. 그래서 기술력 및 특허와 같은 정보로도 금융기관이 대출 및 투자를 하는 것이지요. 조금 더 미래지향적인 금융기반이 형성되는 것입니다. 이는 앞서 언급한 금융 시스템 내에서의 정보 고갈의 위험도 일정 부분 방지하게 됩니다. 이러한 금융의 기능을 고려해보면, 금융규제는 금융 시스템 내에서 보상이 지급되는 요인의 범위와 크기를 조절하는 도구입니다. 그래서 1990년부터 확대된 미국의 금융규제완화를 기점으로 2000년도 이후부터 주택담보대출을 증권화한 CDO, 보험계약 CDS, 그리고 그 외 다양한 증권들의 가격변동성을 거래하는 파생거래 등 다양한 상품들이 등장하며 규제기관의 관리 밖에 있는 리스크들이 대폭 생성된 것입니다. 이 리스크들은 쉽게 분석할 수 없기에 일단 손실이 발생하면 그 규모가 어느 정도까지 확산되는지 파악하기도 어렵습니다. 그러나 투자 또는 대출이 한번 이뤄지면 돌이키기 어렵기 때문에 다양한 곳에 자금이 흘러들어 자연스레 버블이 형성되는 것이지요.

정리하자면, 금융시장에서의 경쟁은 조금 더 모험적인 부문에 자금을 공급할 수 있도록 하지만, 그와 동시에 버블 형성 및 붕괴로 인한 잠재적 위험을 형성합니다. 그렇다고 너무 보수적으로 운영하면 금융시스템은 안정적일지라도 생산적인 부문에 자금을 공급하지 못하고 담보대출 위주로만 비즈니스를 하게 됩니다. 이는 또 사회의 생산성을 자극하지 못해 경제 전반적으로 부정적인 영향을 가져옵니다. 규제는 경쟁의 강도를 조절하며, 경제성장과 금융 시스템 안정 사이의 긴장관계를 미묘하게 관리하는 장치입니다. 그 과정에서 금융기관의 스크리닝 및 모니터링 활동에 영향을 주며 버블의 형성 및 붕괴가 뒤따르는 것이지요.

경쟁 수준 말고도 스크리닝 및 모니터링에 영향을 주는 또 다른 요인 중 하나는 시장 조작입니다. 니커보커 사태는 개인이 몇몇 기업가치에 조작을 시도한 사건이고, 남해회사 버블과 일본 버블은 국가 규모에서 시장가격을 인위적으로 조작한 사태입니다. 특히 시장가격을 정책 및 국가 단위에서 조작하면 금융기관들의 모니터링 및 스크리닝 방식에 변화가 일어나고, 경제에 버블이 발생합니다. 이 시장가격 조작이라는 측면에서 버블을 한번 생각해보겠습니다.

## 시장 조작의 이면

가격을 논할 때, 우리는 시장을 빼놓을 수 없습니다. 시장은 기본적으로 교환을 촉진하는 공간이며, 제품의 공급자와 소비자를 잘 연결시킬수록 효율적인 시스템입니다. 금융시장에서도 마찬가지입니다. 다수의 거래자가 증권의 가격을 제시하고, 수많은 거래의 결과 수렴하게 되는 지점이 발생합니다. 그 지점이 가장 효율적인 가격이 됩니다. 그 가격이 전반적으로 낮다고 판단되면 매수자들이 더 유입될 것이고, 높다면 매도자들이 더 나타날 테니까요.

그런데 기업들의 시가총액이 높아지면, 모두가 윈윈win-win이라고 생각하는 경우가 있습니다. 코스피 지수가 1만을 달성하면 투자한 한국인은 모두 부자에 한 걸음 다가가게 되는 것 아니겠습니까? 아쉽지만 상황이 그리 단순할 리 없습니다. 앞서 기업의 수익성 및 현금흐름에 대해 이야기한 바 있습니다. 실현 가능성이 없는 주가상승은 부의 신기루일 뿐입니다. 현금화되기 전까지는 큰 숫자로 기록되어 있지만, 현금으로 전환하면 시가총액 상당수는 사라지게 됩니다. 시장에 특정 증권의 공급규모가 커지면 매수하는 쪽에서 증권을 사들일 수 있는 통화량에 한계가 있기 때문입니다. 중앙은행이 화폐를 찍어서 매수자들에게 신용을 공급하면 통화량은 늘어나겠지만, 인플레이션 압력이 발생해 오히려 사회적 비용만 크게 발생합니다. 버블에 레버리지가 섞여 있으니 더 큰 문제가 생길 수도 있습니다.

이 주가조작 또는 시장에 버블이 발생하는 것을 사전에 막는 방법 중 하나가 공매도입니다. 버블이 너무 커지기 전에 시장참여자들이 수익기회를 노리고 알아서 버블을 터뜨리면 오히려 건강한 시장이 형성됩니다. 금융시장 전체라는 관점에서 보면 공매도는 증거금을 예치하는 조건으로 활용하면 제법 유용한 도구입니다. 그런데 버블이 붕괴하면서 발생하는 피해가 클 수 있는데도 왜 영국과 일본은 국가가 시장 조작에 나서서 버블을 키웠을지 생각해봐야 합니다. 국가의 버블 형성 인센티브라는 관점에서 간단하게 다시 두 버블에 대해 훑어보겠습니다.

영국의 경우 전쟁을 통해 발생한 막대한 부채가 골칫거리였습니다. 그래서 남해회사의 주가를 올리고, 주식을 발행해 자금을 조달하면 민간부문의 투기 심리를 자극해서 국가부채를 갚을 수 있다고 여겼습니다. 국가도 경제주체로서 버블 형성에 대한 인센티브가 있었던 것이지요. 게다가 기득권층도 투자에 가담했으니, 그들도 주가가 폭락하는 것을 원치 않았던 것입니다. 그러나 당시 주식을 발행해 국가부채를 갚는 구조는 일종의 금융혁신이었으며, 버블로 인해 발생할 수 있는 잠재적 피해를 가늠할 거시경제 모델이 있었을 리 만무했습니다. 실제로 버블이 터진 이후, 자본시장이 정상적으로 기능하는 데까지 굉장히 오랜 시간이 걸렸습니다. 즉 버블이 한번 터지면 시장 흐름이 정상 궤도로 올라오기까지 굉장히 긴 시간이 걸리는데, 이 또한 사회적 손실에 해당합니다.

일본은 조금 더 정치적인 배경이 있었습니다. 플라자 합의 이후 엔화 가치가 급격히 상승하면서 일본의 수출경쟁력이 극도로 떨어지게 됩니다. 이를 돌파하기 위해 일본 정부는 주식시장에 인위적으로 버블을 만들고, 이 시기에 기업들이 주식을 발행해 투자자금을 마련하도록 합니다. 민간의 투기 심리를 자극해 실물경제에 자금을 공급하도록 유인한 것이지요. 그리고 단순히 기업뿐 아니라, 〈마에카와 보고서〉의 내용을 바탕으로 대규모 인프라 투자 및 도시개발로 성장 엔진을 멈추지 않도록 설계했던 것이지요. 그리고 1989년 버블이 꺼지는 와중에도 폭락이 아니라 서서히 가격이 떨어지도록 하기 위해 공매도를 금지하고, 일본 금융기관들의 자금 이탈을 방지하기 위해 국가 차원에서 해외투자를 막고 국채 매입을 강제했습니다. 그래서 일본은 버블이 꺼지는 와중에도 국가가 주도적으로 인프라 투자를 지속하며 경제의 연착륙을 시도한 것이지요.

사실 미국의 2008년 금융위기도 비슷한 면이 있었습니다. 모기지 대출 기준을 완화함으로써 취약계층에게까지 주택담보대출을 허용해주었고, 이로써 미국 국민들의 주택소유율을 전례 없는 수준으로 높일 수 있었습니다. 당연히 정치인들도 과도한 규제완화가 가져올 버블의 피해를 짐작하기 힘들었으니, 초기에는 정책결정의 성과에 고취되었던 것이지요. 그러나 결과적으로 이는 부동산 실수요에 기반한 부동산 가격상승이 아니라, 신용공급을 통해 수요가 낮은 부동산 가격을 억지로 끌어올린 시장 조작의 일부입니다. 게다가 이 부실한 부동산들을 구조화 금융 및 분산 효과라는 이름으로 다시 증권화해 시장에 내다 팔아버림으로써, 금융공학이 시장을 조작하는 도구로 전락하고 말았던 것입니다. 국가가 금융공학의 논리를 채택하든, 정책적 목적으로 국채를 강매하든, 특정 증권에 대한 위험 수준을 낮게 설정하면 금융기관들은 그 증권을 높은 가격에도 매수하기 때문입니다.

최근에 논의되는 거시경제 모델들을 확인해보면, 버블은 단기적으로 고용창출 및 생산성 있는 투자로 자본을 유입할 수 있도록 하지만, 장기적으로 최적의 선택은 아니라는 분석들이 있습니다.

지금까지 금융 시스템 내에서 모니터링과 스크리닝 기능이 금융기관의 정보관리 효율성, 경쟁상황, 국가의 전략적 의사결정을 통해 훼손되는 부분들을 짧게나마 짚어보았습니다. 이제 계속 미뤄왔던 은행 바깥의 금융기관과 연결해서 버블을 생각해보고, 마지막으로 알고리즘이 지배하는 금융시장을 살펴보겠습니다.

## 낙관을 기반으로 한 투자의 속성

은행이 아닌 다른 금융기관을 통해 자금이 동원되는 방식을 살펴볼까요. 스크리닝과 모니터링은 조금 느슨하되, 조금 더 혁신적인 곳에 자금이 사용되려면 주식의 형태로 자금을 조달하면 됩니다. 이 경우 원금상환의 의무는 없지만, 위험도 크기 때문에 더 높은 수익을 제공해줄 것이라는 기대와 근거를 제시해야 합니다. 불확실성이 더 높아 어느 정도 투기적인 요소도 분명 있기 때문에 예금을 다루지 않는 금융기관 또는 민간부문을 통해 투자가 이루어집니다. 보통 엑셀러레이터 또는 벤처캐피털이 초기 투자에 들어가고, 이후 투자은행의 중개로 보험사 및 연기금이 그다음 투자 단계에 참여합니다. 그리고 불특정 다수를 대상으로 광범위한 정보공개와 함께 자금을 조달하는 것이 주식

공개입니다. 단계가 넘어갈수록 정보를 공개하는 범위가 커지기 때문에 불확실성은 점차 낮아지고, 기대수익도 같이 낮아지는 구조입니다.

주식시장은 미래지향적이기 때문에 사람들이 미래를 낙관적으로 인식할수록 자금을 더 많이 조달할 수 있습니다. 그래서 기업들도 자금조달 시기에 크게 신경을 쓰기 마련입니다. 시장에 버블이 끼어 있으면, 오히려 기업들은 이 기회를 활용해 투자 및 사업운영 자금을 크게 한몫 당길 수 있습니다. 투자자로서는 더 비싼 값을 주고서라도 주식을 매수한 것이라고 볼 수 있습니다. 투자자들이 웃돈을 주고서라도 주식을 매수하게 만드는 낙관이 어떻게 형성되는지 생각해볼 차례입니다.

낙관의 기반은 성장입니다. 안타깝게도, 성장의 열쇠가 무엇인가에 대해서는 대답할 수 있는 정답이 별로 없습니다. 몇 가지 나열해볼 순 있겠으나, 필요에 따라 전략적으로 활용할 수 있는 것은 아닙니다. 굳이 따지자면, '성장을 위한 토대가 가끔 펼쳐지는 경우'가 있다고 말하는 게 더 적절하다고 하겠습니다. 다만, 일단 성장의 기반이나 기대가 형성되면, 버블까지 이어지는 경로는 어느 정도 설명할 수 있습니다. 성장을 촉진시키는 간단한 상황들을 짚어보겠습니다.

흔히 기술혁신은 대표적인 성장동력입니다. 산업용 로봇 또는 생산 자동화는 적은 인력으로도 엄청난 양의 생산능력을 달성할 수 있습니다. 규모의 경제가 있는 산업이라면, 투자의 증가만으로도 생산성 향상을 기대할 수 있습니다. 기술뿐 아니라 인력, 공급망, 조직구조 등 다양한 방면에서 효율화를 시도하는 지출도 일종의 투자라고 볼 수 있겠습니다. 그 투자의 결실이 생산성 향상으로 나타난다면 기업은 이윤이 상승하고 재투자를 통해서 경제성장의 선순환이 일어나게 됩니다.

물론, 정치적 환경과 금융시장도 기여하는 바가 있습니다. 금융시장이 안정적이어야 기업이 자본조달과 투자를 안정적으로 유지할 수 있고, 정치 환경이 안정적이어야 기업도 투자 의사결정을 빠르게 내릴 수 있습니다. 개별 국가 차원에서 보면 경쟁력 있는 산업에서 수출경로를 확대하는 것도 외교를 통해 성취할 수 있는 성장 기회 중 하나입니다.

결국 선순환이 지속되면 문제가 없습니다. 그러나 선순환에서 예상된 시나리오와 실제 경제상황 사이에는 괴리가 발생합니다. 이는 부분적으로 금리와 성장 속에서 펼쳐지는 경쟁의 속성을 엮어서 생각하면 조금 더 명확해집니다.

## 금리와 성장 그리고 혁신

경제가 성장하면 기업은 이익, 가계는 소득이 증가합니다. 이는 경제가 호황기에 들어섰다는 신호이며, 대출을 내어주는 은행들도 더 낮은 금리로, 더 쉽게 대출을 해줍니다. 경제성장에 따라 채무자들의 파산 가능성이 낮아질 것으로 판단될 뿐 아니라, 이익과 소득이 늘어나서 은행에 예치된 현금의 양도 늘어났으니 이를 어딘가에는 재배치해야 합니다. 그러나 은행은 스크리닝과 모니터링이 보수적이기 때문에 넘치는 현금들을 다 처리해내지 못합니다. 그러면 은행은 예금을 적게 받기 위해 예금금리를 낮출 것이고, 남는 자금들은 이제 더 높은 수익률을 찾아 주식시장을 비롯한 다양한 투자처에 흘러듭니다.

우선 낮아진 금리의 영향부터 고려해보겠습니다. 금리가 하락하면, 기업들은 수익성이 애매했던 사업을 추진할 수 있게 됩니다. 이자비용이 낮아져 사업의 수익성은 더 높아졌으니 말입니다. 게다가 추정되는 매출도 더 높아집니다. 경제호황으로 소비자들의 구매력이 높아졌을 뿐 아니라, 기업들도 돈을 구하기 쉬워졌기 때문이지요. 그래서 매출과 비용 양쪽 모두 긍정적으로 추정하기 마련입니다. 그리고 기업으로서는 새로운 시장을 조사하고 소비자 정보를 구축할 수 있기 때문에 적당한 때에 새로운 사업을 추진하는 것이 장기적으로 더 유리할 수 있습니다. 특히나 규모의 경제가 있는 분야라면 투자를 추진하지 않을 이유가 없습니다. 시장의 호황을 성장의 기회로 활용하지 않으면 도태되고 말 것입니다.

문제는 경쟁이라는 시스템의 속성입니다. 앞서 경쟁에서 연결성이 높고 산업 전반에 채무 규모가 커지면 파괴적인 결과가 나타나기도 한다고 이야기했습니다. 이제는 개별 사업체로서는 타당한 의사결정이지만 경제 전체적으로는 비효율을 가져오는 구성의 모순을 중심으로 생각해보겠습니다. 개별 기업은 성장의 기회를 활용하기 위해 투자를 진행했습니다. 그러나 경쟁자끼리는 정보를 공유하지 않습니다. 어쩌면 한 국가 내에서 100개의 공장을 증축하는 것이 가장 효율적이겠으나, 개별 사업체가 모두 투자를 진행하면 공장이 수백 개 늘어나는 것입니다. 투자가 진행되는 동안에는 오히려 경기가 과열됩니다. 공장을 짓는 데 필요한 벽돌, 시멘트, 설비를 수주한 기업들의 매출이 오를 것이고, 실업률은 떨어지며, 가계의 소득도 늘어났으니 GDP, 투자, 소비, 실업률 등 다양한 거시경제 지표들이 다 건전하게 보입니다. 이 탓에 금리도 하방 압력을 받으니 실질이자 부담도 낮아집니다. 게다가 경기과열로 인한 인플레이션은 채무자의 실질채무 부담도 하락시켜 대출하려는 동기를 더욱 자극합니다.

비극은 보통 동시에 일어나는 법입니다. 경기가 과열되어 인플레이션이 너무 심해지면 두 가지 방면으로 금리가 오릅니다. 중앙은행은 물가안정을 위해 기준금리를 높이고, 금융시장에서는 인플레이션을 보상하기 위해 인플레이션율을 가산해 금리를 책정합니다. 금리인상의 압박이 시작되는 것입니다. 게다가 산업 차원에서 과잉 공급이 발생하면 개별사업체들은 매출까지 타격을 입습니다. 2012년 유럽에 닥친 불황이 여기에 해당합니다. 2000년대 초 유럽연합이 출범하면서 거대한 시장이 형성되었고, 공동의 통화를 구축했습니다. 외부 투자자가 보기에, 화폐가치의 변동성에 대한 리스크가 없어졌으니 유로화로 발행한 채무의 이자율은 낮게 형성되었으며, 유럽경제에 대한 전망까지 낙관적이었으니 유럽연합에 속한 국가 및 기업은 저렴한 금리로 자본을 빌릴 수 있었습니다. 그러나 공동 화폐 유로화를 사용함에 따라 유럽연합에 속한 국가들은 통화정책의 독립성을 잃어버렸고, 금융위기 발생 전까지 상승했던 금리는 유럽 경제를 취약하게 만들었습니다.

이러한 과정은 성장이 어느 정도 가시화되었을 때 나타나는 전반적인 경제상황입니다. 그래서 중앙은행은 거시경제 안정성을 위해 금리로 사전대응을 하기도 합니다. 버블이 커지기 전에 예방하면 불황의 크기와 지속성도 줄어들 테니까요. 그러나 기술혁신은 경제에 미칠 효과가 훨씬 모호합니다. 기존 산업 생태계를 비롯해 다양한 이해관계가 엮여 있어 혁신이 경제활동에 반영되기까지는 시간이 오래 걸립니다. 더군다나 기술의 상용화 내지는 발전 단계별 예상되는 투자금도 불확실합니다. 장기적으로는 생산성에 크게 기여할 순 있으나, 투기적인 성격도 강하기 때문에 정책적 대응도 결코 쉽지 않습니다.

특히 혁신의 가능성이 제시되면, 관련된 사업체들이 우후죽순 생겨납니다. 그러나 혁신과 관련된 비즈니스가 맞는지 아닌지 정확히 판단할 수 없으니 막을 순 없고, 투자자들은 이 기회를 놓치면 또 언제 기회가 올지 모르니 과감하게 투자를 하는 경향을 보입니다. 그래서 이를 기회 삼아 사업체들은 투자금을 크게 한탕 당기려고 시도합니다. 10년 전 사업명에 블록체인을 붙인다거나, 25년 전 ○○○닷컴으로 사업명을 바꾸고 사업 목적을 추가하는 움직임이 나타났듯이 말입니다. 남해회사 버블도 국제무역의 기대감 및 새로운 자본조달 구조가 결합해 생성되었는데, 당시에도 비슷한 비즈니스를 시작하면서 투자금을 한몫 챙기려는 행태는 마찬가지였습니다. 정리하지면, 스크리닝과 모니터링이 더 느슨한 주식시장에서, 분석 대신 낙관이 자리 잡으며 혁신분야에 자금이 공급되면서 일종의 버블이 형성됩니다. 안타깝게도, 혁신의 가능성을 사전에 검증하기는 어렵습니다. 또한 기술의 활용처가 명확해지면, 악용할 가능성을 없애는 쪽으로 기술의 활용 범위를 제한하기 위한 입법이 필연적입니다. 그러나 낙관의 시기에는 기술이 모든 분야에 적용되어 기술의 가치가 고평가되는 경향이 짙어지는 듯합니다. 즉 경제가 성장하는 시기에 혁신적으로 보이는 기술의 등장은 주식시장의 헐거워진 스크리닝과 모니터링을 파고들어 낙관으로 메꾸게 됩니다. 투자와 투기의 구분이 모호해지는 것입니다.

혁신은 기본적으로 부정확한 정보를 낙관으로 채우는 경향을 지닙니다. 그러나 오늘날에는 부정확한 정보뿐 아니라, 넘쳐나는 정보들로 인해 무엇이 가치 있는 정보인지 식별하기도 힘들어졌습니다. 인간의 인지능력으로는 이 모든 정보를 소화할 수 없으니, 방대한 데이터를 빠르게 수집하고 분석해 유의미한 정보로 바꾸는 과정이 필요해진 것이지요. 이를 가능하게 하는 도구가 바로 알고리즘입니다. 이제 이 알고리즘이 금융시장에 미칠 수 있는 잠재적 영향에 대해 생각해보도록 하겠습니다.

## 알고리즘의 위험성

알고리즘은 금융거래를 매우 편리하게 만들었습니다. 특정 가격에 주식을 매수 또는 매도할 수 있으며, 컴퓨터의 강력해진 연산 능력으로 방대한 양의 데이터를 한꺼번에 분석할 수 있도록 해줍니다. 그래서 오늘날의 투자전략은 단순히 금융자산의 가격 및 거래량 데이터 활용에 그치지 않습니다. 다양한 공개 데이터는 물론이고, SNS에서 오가는 소식, 뉴스의 댓글, 인공위성에서 포착되는 정보, 해운 물동량과 선박운항에 대한 실시간 정보, 비행 스케줄 등 다양한 정보들을 모두 취합해 분석에 활용합니다. 그래서 오늘날 투자업계는 통계 및 컴퓨터

공학을 전공한 이들을 환영하는 산업이기도 합니다.

문제는, 투자회사들이 자체 개발한 알고리즘이 제 나름의 투자전략이기 때문에 공개되지 않는 경우가 많다는 데 있습니다. 그래서 서로 어떤 방식으로 거래하는지 알기 어렵습니다. 그래서 시장의 움직임을 실시간으로 추적하며 다양한 경로로 추가 정보를 수집하거나, 시장 움직임의 패턴을 학습해 자동으로 트레이딩을 하게 됩니다. 즉 금융시장에 참여하는 그 누구도 시장 전체에서 어떤 일이 일어나는지 완전히 알지 못합니다. 개별 거래 참여자들은 주어진 정보 내에서 최적의 의사결정을 할 뿐이고, 그 집합체가 시장가격으로 나타나게 됩니다. 이는 다시 구성의 모순으로 귀결됩니다. 각각은 주어진 상황 내에서 최적의 투자전략을 실행했지만, 투자의 결과가 또 시장에서 정보가 되어 다른 사람의 행동에 영향을 주는 것입니다. 이를 재귀성이라 부르는데, 누군가는 이를 활용해 수익을 얻지만 시장의 변동성을 키우는 요인이 되기도 합니다.

예를 들어, 어떤 기관투자자가 포트폴리오의 안정적인 운용을 위해 보유 주식의 가격변동성에 따라 보유 비중을 조정한다고 가정해보겠습니다. 다시 말해, 보유 주식의 가격변동성이 일정 수준을 넘어서면 해당 주식을 매도해 보유 비중을 낮추는 방법으로 포트폴리오의 수익률 변동성을 줄이는 것입니다.

그런데 가격은 보통 하락세에 더 크게 변합니다. 주식을 발행한 기업이 예상치 못한 실적 악화를 발표하게 되면, 평소보다 주식가격의 변동성과 하락폭은 확대됩니다. 부정확한 낙관까지 있었던 기업이라면 하락폭은 더 커지겠지요. 어찌 됐든 해당 주식의 변동성 확대로 인해 기관투자자들은 이 주식의 보유 비중을 줄이기 위해 매도세로 돌아설 것입니다.

문제를 심각하게 만드는 것은 알고리즘입니다. 기관투자자들이 동일한 전략을 쓰며 거래를 자동화했다면, 모두가 매도세로 돌아서면서 가격 하락폭 및 변동성도 확대됩니다. 그러면 변동성뿐 아니라, 수익률이 일정 수준 이하로 떨어졌을 때 자동 매도를 설정해놓은 이들의 매도세에도 영향을 주게 됩니다.

모두가 시장에 주어진 정보를 바탕으로 행동했지만, 그 행동이 또 새로운 정보로 반영되어 추가적인 대응을 끌어냅니다. 만약 이 거래들이 점차 자동화된다면, 인간이 모르는 새 수많은 거래가 수행되어 알고리즘이 시장의 방향을 이끌게 됩니다. 이는 결과적으로 기업 분석만으로는 주식가격이 언제, 어느 방향으로 움직일지 판단하는 데 한계가 있다는 뜻입니다. 그리고 이러한 추세가 점차 속도를 더하고 있으며, 알고리즘들도 더 복잡해지고 있습니다. 이 자동화된 거래는 주식시장에서 크고 작은 버블들을 만들고 붕괴시킵니다.

다행히, 거래소들도 이런 흐름에 대응하고 있습니다. 시카고 선물거래소는 시장의 변동성에 따라 요구하는 증거금 규모를 재조정합니다. 변동성이 커지면 더 많은 증거금을 요구함으로써 자동화 거래를 하거나 추세에 올라타려는 투기꾼들의 유동성에 제약을 거는 것입니다. 거래비용을 높임으로써 거래량을 줄이고 시장 움직임을 안정화시키는 것과 비슷합니다. 증권의 시장성과 금융시장의 안정성 사이의 조율이라고 볼 수 있는데, 시장의 안정성을 도모한다는 점에서 장기적으로 더 좋은 방향입니다.

여기까지는 자동화된 금융거래에만 초점을 두고 알고리즘의 영향을 생각해보았습니다. 그러나 알고리즘의 무서움은 우리의 미세한 행동까지도 포착하고 다른 행동을 유도한다는 것입니다. 그래서 알고리즘이 금융시장에 미치는 영향은 조금 더 광범위하고, 간접적인 방식으로도 이루어질 수 있습니다.

예를 들어, 언론들은 온라인 기사를 쓸 때 같은 내용으로 여러 개의 제목을 만들어둡니다. 이후 만들어둔 여러 개의 제목으로 된 기사를 인터넷에 업로드해 테스트한 다음 클릭 빈도가 가장 높은 제목이 달린 기사를 최종 배포합니다. 같은 내용이라 하더라도 정보가 확산하는 속도를 빨라지게 하는 것이지요. 그래서 짧고 강력하지만 정확도가 떨어지는 정보가 먼저 퍼져 나가 개인의 생각과 행동에 미묘한 영향을 미치게 됩니다. 자동화 거래를 비롯해, 시장의 빠른 움직임이 형성되고 나면, 트렌드를 활용하려는 투기꾼이 많아집니다. 이는 시장의 움직임은 객관적 근거보다 정보에 대한 사람들의 인식이 주식거래에 더 큰 영향을 미칠 수 있다는 의미입니다. 그래서 시장에 비전문가가 많아지면 시장은 버블에 더 취약해질 수밖에 없는 것이지요.

반면 시장가격을 개인투자자들이 주도하지 않는 대출 시장은 사정이 조금 다릅니다. 방대한 양의 데이터와 강력해진 알고리즘이 결합하면서 모니터링 및 스크리닝이 강화된 금융 시스템이 플랫폼 기업을 통해 부분적으로 실현될 수 있는 가능성이 제시되고 있습니다. 중국 알리바바 Alibaba 그룹의 금융자회사 마이뱅크 My Bank의 사례를 통해 조금 더 깊이 들여다보도록 하겠습니다.

## 빅테크의 금융업 진출

중국의 대표적인 빅테크 기업 알리바바 그룹은 알리바바(B2B), 티몰Tmall(B2C), 타오바오Taobao(C2C) 등 세 기업을 통해 E커머스 시장을 주도하고 있습니다. 그리고 금융결제회사 알리페이Alipay는 온-오프라인에서 거래되는 수많은 결제들을 처리하며 E커머스 바깥의 시장 정보까지 수집합니다. 2015년 알리바바 그룹은 금융자회사 마이뱅크를 설립하는데, 마이뱅크는 알리바바 그룹의 E커머스 플랫폼에서 사업을 운영하는 기업들에게 대출서비스를 제공하고 있습니다. 마이뱅크는 빅테크 기업의 자회사라는 위치를 활용해 알리바바 그룹의 플랫폼 내에서 영업하는 기업들의 정보와 알리페이로 결제가 이뤄지는 영업점의 실시간 및 영업활동 정보들을 바탕으로 기업들의 채무상환 능력을 실시간으로 평가할 수 있는 알고리즘을 개발합니다.

　마이뱅크가 초기 알고리즘을 바탕으로 대출서비스를 제공하던 시점에는 시중은행보다 거의 10퍼센트가량 높은 금리를 적용했으나, 그럼에도 채무불이행률은 시중은행 대비 훨씬 더 낮은 수준을 기록했습니다. 중소기업은 급하게 돈이 필요할 경우 시중은행에서 대출을 받기 어렵기 때문에 높은 금리를 부담하고서라도 마이뱅크의 대출서비스를 활용한 것이지요. 그 후 마이뱅크는 더 많은 데이터를 학습시키고 더 효과적인 알고리즘을 개발합니다. 2020년 마이뱅크의 단기대출 금리는 시중은행 대비 약 3퍼센트 높은 수준이며, 채무불이행률도 1.5퍼센트 정도로 시중은행보다 더 나은 위험관리 능력을 갖추고 있

습니다.[25]

　　마이뱅크의 대출 서비스가 시중은행보다 높은 금리를 적용하는 배경 중 하나는 마이뱅크가 예금을 받는 여신기관이 아니라는 점입니다. 그래서 마이뱅크도 자체적으로 자금을 조달해 대출서비스를 제공하기 때문일 수 있습니다. 또한 신용도가 낮아 시중은행에서 대출받지 못하는 기업들이 마이뱅크의 대출 서비스를 이용하기 때문에 더 높은 금리를 적용받는 것일 수 있습니다. 배경이야 어찌 되었든, 금융 서비스를 받지 못하던 중소기업으로서는 급하게 자금을 빌릴 수 있는 기회가 더 생겼으며, 채무불이행률도 낮은 수준으로 관리된다는 점에서 경제 전체적으로는 생산성을 더 확대시켰다고 볼 수 있습니다.

　　빅테크에 기반한 금융 서비스가 효과적으로 기능한다는 것은 세 가지 측면에서 중요한 함의를 갖습니다.

　　첫째, 금융 접근성이 낮은 중소기업들에 자금을 공급할 수 있다는 점에서 경제 전체의 생산잠재력을 더욱 효과적으로 자극할 수 있습니다. 중소기업들도 자금을 더 유연하게 관리할 수 있고, 개별 기업이 마주하는 급박한 자금수요에도 대응할 수 있는 기회를 제공한다는 장점이 있습니다.

　　둘째, 채권자의 법적 지위와 플랫폼 생태계 내 기업의 지위 사이에 괴리가 생긴다는 점입니다. 채무자에 해당하는 기업이 파산하면, 채권자는 채무자의 자산을 회수하려고 법적인 절차를 밟아야 하며, 원금을 회수하지 못할 가능성이 큽니다. 그러나 플랫폼 기업은 플랫폼 생태계 내에서 영업하는 기업들이 판매 활동으로 벌어들인 수익금을 담보로 요구할 수 있습니다. 즉 채무상환을 강제할 수 있는 지위에 있습니다. 채무불이행 선언 이전에 플랫폼 퇴출을 빌미로 법적으로 제한된 채권자의 지위를 넘어서 잠재적으로 원금상환을 강제할 수 있는 위치에 있습니다.

셋째, 금융 시스템 안정성에 기여할 가능성입니다. 기존 은행들은 스크리닝 및 모니터링 비용을 절감하기 위해 담보대출 위주로 대출을 내주는 경향이 있습니다. 그러나 강력한 컴퓨터의 연산력과 플랫폼 기업의 실질적 지위를 통해 스크리닝 및 모니터링 비용을 효과적으로 절감한 대출은 담보가 아닌 정보를 바탕으로 이루어진 것입니다. 이는 앞서 언급한 정보 고갈 현상을 예방함으로써 금융 시스템의 안정성뿐 아니라 금융 시스템의 회복 능력resilience도 높일 수 있게 됩니다. 빅테크 기업과 결합한 금융 시스템은 금산분리를 비롯해 많은 논의를 일으키긴 하지만, 금융 시스템의 버블 형성 측면에서 보면 긍정적인 점들도 무시하진 못할 것 같습니다.

강력한 컴퓨팅 파워를 구축하고, 빅테크의 정보력을 바탕으로 더 정교한 알고리즘을 개발하는 것은 기업의 투자활동 중 일부입니다. 즉 방대한 데이터, 하드웨어 인프라, 알고리즘 등은 부동산, 기계장치처럼 실물이 존재하는 것은 아니므로 무형자산 투자라고도 부릅니다. 이 무형자산에는 공급망, 소프트웨어, 고객관계, 특허 등 훨씬 더 광범위한 것들이 포함됩니다. 무형투자는 유형투자와 구분되는 특징들이 있는데, 다음 장에서는 이 특징들이 금융시장과 어떤 연관성을 맺는지 더 넓은 차원에서 이해해보도록 하겠습니다.

10장

# 보이지 않는 기술에 투자하는 시대

**무형자산과
시장의 상황**

앞서 이야기했듯이 IT 버블을 대표하는 키워드로는 신경제론, 실적 없는 비즈니스, 낮은 금리, 시중에 넘치는 자금 등이 있습니다. 20년이 지난 지금, IT 기술을 넘어 AI 기술과 같은 더 혁신적인 기술들이 등장하고 있습니다. 그리고 당시 각광받던 IT 기술들이 기업의 실적에 미치는 영향을 조금 더 정확하게 인식할 수 있게 되었습니다. IT 기술에 대한 투자와 실적 사이의 연결고리를 조금 더 자세히 확인할 수 있게 된 것이지요. 지금은 IT 기술에 대한 투자의 외연이 확장되어 R&D, 데이터베이스 구축, 공급망 관리, 브랜드 개설과 홍보 등 다양한 형태의 투자를 무형자산이자 그에 대한 관리로 인식하는 추세이며, 이러한 투자와 기업 실적 및 경제성장과의 연관성에 대해 더 폭넓게 연구가 진행되고 있습니다.

설명이 지루할 순 있겠지만, 무형자산을 이야기하기에 앞서 회계 문제를 한번 짧게 짚고 넘어가야 할 것 같습니다. 재무제표의 형태가 달라지기 때문에 회계적으로 투자냐 비용이냐를 나누는 일은 굉장히 중요한 기준이 되기 때문입니다.

## 무형자산의 투자 현황

기업의 관점에서 보면, 미래의 수익으로 연결될 수 있는 지출들은 투자로 인식되며, 이러한 지출들은 재무제표에 비용이 아닌 자산으로 표시됩니다. 기업 지출의 많은 부분이 자산으로 인식되면, 기업의 부채비율을 비롯해 재무상태가 더 나은 것처럼 보입니다. 그래서 기업으로서는 자신들의 지출을 투자로 표시하고 싶은 동기가 강해집니다.

이를 방지하기 위해 회계기준은 보수주의를 택합니다. 대부분의 지출을 비용으로 인식하도록 기준을 설정하는 것이지요. 그래야 기업이 임의로 '투자'라고 기록한 정보를 정보이용자들이 잘못 인식하지 않기 때문입니다. 회계학 용어로 표현하면, 미래 현금 흐름을 창출할 것으로 수치화할 수 있는 자산들에 대해서만 투자로 인식하고, 나머지는 전부 비용으로 인식합니다. 그래서 생산 장비, 비품, 기업인수 등 직접적으로 거래가 발생한 건에 대해서만 투자로 인식(즉 자산으로 측정)하고, 나머지는 전부 비용으로 처리합니다. 그래야 기업이 재무제표를 왜곡할 수 없기 때문이지요. 경제 내에서 R&D와 소프트웨어 개발에 대한 지출들이 큰 비중을 차지하지 않아도 별다른 문제가 되지 않습니다.

그렇지만 무형자산이 가득한 경제에서는 이야기가 달라집니다. 기업 내부에서 진행하는 R&D나 소프트웨어 개발도 기업의 수익성 및 효율성을 높이기 위한 지출이지만, 대부분이 비용으로 인식됩니다. 그러나 미국의 경우만 보더라도 1997년부터 무형투자에 대한 비중

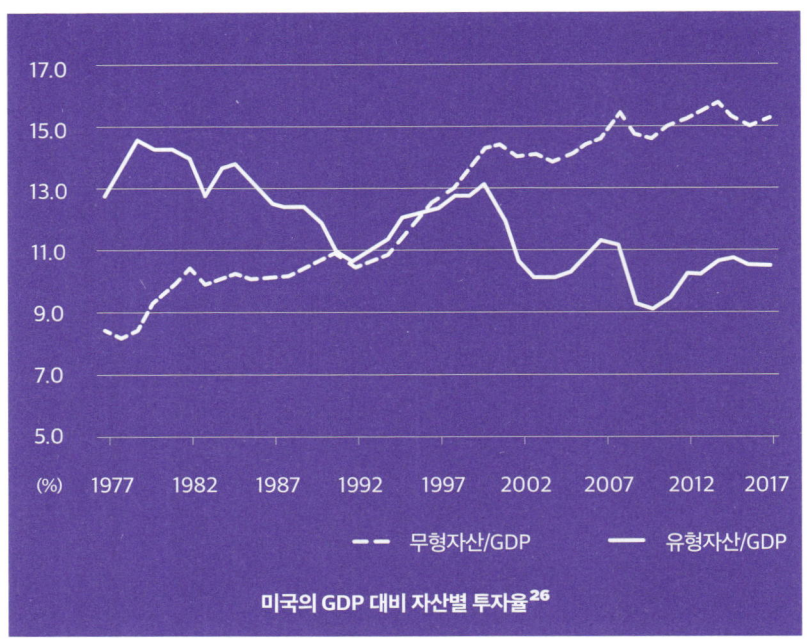

미국의 GDP 대비 자산별 투자율[26]

이 유형투자를 넘어섰습니다. 다른 선진국들을 다 포함해서 보더라도 2010년부터 무형투자의 규모가 유형투자를 앞지르기 시작했습니다. 무형자산에 대한 투자는 눈에 보이지도 않고, 회계기준 때문에 투자로 인식되지 못하지만, 기업의 경쟁력 및 수익성에 영향을 미치며, 그 영향력 또한 점차 커지고 있습니다.

　기업의 활동을 기록하는 회계원칙은 투자를 인식하고 있지 않지만, 거시경제 데이터를 통해 확인하면 무형자산에 대한 지출은 점차 늘고 있음을 알 수 있습니다. 특히 R&D와 소프트웨어에 대한 투자는 미국의 경우 어느덧 전체 GDP의 5퍼센트를 기록하고 있습니다. 즉 회계원칙과 거시경제 데이터 사이에 괴리가 존재하며, 투자자들은 회

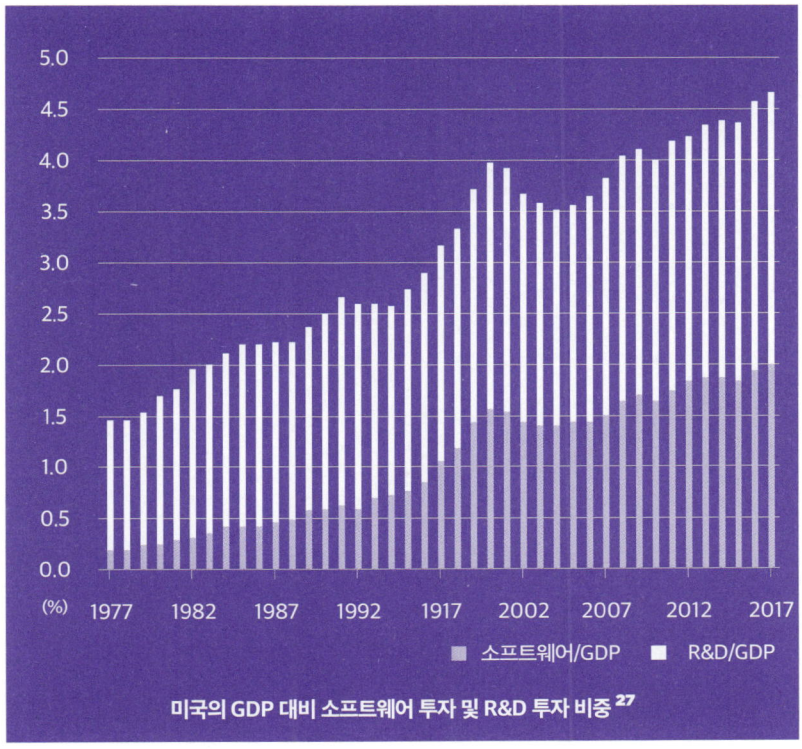

**미국의 GDP 대비 소프트웨어 투자 및 R&D 투자 비중** [27]

계정보 이면에 추가로 조사해야 할 사항들이 더 많아졌다고 이해할 수 있는 상황입니다.

264쪽 그래프는 미국 기업들의 '토빈의 Q Tobin's Q'라고 불리는 지표의 추이입니다. 이 지표는 회계적으로 표현된 자산과 대비해 실제 시장가치가 얼마나 높은가를 나타내며, 기업들의 잠재적 투자기회가 많다는 것을 의미하기도 합니다. 자산구매를 위해 지출된 투자금액이 시장에서 더 높게 평가받기 때문이지요.

흥미로운 점은 2010년부터 2020년까지 토빈의 Q도 낮고 금리

미국 기업의 토빈의 Q 추이[28]

도 낮은 편이었는데 투자 및 성장은 더뎠다는 것입니다. 이 미스터리 중 일부는 앞에서 말한 회계적 이슈 때문입니다. 투자로 봐야 하지만 회계적으로 비용 처리되어 토빈의 Q 지표가 높게 나온 것을 다른 방식으로 이해해야 합니다. 즉 기업이 공시한 정보들을 활용할 때 조금 더 조심스러워야 한다는 의미입니다.

흔히 증시의 과열을 판단하는 기준 중 하나가 버핏지수입니다. 이는 특정 국가의 상장기업 시가총액을 그 국가의 GDP로 나눈 것입니다. 국가의 생산력과 기업들이 미래에 벌어들일 잠재적 이익의 비율을 비교하는 것이니 합리적인 지표 중 하나입니다. 그러나 특정한 무형 투자는 아직 실현되지 않은 것들도 있습니다. 예를 들면, 무인자동차에 어마어마한 금액이 투자되었지만, 아직 미래에 생산 및 판매를 통한 GDP의 성장은 반영되지 않습니다. 다만, 수익성이 높을 것이라 예상이 된다면 기업의 시가총액에는 반영이 되겠지요.

글로벌 밸류체인은 버핏 지수가 감지하지 못하는 또 다른 이슈입니다. 현재 아이폰은 전 세계에 걸쳐 구축된 공급망을 통해 제조 및 유통됩니다. 그러나 수익성은 애플의 시가총액을 통해 반영되지만, 생산지는 중국 공장이므로 미국의 GDP로 측정되지 않습니다. 그렇다면 이제 전 세계를 기준으로 판단해야 할까요? 그럴지도 모르겠습니다.

이처럼 정보를 기록하는 방식이 경제 내에서 무형자산의 역할 및 비중의 변화를 포착하지 못하면 정보를 잘못 해석하는 오류를 범하게 됩니다. 이는 투자시장에서 "이번엔 다르다"라는 구호를 만드는 토대가 되기도 합니다. 다음 장에서는 우리가 회계정보를 비롯한 다양한 정보를 이해하려 할 때 어려움을 겪게 하는 무형자산의 특성들을 조금 더 짚어보고, 현재 나타나는 현상들에 대해 조금 더 깊이 이해할 수 있는 내용들을 전달하고자 합니다.

## 최근 빅테크 기업에서 나타나는 현상들

우선 현재 플랫폼 비즈니스를 비롯해 시장에서 나타나는 현상들을 중심으로 이야기를 시작해보겠습니다. 지난 몇 년간 뉴스들을 살펴보면, FAANG(페이스북, 애플, 아마존, 넷플릭스, 구글)이나 MAGA(마이크로소프트, 애플, 구글, 아마존)와 같은 조어에서 특히 잘 드러나는데, 미국 빅테크 기업들을 중심으로 증시를 진단하거나 투자 의사결정을 내리는 분위기를 느낄 수 있습니다. 그리고 빅테크 기업들이 플랫폼을 중심으로 막대한 영향력을 행사하고 있으며, 빅테크 기업들의 사업분야도 매우 다양하게 확장되고 있음을 느낄 수 있을 것입니다. 예를 들어 아마존이 새로운 산업에 진출하고 해당 산업에 속하는 기업들의 주가가 급격히 떨어지는 현상을 "아마존의 여파를 받다 Amazoned"라고 표현하는 것처럼 말이지요. 그러다 보니 빅테크 기업의 지배력이 커지면서 경쟁도 감소했고, 신규 창업도 점차 줄어드는 추세입니다.

기존의 사고방식으로 바라보면 상당히 이상한 현상들입니다. 예를 들면, 기존의 경영학 교과서들은 기업의 확장을 '관련 다각화', '비관련 다각화'라는 용어로 구분합니다. 관련 다각화의 경우 기업 간에 시너지를 창출할 수 있어 긍정적으로 인식됩니다. 하지만 비관련 다각화의 경우, 기존의 경쟁력을 신규 산업에 적용할 수 없기 때문에 비효율적인 기업 운영방식이라는 인식이 강합니다. 그래서 1980년대 관련 없는 여러 개의 분야에 사업을 확장하던 미국 기업들이 금융시장에서 기업사냥꾼들의 인수 타깃이 되곤 했습니다. 비효율적으로 운영되는 회사를 통째로 인수하여 피인수 기업의 보유자산들을 처분하는 것이 오히려 더 이익이었기 때문이지요. 그러나 오늘날 다양한 산업에 진출하는 플랫폼 기업들은 기존의 경영학 교과서와는 일치하지 않는 행보를 보이고 있습니다.

거대규모의 인수합병도 굉장히 흥미롭습니다. 최근 마이크로소프트와 블리자드 Blizzard의 인수합병을 비롯해, 지금까지 빅테크 기업들의 대규모 조 단위 인수합병이 발생한다는 사실은 굉장히 흥미롭습니다. 메타(전 페이스북)의 와츠앱 WhatsApp 인수, 아마존의 홀푸드마켓 Whole Food Market Inc. 인수, 구글의 모토로라 인수를 통한 대량의 특허권 확보한 사례 등을 보면, 한때 스탠더드 오일을 비롯해 수많은 기업들의 독과점을 응징했던 미국 정부의 움직임이 조금은 달라진 듯해 보입니다.

실리콘밸리를 중심으로 확대된 벤처캐피털의 영향력도 개인투자자로서는 조심스럽게 접근해야 하는 현상입니다. IT 기업들은 기술력과 경영자의 네트워크를 바탕으로 자금을 조달하며, 개인투자자 처지에서는 산업에 대한 네트워크가 없으면 투자 기회를 잡기도 쉽지 않습니다. 벤처캐피털의 막대한 규모는 금융의 역사에서 보면 매우 짧습니다. 은행이 아니라 자본시장에서 자본을 조달하는 초기 기업들의 급격한 성장은 분명 경제가 달라졌음을 의미합니다. 이러한 현상은 무형자산이 확대한 것과 관련이 있으므로 다음 장에서 무형자산의 주요 특징들을 알아보겠습니다.

11장

# 무엇이 투자의 핵심 자원이 되는가

**무형자산의
작동 방식**

디지털 전환이 나날이 속도를 더하면서, 무형자산과 플랫폼 경제의 중요성이 점점 더 커지고 있습니다. 과거 산업경제에서는 토지, 노동, 자본과 같은 유형자산이 기업의 핵심 경쟁력을 결정하는 요소였다면, 오늘날에는 데이터, 브랜드, 네트워크, 알고리즘과 같은 무형자산이 기업 가치를 창출하는 핵심 자원이 되고 있습니다. 특히 플랫폼 기업들은 전통적인 제조업이나 서비스업과는 다른 방식으로 성장하며, 무형자산을 활용해 시장을 지배하는 구조를 형성하고 있습니다.

    이러한 변화 속에서 우리는 무형자산이 기존의 경제 원리와 어떻게 다른 방식으로 작동하는지를 이해할 필요가 있습니다. 무형자산은 단순히 기업의 부가가치 요소를 넘어 금융, 도시, 정책 등 다양한 영역과 밀접하게 연결되어 있으며, 이들이 상호작용하는 방식은 경제 전반에 큰 영향을 미칩니다. 플랫폼 기업들이 무형자산을 기반으로 빠르게 성장할 수 있었던 이유는 무엇인지, 그리고 이러한 경제구조의 변화가 시장과 규제 환경에 어떤 도전과제를 던지는지 살펴보는 것이 중요합니다. 이 장에서는 무형자산의 대표적인 특징인 확장성, 시너지, 매몰성을 중심으로 이러한 변화가 금융 규제, 도시 경제, 정책 환경과 어떻게 맞물려 작용하는지를 탐구해보고자 합니다.

## 더 효율적인 수익을 보장하는 확장가능성

실물자산과 비교했을 때, 무형자산의 가장 큰 특징은 확장가능성입니다. 이를 플랫폼 비즈니스와 연관해 생각하기 위해 미국의 승차 공유 서비스인 우버Uber를 예로 들어보겠습니다. 플랫폼 비즈니스의 핵심은 매칭입니다. 서비스를 찾는 사람과 제공하는 사람들이 서로를 찾는 시간과 비용(경제학에서는 이를 묶어 '거래비용'이라고 부릅니다)을 줄여주는 것이 핵심이지요. 거래비용을 줄임으로써 수수료를 받는 게 플랫폼 비즈니스입니다.

우버는 서비스를 요청하는 사람과 서비스를 제공하는 사람을 빠르게 찾으면서도 실시간 수요를 반영해 서비스 이용료를 측정하는 알고리즘을 개발할 것입니다. 일단 알고리즘을 개발해놓으면, 이 서비스를 확장하는 비용은 실물재화에 비하면 압도적으로 낮아집니다. 게다가 컴퓨팅 파워를 적게 쓰는 효율적인 알고리즘을 개발한다면, 서비스를 제공하는 모든 지역에서 비용이 줄어들기 때문에 약간의 효율성 향상만으로도 수익성이 개선됩니다. 특히 플랫폼 경제는 시장의 규모가 클수록 무형투자를 통해 확보할 수 있는 잠재적 이익 규모가 폭발적으로 크기 때문에 기업들은 공격적인 투자를 감행하게 됩니다.

## 막대한 잠재력을 가진 시너지

시너지라는 것은 두 가지 이상의 요소를 결합했을 때 훨씬 더 큰 효과를 내는 조합을 뜻합니다. 하지만 시너지라는 것은 어디서 무엇이 어떻게 연결될지 사전에 알기가 매우 어렵습니다. 바퀴와 가방은 별도의 용도로 제작된 것이지만, 조합하면 여행용 캐리어로 거듭날 수 있습니다. 이는 아이폰과 같은 첨단기기들도 마찬가지입니다. 결국 혁신적이라고 불리는 제품들도 기술 가계도에서 가장 아랫단에 위치한 조합일 뿐입니다.

20세기 경제학의 거두인 조지프 슈페터 Joseph Schumpeter 는 모든 복잡한 재화는 결국 인간의 지적 노력, 육체적 노동 그리고 자연에 존재하는 자원과의 결합이라고 보았습니다. 무형자산의 비중이 커진 경제에서는 이 조합이 더 예측불가능하며, 다양합니다. 컴퓨터 연산능력의 확대는 막대한 데이터와 통계학과의 결합을 통해 AI의 발전으로 거듭났고, 이제는 다양한 창작활동의 보조도구로 활용될 수 있는 가능성을 보여주고 있습니다.

경제학자 윌리엄 보몰 William J. Baumol 은 낮은 생산성을 지적하며 만성적자에 빠질 수밖에 없는 예술업계의 한계를 얘기한 바 있습니다. 그러나 케이팝이 막대한 수익을 거두는 것을 보면 상황이 달라진 것을 알 수 있습니다. 가수나 아이돌에게는 노래, 춤, 스타일링, 콘셉트 등 다양한 콘텐츠가 필요하며, 여기에 컴퓨터 기술을 사용한 음성 편집부터 소셜 미디어를 통한 광범위한 홍보 및 유통까지, 이 모든 무형자산의 결합이 엔터테인먼트 산업의 혁신을 이끌어냅니다. 그러나 각각의 요소는 처음부터 엔터테인먼트 업계의 생산성을 위해 개발된 요소들은 아닙니다. 예로 든 엔터테인먼트 산업은 직관적으로 이해하기 쉬운 요소들의 결합으로 이루어져 있지만, IT 기술로 확장되면 훨씬 더 복잡해집니다. 원래 혁신이란 예상치 못한 데서 영향력을 발휘하는 법인데, 서로 쉽게 조합될 수 있는 무형자산의 특성은 이 혁신이 시장에 잘 반영되도록 해줍니다.

이 시너지의 예측불가능성과 무형자산 간의 용이한 결합성을 동시에 고려하면 그제야 수많은 플랫폼 기업이 비관련 다각화를 통해 경쟁력을 갖추는 원리를 이해할 수 있습니다. 핀테크 기업 스퀘어의 창업가 짐 매켈비 Jim McKelvey는 혁신적인 기업들이 당면한 산발적인 문제들을 해결해가는 과정에서 개별적인 혁신 요소들이 쌓이고, 이것들이 서로 얽혀 폭발적인 힘을 낸다고 표현했습니다. 그는 이 과정을 '혁신 쌓기 innovation stacking'라고 불렀는데, 이 혁신 쌓기를 통해 달성한 기업의 역량은 개별적인 몇 가지 요소를 복제하는 것만으로는 비슷한 효과조차 낼 수 없다고 주장했습니다.[29] 이는 화합물들이 특정한 조합에서만 화학작용을 일으키는 것과 비슷하다고 비유되기도 합니다.

폭발적인 효과를 이끌어낼 수 있는 무형자산을 결합함으로써 성장한 플랫폼 기업들은 막대한 잠재력과 함께 투자자들에게 엄청난 수익을 가져다줍니다. 그리고 수익을 실현한 초기 투자자들, 즉 벤처캐피털의 영향력이 급격히 확대됩니다. 여기서 벤처캐피털의 기능이 흥미롭습니다.

시너지란 예측하기가 몹시 어렵지만, 예측할 수 있는 폭발적인 효과를 이끌어낼 수도 있습니다. 벤처캐피털들은 포트폴리오에 수백 개의 기술기업들을 보유하고 있는데, 그중 시너지가 발생할 것으로 예상하는 기업들 간의 인수합병을 주도하기도 합니다. 즉 개별 기업들이 각자 쌓아놓은 역량을 효과적으로 결합시킬 수 있는 정보를 보유한 곳이 벤처캐피털이지요. 이 신생기업들과 벤처캐피털들이 모여 사업 모델의 다양한 연금술이 일어나는 대표적인 곳이 미국의 실리콘밸리라고 보면 되겠습니다.

## 미래에 대한 불확실성

실물자산은 결합이 어렵습니다. 제품을 아무리 작게 설계해도 결합하는 과정에서 물리적 제약이 발생합니다. 반면 형태가 없는 것들은 결합이 쉽다는 점에서 무형자산은 시너지 효과를 쉽게 이용할 수 있다고 이야기했습니다. 그러나 어디서 시너지가 발생할지 모르기 때문에 특정 연구 및 프로젝트의 경제적 효과를 사전에 파악하기가 어렵습니다. 즉 기업의 투자에 대한 잠재적 효과가 매우 불확실한데, 이를 매몰성이 높다고 표현합니다. 글로벌 빅테크 기업들을 포함해 수많은 기업들이 자율주행차에 대한 연구개발비를 수행하지만 수백조 원에 달하는 비용이 투입되었음에도 아직 풀어야 할 숙제들이 여전히 많아 보입니다.

이 미래에 대한 불확실성이 연구개발을 포함한 무형자산의 주요 특징이며, 기업들의 자본조달을 어렵게 만드는 요소입니다. 그리고 이 불확실성이 회계의 보수주의 원칙과 결합해 기업의 공시 정보에 공백을 형성합니다. 다시 말해, 공장과 토지와 같이 사업이 실패해도 그 가치가 남아 있으면 기업의 재무제표에 자산의 가치가 표시될 뿐 아니라 담보로 설정해 자금을 빌리는 데 활용될 수 있지만, 무형자산은 그렇지 않습니다. 무형자산의 비중이 높아진 경제에서는 기존의 제도 및 금융 시스템이 적절하게 기능하기 어려워지는 것입니다.

특허권을 비롯해 다양한 지적재산권이 부분적으로 그 공백을 메울 순 있지만, 무형경제에서는 이 재산권이 경제활동을 오히려 저해시킬 수 있습니다. 시너지의 핵심은 결합인데, 무형자산의 다양한 실험적 결합이 용이하게 이루어지기 어렵게 됩니다. 그래서 기업을 통째로 인수합병해서 기업 내부의 무형자산들을 흡수하는 방식을 채택합니다. 구글은 모토로라를 인수함으로써 대규모 특허 다발을 취득했는데, 이는 구글이 여러 가지 아이디어의 결합을 시도함으로써 만들어낸 혁신을 다른 특허권 보유기업의 소송으로부터 방어하고 반격할 수 있는 수단을 갖기 위해서였습니다.

무형자산의 비중이 높은 기업의 파산과 인수합병은 상황이 조금 더 복잡해집니다. 기술기업의 경우 파산에 이르면, 그간 쌓아온 노하우와 각종 무형의 자산들이 증발하게 됩니다. 모든 무형자산이 재산권의 형태로 존재하는 것은 아니기 때문입니다.

이때 등장하는 이슈가 인수합병을 통한 독과점입니다. 파산이 예정된 기업의 무형자산이 증발하도록 내버려두느냐, 아니면 선두주자의 독점적 위치를 용인하고서라도 다른 기업에 인수될 기회를 열어주

느냐 하는 문제가 발생합니다. 무형자산을 대거 보유한 기업이 파산하면, 무형자산의 상당 부분이 사라질 텐데 이 자산의 비중이 커진 경제에서 결코 쉬운 결정이 아닙니다. 2014년 페이스북이 와츠앱을 인수할 때 발생했던 이슈가 정확히 이 상황입니다. 또한 1907년 공황 사건에서 볼 수 있듯이, 경제적 손실이 너무 큰 경우에는 독과점을 용인하는 경우도 발생할 수 있음을 짐작할 수 있습니다.

## 금융기관의 엄격한 규제

무형자산의 특성에서 비롯한 현상들은 금융위기와도 깊은 연관이 있습니다. 뜬구름 잡는 것 같아 보이지만, 원인은 늘 멀리서부터 시작되기 때문에 넓은 시야를 견지할 필요가 있습니다.

    2008년 금융위기 이후 세계적으로 더 엄격한 금융규제가 적용되기 시작했습니다. 바젤3라는 이름으로 글로벌 규제 표준이 마련되었으며, 미국 내에서는 도드-프랭크법이라는 이름으로 금융 시스템 안정화를 위해 광범위한 규제가 적용되었습니다. 몇 가지 사항만 짧게 짚어보자면, 금융기관의 과도한 위험 추구를 제한하고, 미 국채와 같은 안전자산을 보유함으로써 재무건전성을 확보할 것을 요구하는 것입니다. 이 규제들로 인해 위험도가 높은 투자안에 대해서는 대출심사가 더 까다로워지고, 담보가 없거나 신용등급이 낮은 기업에 대한 대출은 제한되었습니다. 재산권을 주장하기 어렵고 미래 수익에 대한 불확실성이 특히나 높은 무형자산을 대거 보유한 기업들은 자금조달이 더 어려워진 것입니다.

그래서 무형자산의 비중이 높아질수록 통화정책으로 인한 투자 촉진 및 경기부양의 효과가 점점 더뎌지고 있다는 주장이 제기되기도 합니다. 통화정책으로 자금이 흘러들어가는 경로는 금융기관들인데, 이 금융기관들이 엄격한 규제 하에 무형자산 중심의 기업들에게 자금을 공급하지 못하게 됐기 때문입니다. 즉 금융기관에 유동성이 넘쳐나는데, 넘치는 유동성이 기업투자에 활용되지 못해 부동산을 비롯해 담보설정이 가능한 다른 부문에 흘러들어 가격을 높이는 현상이 발생하게 된 것입니다. 이는 무형자산이 가득한 경제에서 부동산과 같은 실물자산의 가격이 오히려 더 높아지는 계기가 됩니다.

## 스필오버 효과와 혜택

무형자산이 풍부한 경제에서의 부동산 가격에 대해 조금 더 자세히 들여다볼 필요가 있습니다. 흔히 IT 기술 개발 초기에는 원격근무로 인해 공간의 제약이 사라질 것이라고 예상하는 이들이 많았습니다. 이는 자연스레 사무실이 밀집한 공간의 수요를 떨어뜨려 부동산 가격 하락으로 이어질 것이라는 생각으로 연결되었습니다. 그러나 현 시점을 보면 오히려 도심지역의 가치는 더 높아진 것 같습니다. IT 기술이 급격히 향상되고, 원격근무를 지원하는 서비스도 발달했는데 말입니다. 앞에서 이야기했듯이 무형자산의 비중이 높은 경제에서 적용된 엄격한 금융규제가 부분적으로 부동산의 가치를 높이긴 했으나, 그 외에도 다른 힘이 작용하는 것 같습니다. 이는 부분적으로 스필오버spillover(파급효과)라 불리는 현상과도 관련이 있습니다.

도시를 정의하는 핵심지표 중 하나는 인구밀도입니다. 더 많은 사람들, 특히나 더 똑똑한 사람들을 한곳에 모아둘수록 발현될 수 있는 아이디어는 더 많아집니다. 하지만 더 많은, 복잡한 지식이 누적될수록, 이를 비대면으로 전달하는 것은 점차 어려워집니다. 온라인 소통으로는 상대가 자신의 말을 이해했는지 곧바로 파악하기 어렵기 때문에 소통에서 비효율이 발생합니다. 글도 마찬가지입니다. 광범위한 독자가 작가의 메시지를 이해하도록 하기 위해 작가는 수많은 맥락들을 하나하나 설명해야 하며, 이는 지식의 생산 및 유통이 짧은 시간 내에 이루어지기 어렵게 하는 요소입니다. 이 때문에 IT 기술이 급격히 발달하더라도 대면 소통이 복잡한 지식과 아이디어로 구성된 무형 경제에서 오히려 효과적으로 기능하는 것입니다. 대면 소통이 다양한 감각 정보를 동시에 활용해 아이디어가 더 잘 전파되도록 하기 때문입니다.

몇몇 실험에 따르면 직접적인 접촉을 통한 관계가 협력과 신뢰를 빠르게 형성하고, 더 나은 결과물로 이어진다고 합니다. 즉 사람들을 효과적으로 연결할 수 있는 도시는 아이디어를 효과적으로 전달할 뿐 아니라, 장기적인 협력을 형성하는 데에도 중요한 것이지요. 앞서 말했다시피, 무형자산의 상당수는 재산권을 주장하기 어렵기 때문에 협력 네트워크가 자산으로 기능하게 됩니다. 무형자산의 비중이 커진 경제는 IT 기술의 발전을 통해 비대면 소통을 원활하게 해주지만, 그럼에도 대면 소통의 가치가 높아져 오히려 사람들이 도심지로 몰려들게 됩니다.

이렇게 효과적인 상호작용을 통해 정보가 빠르게 전파되고, 도시의 전반적인 생산성 향상으로 연결되는 것을 '스필오버'라고 부릅니다. 긍정적인 외부효과라고 볼 수 있는 이 스필오버는 도심 거주자에게 간접적으로 금전적인 혜택을 가져다주기 때문에 도심 주택가격의 상승으로 연결됩니다. 그러나 이 스필오버를 통해 혜택을 얻는 이들은 보통 부동산 소유주입니다. 실리콘밸리의 기업가들은 스필오버의 혜택을 누리는 만큼 그에 상응하는 임대료를 지불해야 하기 때문입니다.

## 방향성을 예측하기 힘든 무형자산

무형자산의 확장성과 시너지 그리고 매몰성을 동시에 결합해보면, 플랫폼 경제는 승자독식 구조가 형성될 수 있음을 알 수 있습니다. 확장성은 우위를 점한 기업이 적은 비용으로 순식간에 시장을 지배할 수 있음을 의미합니다. 시너지는 일단 여러 개의 혁신적 요소들을 갖추고 있으면, 그 안에서 또 다른 조합을 통해 새로운 제품과 서비스를 개발하기가 점차 쉬워지는 것을 보여줍니다. 그리고 매몰성은 신규 기업의 자본조절을 어렵게 만들어서 진입장벽을 형성하는 기능으로 작용합니다. 즉 먼저 시장을 확보하면 선두기업은 엄청난 우위를 점합니다. 그리고 로비를 통해 게임의 룰을 더욱 유리하게 세팅하고자 하는 동기가 생깁니다.

플랫폼 기업들의 경쟁 강도를 높일 수 있는 방법 중 하나로 거론되는 것이 플랫폼 이용자의 개인정보에 이동성을 보장하는 일입니다. 구체적으로, 플랫폼 기업이 플랫폼 소비자로부터 제공받은 정보를 표준화된 형태로 저장해, 소비자가 자신의 정보를 어느 플랫폼으로든 언제든지 이동시킬 수 있도록 하는 것입니다. 이는 플랫폼 이용자에게 자신의 정보통제권을 부여함과 동시에, 플랫폼 기업들이 서로 꾸준히 경쟁하도록 하는 효과적인 방안입니다. 신규기업의 진입도 더욱 쉬워지겠지요. 물론, 이러한 규제를 막기 위해 플랫폼 기업들의 로비가 있을 수 있겠지만, 불가능해 보이진 않습니다. 이 또한 정책에 따른 기존 기업의 수익성에 변화를 줄 수 있는 요인이지요.

《월스트리트 저널》에 따르면 2019년과 2020년에 로비에 가장 많은 돈을 쏟아 부은 기업이 아마존과 메타인 것으로 드러났습니다. 이제 막대한 영향력을 가진 빅테크 기업들이 수익성을 유지하기 위해 엄청난 정치적 권한을 휘두를 가능성도 있다는 뜻입니다. 이 때문에 각국은 기업의 수익성을 좇는 행위에 따라 발생하는 부정적 외부효과를 어떻게 관리할 것인가에 대해 논의 중입니다. 대표적인 예가 2019년 미국 캘리포니아 의회가 통과시킨 AB5법입니다. 이 법안의 골자는 독립계약자로 분류되어 노동자로서 법적 보호를 받지 못하는 사람들을 종업원으로 분류함으로써 사회안전망에 포함되도록 하고, 기업이 추가적인 비용을 부담하도록 하는 것입니다. 이러한 정부의 움직임 또한 정책이 무형자산의 비중이 풍부한 플랫폼 기업들의 수익성에 미치는 영향이 잠재적으로 상당히 클 수 있음을 시사합니다.

NFT라는 기술도 정책과 연관해 살펴보기에 굉장히 흥미로운 주제입니다. 무형자산이 재산권을 주장하기 어려운 탓에 기업들은 유출되거나 타인도 활용할 수 있는 투자를 꺼리곤 합니다. 특히나 특허로 등록되기 어려운 투자들은 더욱 그렇습니다. 예를 들어 기업이 자체적으로 효율적인 소통을 위해 만들어놓은 표준 모델이나 기업 내부에서 트레이닝시킨 직원들은 다른 기업에도 긍정적인 영향을 미칠 수 있기 때문에 투자한 기업이 전용하기 어렵습니다. 특히 상표 및 브랜드의 경우에는 침해 기준도 애매하고, 누가 어디서 만든 건지 식별하기도 어렵습니다. 특히나 디지털에서는 복제가 가능하기 때문에 원본이라는 개념도 애매합니다. 이 때문에 원본에 대한 소유권을 주장할 수 있도록 고안된 디지털 기술 중 하나가 NFT입니다. 이 기술은 아직 기존의 지식재산권법 및 소유권법과 충돌하는 부분들로 인해 그 가치가 아직 불분명하지만, 정책적 움직임을 만들어내는 발견이기는 합니다.

이렇듯, 무형자산은 기존의 경제 질서 내에서 원활하게 기능하지 못하는 면모들이 존재합니다. 따라서 새롭게 등장하는 기술, 정책, 그리고 법과의 연관성 속에서 그 가치가 지속적으로 조정될 것으로 보입니다. 그에 따라 기업의 가치, 멀리는 부동산의 가치까지도 지속적으로 다른 향방이 나타나겠지요. 그러나 업계와 학계를 막론하고, 무형자산에 대한 이해는 여전히 부족하며 앞으로 그 방향성을 예측하는 것은 정말 어렵습니다. 인체를 해부하듯 개별 기업의 구성을 속속들이 파헤쳐 이해하더라도, 실제 투자가 맞아 들어가는 경우는 상당히 드뭅니다. 그렇다면 투자자들은 복잡한 환경 속에서 투기에 빠지지 않고 어떻게 자신의 자산을 관리해야 할까요?

복잡다단한 경제 생태계가 가끔은 예상치 못한 폭발적인 수익으로, 또 가끔은 정책적 방향에 따른 수익성의 변화로 이어집니다. 이 때문에 불확실한 기대가 주가에 미치는 영향이 실적보다 커지는 순간이 발생합니다. 무형자산의 비중이 더 커진 경제는 투자자의 분석에 따른 예측이 훨씬 어려우며 투기를 조장하는 특성을 갖게 됩니다. 그러나 그럴듯한 성장 가능성에 과잉반응하는 투자자들은 대부분 신규 투자자들이지, 전문 투자자인 경우는 드뭅니다. 무형자산이 가득한 실리콘밸리의 벤처캐피털조차 개별 기업이 성공하리라 예측하는 것은 불가능합니다. 그들도 수백 개의 기업들을 포트폴리오에 담고 리스크를 관리하면서 투자 의사결정을 내립니다. 더욱 불확실하기 때문에, 리스크 관리가 더 중요해진 시대입니다.

## 올바른 분산투자의 방법

　앞의 이야기들을 정리해보면, 무형자산은 그 특성들로 인해 분석에 따른 예측이 매우 어렵고, 부동산 부문에 긍정적인 외부효과를 가져올 뿐 아니라, 정부의 정책방향에 더 많이 노출되어 있습니다. 새롭게 투자를 결심한 개인들은 어떻게 투자를 시작해야 할까요?
　가장 잘 분산된 펀드에 투자하는 것이 올바른 시작점입니다. 특정 기업의 수익성에 부정적인 효과를 주는 정책은 경쟁업체 또는 다른 산업에 오히려 긍정적인 영향을 주기도 합니다. 예를 들어, 빅테크 기업이 직간접적으로 금융산업에 진출할 수 있게 되면, 이는 기존의 금융산업을 비롯해 다양한 부문에 영향을 끼칩니다. 기후변화와 같은 거대한 변화 또한 기업의 수익성에 미치는 영향이 산업 및 기업별로 비대칭적인 것은 마찬가지입니다.

흔히 사용되는 "달걀을 한 바구니에 담지 말라"는 문구로 분산투자의 중요성이 거론되곤 합니다. 그러나 분산투자는 조금 더 미묘한 의미를 담고 있습니다. 굳이 바구니 속 달걀로 비유를 하자면, 특정 달걀이 깨지면 그 여파로 더 단단해지는 달걀이 생기며, 그 달걀들도 같이 보유해야 한다는 의미입니다. 달걀로 비유하면 오히려 헷갈리니 다른 방식으로 설명해야 할 것 같습니다.

관광산업으로만 운영되는 도시 A를 생각해보겠습니다. 이 도시는 경기변동에 매우 취약할 것이고, 불황기에는 파산에 이르거나 실직하는 사람들도 많아질 것입니다. 이들은 직업도 가지지 못해 자신이 일하면서 쌓은 노하우도 잃어버릴 수 있습니다. 그 결과 사회 전체적으로 손실이 발생하겠지요.

반면 산업이 다양하게 구성된 도시 B가 있다고 가정해보겠습니다. 이 지역은 관광분야가 불황에 빠지더라도, 독서나 뜨개질처럼 정적이고 저렴한 여가를 즐기는 사람이 점차 생기면서 출판 및 제봉 업계는 사정이 더 나을 수 있습니다. 즉 불황에도 노동력을 고용할 여력이 있습니다. 관광 분야에서 일하던 사람이 다른 직업을 구할 기회가 생기는 것이지요. 도시 B는 불황으로 인한 사회적 손실이 도시 A에 비해 적다는 것입니다.

관광산업은 호황기에 더 급격하게 성장하며, 도시 A가 도시 B보다 빠르게 성장한다고 얘기하시는 분들이 있을 수도 있겠습니다. 그러나 장기적인 성장 속도는 B가 더 우월합니다. 도시 A는 쌓아둔 성장이 불황기에 순식간에 큰 폭으로 사라지지만, 도시 B의 경우 호황기에 급격히 성장한 관광산업의 수익이 다른 분야에 흘러들어 더 생산적인 산업구조가 갖춰지기 때문입니다. 이 비유는 분산투자 및 포트폴리오 재조정을 통해 위험과 수익률 두 가지 측면 모두에서 장기적으로 더 나은 성과를 낼 수 있는 원리의 예시라고 볼 수 있습니다.

분산투자를 한다는 것은, 개별 자산들 사이의 수익률 상관관계를 활용해 포트폴리오를 구성한다는 뜻입니다. 분산 효과를 활용해 포트폴리오 수익률의 변동성(분산)을 줄일 수 있으면, 복리의 효과를 더 잘 누릴 수 있습니다. 수익률의 변화폭이 크면, 그간 쌓아온 수익률이 순식간에 날아갈 수 있기 때문입니다. 따라서 분산은 투자자의 포트폴리오를 투기보다는 투자에 가깝게 만들어줍니다.

세계 최대 규모 헤지펀드인 브리지워터 어소시에이츠 **Bridgewater Associates**의 경영자였던 레이 달리오 Ray Dalio는 자신이 쓴《원칙Principles》에서 분산투자를 '투자의 성배'라고 불렀습니다.[30] 급변하는 경제 환경에서는 수백억 원의 자산가도 순식간에 자산이 날아가는 순간을 맞이하기도 합니다. 이러한 환경에서 효과적으로 재산을 방어하는 방법 중 하나가 분산투자입니다. 그래서 금융시장이 제공하는 유일한 공짜 점심이라고 불리기도 합니다.

물론 오늘날 분산해야 하는 범위는 더 넓어 보입니다. 무형자산의 비중 증가가 오히려 부동산 가치를 올리는 사례라든지, 금융규제로 인해 안전자산의 가치가 더 높아진 현상을 보면 기업활동만 고려하는 것으로는 분산 효과를 누리는 데 한계가 있어 보입니다.

## 투자로 벌어들인 수익을 활용하는 리밸런싱

분산투자를 투자의 시작점이라고 본다면, 포트폴리오 리밸런싱은 투자의 여정이라고 볼 수 있습니다. 다시 말해, 투자로 벌어들인 수익을 활용하는 방식입니다. 투자 포트폴리오를 재조정하는 것이지요. 도시 B의 예시로 돌아가면, 관광산업이 벌어들인 수익을 어느 산업에 재투자할 것인지를 결정하는 과정입니다.

잘 분산된 포트폴리오를 갖추는 것은 간단한 편입니다. 정확하진 않아도, S&P 500, 코스피, 러셀 2000, 니케이 등 시장지수를 추종하는 것만으로도 분산투자 효과를 어느 정도 누릴 수 있습니다. 그러나 리밸런싱은 조금 더 복잡합니다. 산업전망, 개별 기업의 성장잠재력, 특정 투자안의 안전성 등 개별투자안의 분석결과를 반영하는 과정입니다. 개개인의 투자 철학에 따라 가중치를 두는 요소들도 달라집니다. 개인의 전망에 따라서는 현금 보유 비중을 늘리는 것도 리밸런싱의 일부입니다.

이는 자신이 보유한 종목의 가격이 떨어졌을 때, 매수한 종목의 평단가를 내리기 위한 '물타기'와는 엄연히 다릅니다. 리밸런싱은 반드시 이용할 수 있는 투자안과의 비교를 통해서 이루어져야 합니다. 가치투자를 예로 들자면, 투자자가 계량화시킨 개별종목의 안전 마진

크기에 가중치를 두고 교체매매를 진행해야 합니다. 이를 일정 시기마다 반복적으로 최적화하는 과정이 리밸런싱입니다. 투자를 시작한 지 얼마 되지 않은 사람이라면 이 부분을 잘 이해하지 못할 수도 있습니다. 이 복잡한 프로세스를 진행하지 않을 것이라면, 자신이 전문적으로 이해하는 분야와 시장지수를 조합하거나 펀드를 이용하는 것이 더 나은 선택입니다.

> **교체매매**
> 개인이나 금융기관이 자산 명세표를 다시 구성하기 위해 기존에 보유한 자산을 매각해 그 자금으로 다른 자산을 구입하는 일을 말한다.

## 안전한 펀드 선택하기

이 분산투자 효과는 이론적으로 상당히 아름답고, 투자 포트폴리오를 공학적으로 관리할 수 있게 해줍니다. 노벨경제학상까지 등장한 분야입니다. 하지만 실제로 적용하는 것은 결코 쉽지 않습니다. 투자자산들 사이의 수익률 상관관계를 지속적으로 체크해야 하고, 그때그때 자산들의 투자 비중을 조정해야 하며, 주식 및 채권 이외의 자산에 관한 데이터를 수집해야 하는 엄청난 노력이 들어갑니다. 특히나 유동성이 낮은 자산을 급매할 때 발생하는 가격 하락까지 고려하면 개인투자자 수준에서는 어떻게 투자 포트폴리오를 관리할지 감도 오지 않습니다. 더군다나, 앞서 봤다시피 무형자산의 비중 증가, 회계원칙과 투자 사이의 괴리, 그리고 정책을 동시에 고려하는 일도 어렵습니다. 그러나 이 사항들을 따져보지 않으면 주기적으로 반복되는 버블을 감지하지 못하고 손실을 보기 일쑤입니다. 그래서 적절한 펀드를 선택하는 것이 오히려 낫습니다.

펀드에 관한 학계의 분석도 몇 차례 진행된 바 있습니다. 결론부터 이야기하자면, 수수료를 제외하면 대부분의 액티브 펀드가 시장지수 대비 낮은 퍼포먼스를 보인다는 것입니다. 이러한 연구결과는 펀드업계의 경쟁 심화와 맞물리면서 펀드 수수료 인하로 이어졌고, 차별화된 상품도 더 많아졌습니다. 금융소비자의 선택폭이 훨씬 넓어진 것이지요.

특히 초보투자자들은 인덱스 펀드로 시작하는 것이 좋은 출발점입니다. 수수료도 저렴할 뿐 아니라, 특정 테마를 타깃팅한 펀드들에 비해 성과도 통계적으로 더 나은 경향을 보이기 때문입니다. 따라서 최대한 다양한 시장지수 및 부동산 펀드 등을 소유하는 것이 좋으

**인덱스 펀드(index fund)**
특정 지수를 목표 주가로 정한 다음에 각 지수에 편입된 주식의 비중만큼 주식을 매입한 다음 보유하는 전략을 사용한 펀드. 펀드의 수익이 지수의 변화를 따라가도록 운용한다.

며, 잘 분산시킬수록 장기적으로 더 나은 효과를 기대할 수 있습니다. 그리고 특정 분야에 대한 공부를 하면서 자산의 비중을 천천히 조절하면 됩니다.

투자를 막 시작하는 분들은 '지금이 기회다'라는 느낌을 여러 차례 받을 수 있는데, 이 느낌을 조심해야 합니다. 감정에 사로잡힐수록 자주 거래를 하게 되는데, 실증분석에 따르면 거래를 자주 할수록 실적이 더 낮은 경향을 보입니다. 우리는 시장의 변동과 자신의 감정을 분리할 수 있어야 합니다. 그러나 그렇게 하는 게 쉽지 않으므로 훈련된 전문투자자에게 위탁하는 것이 오히려 낫습니다. 경험이 많은 트레

이더일수록, 급격한 시장변동성이 관찰되더라도 뇌파는 다소 안정적인 경향을 보인다고 합니다.

개인의 선택권을 전문가에게 위탁하는 것을 꺼리는 분들도 있습니다. 스스로 분석할 수 있는 역량이 있다고 확신하며, 자신의 아이디어가 다른 전문투자자들을 설득할 수 있는 수준이라면 문제가 없습니다. 그러나 사회에 대한 올바른 견해가 수립되지 않은 청소년에게 무한한 자유와 책임을 넘겨주지 않듯이, 투자자 개인도 자신의 자본시장에 대한 접근성을 조심스럽게 생각해야 합니다. 온전히 스스로 관리하기 전까지는 전문가한테 맡기는 게 적절합니다. 비행기 추락사고가 일어나고, 이따금 의료사고가 발생한다고 해서 스스로 파일럿이나 의사가 될 필요는 없습니다. 특히 의료의 경우 전문가의 조언과 자신의 생활방식을 잘 결합하는 것이 중요하겠지요. 투자도 마찬가지입니다. 큰 손실을 피하려면, 전문가의 도움을 받는 것이 자연스럽습니다.

# 12장 건강한 투자를 위한 우리의 자세

## 버블에 대한 새로운 고찰

에이브러햄 링컨은 민주주의 사회가 건강하게 기능하기 위해서는 교육이 중요하다고 주장했습니다. 그러나 그 당시 국민들에게 공교육은 원활하게 제공되지 않았으며, 지식의 확산도 원활하지 못했습니다. 건설적인 민주주의가 자리 잡기에 적절한 환경이 아니었던 것이지요. 이에 링컨은 시민들의 교육수준을 높일 수 있도록 각 주<sub>state</sub>에 대학설립을 위한 보조금을 지급하는 정책들을 시행하는 등 다양한 노력을 들였습니다. 이와 함께 시민 개개인이 민주시민으로서 의식을 함양하는 것 또한 필요합니다. 그래야 건강한 민주주의 시스템이 사회에 자리 잡고, 그 혜택을 사회구성원 모두가 누릴 수 있습니다. 금융시장의 버블을 들여다보면, 금융 시스템에서 민주주의와 유사한 면모를 확인할 수 있습니다.

    우리는 단순히 은행을 통한 예금 및 대출을 넘어 언제든지 주식거래, 펀드투자 등 다양한 범위의 금융 활동을 할 수 있습니다. 대부분의 사람들이 쉽게 금융에 접근할 수 있으며 금융민주화라는 개념이 조성되면서 금융 시스템에 대한 이해도 높아졌습니다. 특히 서비스 이용자들이 부당한 대우를 받지 않도록 금융소비자 보호법과 같은 제도들도 갖춰져 있지요. 그러나 새로운 금융시장 참여자들의 부주의한 의사결정이 만연해지고, 시장에 버블이 발생하면, 그 피해는 금융 시스템을 이용하는 기업과 국민 모두에게 돌아갑니다.

## "지능이 아니라 기질이 중요하다"

건강한 민주주의를 지탱하기 위해 공교육 시스템을 비롯해 시민들의 의식을 함양하려는 노력이 필요한 것처럼, 금융에 대한 접근성이 모두에게 보장되고 건강한 금융 시스템이 지속되기 위해서는 시장참여자들 역시 적절한 의사결정 능력을 갖출 필요가 있겠지요. 시민들의 건강한 의사결정 능력이 결여된 사회가 포퓰리즘에 의한 사회 혼란을 마주하듯, 타인에게 쉽게 휘둘리는 투자 의사결정은 시장에 버블을 형성하고, 결국 금융 시스템에 큰 손상을 가져옴과 동시에 사회에 막대한 경제적 손실을 초래할 수 있습니다.

금융은 경제활동을 영위하는 모든 주체에게 제공되는 일종의 공공재입니다. 당연히 정책에 크게 영향을 받고, 국가가 나서서 관리해야겠지만, 특정 주체가 금융시장을 통해 단기적으로 부를 과하게 추구하려는 욕심은 타인에게도 영향을 줍니다. 자신의 이익을 위해 환경을 오염시키며 이익을 추구하려는 행태와 동일한 성격입니다. 금융질서를 훼손하는 시장 조작 행위 등이 강하게 처벌받는 것도 같은 맥락입니다.

우리는 버블이라는 현상을 측정하고 관리할 수 있을까요? 몇몇 학자들은 버블을 경고하는 지표를 개발하고, 시장을 적절히 관리해야 한다고 주장합니다. 반면, 모멘텀 투자로 인한 수익, 단기적인 수익에 대한 인간 본성의 취약성 등을 지적하며, 버블은 체계적으로 관리할 수 있는 것이 아니라는 견해도 있습니다. 정답이야 없겠지마는, 올바른 의사결정이 가능한 투자자가 많아질수록 투기에 의한 사회적 비용은 더 적어지지 않을까 생각합니다.

흔히 금융시장의 정보 전파 과정을 전염병에 비유하기도 합니다. 그럴듯한 정보가 전파되기 시작하면, 모두가 그 정보에 감염됩니다. 전염병에 감염되지 않으려면 스스로를 고립시켜야 하듯이, 잘못된 투자정보에 휘둘리지 않으려면 어느 정도 독립적인 의사결정이 가능해야 합니다. 훌륭한 투자자가 되기 위해서는 지능이 아니라 기질이 중요하다고 버핏이 말한 것처럼, 투자자로서 중요한 기질은 다수의 사람들과 함께하는 데서 큰 즐거움을 얻거나 군중에게서 완전히 동떨어지는 것을 경계하는 것입니다. 교육을 통해 공동의 이해 기반을 갖춤과 동시에 스스로 학습하고 사고할 수 있는 능력을 갖추는 것은 올바른 인간성을 함양하는 것과도 비슷합니다.

## 버블에 대한 서사를 새로 수정하기

버블이라는 현상을 집중적으로 탐구한 학자가 있습니다. 현재 예일대학교 스털링 명예교수(예일대학교에서 해당 분야의 학문적 업적이 가장 높은 사람에게 주어지는 종신교수직)로 있으며, 2013년 노벨경제학상을 수상한 금융 분야의 권위자 로버트 쉴러 Robert J. Shiller 입니다. 쉴러 교수는 IT 버블, 2000년대 중반 미국의 주택시장 버블 등을 사전에 경고했으며, 경제지표만으로 설명되지 않는 버블이라는 현상을 더 큰 맥락에서 바라보고자 했던 사람입니다. 최근에는《내러티브 경제학 Narrative Economics》을 통해 '사회현상을 설명하기 위해 활용되는 이야기(내러티브)'가 전염병처럼 사람들 사이에 퍼지면서 투기 열풍을 이끌게 되며, 오늘날에는 SNS를 통해 내러티브가 더 빠르게 확산된다고 경고했습니다.[31] 도대체 이야기라는 것은 어떤 특징을 가졌길래 사람들로 하여금 잘못된 정보까지도 빠르게 확산시키는 것인지 생각해볼 필요가 있습니다.

훌륭한 이야기에는 일련의 사건들이 서로 연결되어 있습니다. 사소한 것들에도 이유가 있으며, 인과관계의 구조가 명확하지요. 그리고 듣는 이의 감정도 자극하며, 중요한 메시지도 담고 있습니다. 즉 이야기라는 것은 중요한 정보를 효과적이고 몰입감 있게 전달하는 인간의 발명품입니다. 행동경제학의 토대를 만든 인지심리학자 아모스 트버스키 Amos Tversky 는 죽기 전 아들에게 다음과 같은 말을 남겼다고 합니다. "내가 생각하기에 유대교는 강단이나 역사책이 아니라 우화, 재미있는 이야기, 적절한 농담을 통해서 지혜와 역사를 다음 세대에 전달하는 전통이 있는 것 같단다."[32] 분명 중요한 정보 또는 가치관을 전달하는 데서 석학들은 공통적으로 이야기의 역할이 핵심적이라고 인식하는 것 같습니다. 우리는 이야기 속에 감정이입하고, 직접 경험하지 않고도 지식을 전달받으면 세대 간에 지혜를 축적할 수 있습니다.

이야기는 진실이 아닌 경우에도 인류에게 영향력을 미쳤습니다.

인간이 자연에 대한 이해가 부족했을 때, 번개와 폭우를 비롯한 각종 자연재해를 신의 분노 또는 마녀의 만행이라 여기기도 했습니다. 신화는 그 사실관계를 검증을 할 수 없지만 세상을 이해할 수 있는 형태로 변화시키는 힘을 가지고 있습니다. 우연으로 받아들이기보다는 이유를 찾으려는 뇌의 습성일지도 모르겠습니다. 그래서 무기력하게 좌절하기보다는 변화에 대응하려는 의지를 키워냅니다. 다시 말해, 이야기의 형태로 전해 내려오던 신화는 우리가 예측하거나 대응하기 어려운 사건들 앞에서 나아갈 수 있는 힘을 제공합니다.

반면, 오늘날 인류는 과학의 발전을 통해 자연현상을 더 자세하게 이해할 수 있습니다. 더 나아가 재해의 발생가능성을 확률적 사건으로 이해하는 지적 도약을 이뤄냈습니다. 그래서 역사학자 앨런 맥팔레인 Alan MacFarlane은 보험업이 확산되면서 마녀사냥이 줄었다고 주장했습니다.[33] 인류의 자연재해에 대한 이해도가 높아지고 리스크 관리 능력이 향상되자 잘못된 인과관계를 제시했던 이야기들도 폐기된 것이지요. 재난을 시스템적으로 관리하는 방식으로 노력의 방향이 바뀜으로써 마녀사냥의 희생자들은 더는 생기지 않았습니다. 이제는 가짜 이야기를 만들어내지 않고도 나아갈 수 있으며, 불확실한 미래를 더 효과적으로 관리할 수 있는 능력을 갖게 된 것입니다.

버블이라는 현상도 마찬가지라 생각합니다. 버블에 대한 이해와 여기에 대응할 수 있는 지적 역량이 강화될수록, 버블 생성과 붕괴에 대한 대응도 한층 더 수월해질 수 있지 않을까 합니다. 그 시작점은 시장 버블을 투자 기회로 인식하도록 만드는 잘못된 이야기들을 사회에 더 이로운 형태로 수정하는 것입니다.

## 13장

# 기회의 광풍에서 현명하게 빠져나오는 법

**버블에 대처하기 위한 전략**

세상이 빠르게 변하는 만큼, 이에 발맞춰 최근 기술 및 트렌드를 설명하는 책들이 시중에 쏟아지고 있습니다. 변화하는 세상을 이해하기 위해서는 이러한 책들이 유용할 수 있을 것입니다. 반면, 매우 오래전에 쓰였지만 삶을 관통하는 지혜를 전달하는 책들도 여전히 팔리고 있습니다. 여전히 팔리는 고전 서적들은 변화하는 환경 속에서도 여전히 유용한 길잡이가 되기 때문이겠지요. 마찬가지로, 고려해야 하는 요소들이 끊임없이 변하는 금융시장에서, 여전히 투자자들에게 지침이 되는 투자 철학들이 있습니다. 세스 클라먼은 "인간은 아무 노력 없이 즉시 부자가 되려는 욕망을 영원히 떨쳐버리지 못할 듯하다. 사람들이 이런 욕망에 굴복하는 한, 가치투자는 지난 75년과 마찬가지로 앞으로도 성공적인 장기투자로 이끄는 건전하고도 안전한 기법이 될 것이다"라고 말했습니다.[34] 여기서는 거의 모든 투자자들이 알면서도, 오직 부분적으로만 그 의미가 통용되는 가치투자에 대한 이야기를 전하고자 합니다.

## 가치투자의 진정한 의미

흔히 '가치주 value stock'라고 하면 시가총액에 비해 장부가치가 상대적으로 큰 비중을 차지하는 주식들을 의미합니다. 그 반대의 성격을 지닌 주식들은 '성장주 glamour stock'라고 하지요. 미국에서는 가치주를 중심으로 투자 포트폴리오를 형성하는 것이 통계적으로 더 나은 수익률을 보였습니다. 물론, 미래에도 이 전략이 의미가 있고 잘 통할 것이라고 얘기할 순 없습니다(특히 앞에서 살펴본 회계의 보수주의 원칙 때문에 장부가치가 알려주는 정보는 이제 더 줄었습니다).

그러나 가치투자는 단순히 가치주를 중심으로 투자 포트폴리오를 구성하는 것과는 그 의미가 조금 다릅니다. 오히려 분석에 따른 기업의 적정가치와 실제 시가총액 사이의 괴리에 주목합니다. 그래서 엄청난 양의 분석이 필요합니다. 기업의 경영자, 잉여현금 흐름 추이, 산업전망 등 거의 모든 요소들을 분석합니다. 쉽게 말해, 가치투자자는 시장이 놓치고 있는 가치를 찾아내는 사람들입니다. 워런 버핏도 가치투자자 중 한 사람이며, 그의 스승 벤저민 그레이엄이 가치투자의 창시자라고 할 수 있습니다.

벤저민 그레이엄은 1929년 대공황을 경험했던 사람입니다. 당시 그의 나이는 35세였으며, 투자업계에서 이미 정평이 난 인물이었습니다. 개인적으로도 이미 막대한 부를 축적한 상태였지요. 그레이엄은 시장의 위기를 예상했지만, 이미 충분히 저렴한 가격에 매수한 종목들이 많았기에 별다른 대처를 하진 않았습니다. 그러나 1932년까지 시장지수는 90퍼센트가량 폭락했고, 그레이엄의 포트폴리오도 고점 대비 70퍼센트 수준의 손실을 기록했습니다. 다른 사람들보다 손실 규모가 적긴 했으나, 원금을 철저하게 지켜낼 수 있는 '안전 마진'을 우선으로 여기는 그레이엄으로서는 충격적인 사건이었습니다.

그레이엄은 이를 어떻게 대처했을까요? 버블 상황에서도 자신의 기준에 맞게 대처하는 것이 중요하다고 앞에서 강조했듯이, 그레이엄도 삶과 투자 사이의 연결고리를 정확하게 인식했습니다. 그는 폭락을 예측하지 못한 것을 아쉬워하진 않았습니다. 오히려, 자신이 적용하는 투자 철학을 삶에도 철저히 적용하지 못한 것을 아쉬워했습니다. 많은 성과보수를 받으며 사치에 빠진 그레이엄은 시장이 폭락하자 자신이 누리던 삶을 지속하지 못했습니다. 그때부터 그레이엄은 시장의 움직임과 상관없이 삶을 안정적으로 유지할 수 있는 방식이 검소한 생활이라 판단했고, 삶에도 안전 마진 개념을 적용하기 시작했습니다.

한편, 세스 클라먼은 신용거래의 위험성과 안전 마진의 연관성에 대해 다음과 같이 서술했습니다.

> 신용거래를 하면 폭락장에서 버틸 수가 없으므로 위험이 감당 못 할 수준으로 높아진다. 무엇보다도 가장 중요한 고려사항은, 미래가 어떻게 되더라도 재정을 걱정하지 않고 밤잠을 편하게 잘 수 있어야 한다는 점이다.[35]

우리는 더 많은 부를 쌓기 위해 주식투자를 하기도 하지만, 근본적으로는 내일의 우리가 더 나은 삶의 경로에 들어서기 위한 준비를 위해 주식투자를 합니다. 그러나 단기적으로 높은 수익을 추구한 나머지 전업투자자의 길로 들어서고는 수익에만 집중하느라 일상이 무너지고, 가끔은 극단적인 선택을 하는 사람들도 쉽게 만날 수 있습니다. 하지만 가치투자는 안전 마진을 확보하기 전까지는 매수를 유보하는 절제력을 요구하고, 적정 가치에 도달해서는 과감하게 매도함으로써 투기를 지양하며, 전망이 아닌 엄밀한 분석으로 의사결정을 내린다는 점에서 투자와 삶의 가치를 훌륭하게 조율하는 접근법이라 생각합니다.

누군가가 자신의 삶에 안전 마진을 적용하는 방식 중 하나로 자신의 다양한 역량을 꾸준히 개발하고, 엄격하게 건강을 관리하며, 이를 스스로에 대한 투자라고 인식한다면 어떨까요? 자신의 성장잠재력이 높다면, 그리고 어떠한 환경에서도 스스로의 삶을 보존할 수 있다면, 이를 위한 지출은 아마 다른 자산에 대한 투자보다 더 가치 있는 투자라고 볼 수 있겠지요. 그레이엄도 아마 이러한 삶의 접근방식에 대해 가치투자의 철학을 이해했다고 인정할 것입니다.

## 현명한 투자의 원칙을 세워야 하는 이유

가치투자의 철학은 단순히 주식을 저평가된 가격에 사서 비싸게 파는 기술적인 전략이 아니라, 어떠한 환경에서도 지속 가능한 방식으로 자산을 운용하는 원칙을 의미합니다. 이를 실제로 적용한 사례 중 하나가 2008년 글로벌 금융위기 당시의 워런 버핏의 선택입니다. 금융위기가 터지면서 리먼 브라더스가 파산하고 금융시장이 붕괴할 때, 대부분의 투자자들은 패닉에 빠졌습니다. 하지만 버핏은 붕괴의 공포 속에서도 "다른 사람들이 두려워할 때 탐욕을 가져라"라는 자신의 투자 철학을 지키며, 당시 극도로 저평가된 기업들에 과감히 투자했습니다. 그는 불확실성이 극대화된 시장에서 안전 마진을 확보하고 장기적인 가치를 바라보며 코카콜라, 웰스파고 Wells Fargo, 골드만삭스 Goldman Sachs 등에 투자했고, 시간이 흐르며 이 기업들은 엄청난 수익을 안겨주었습니다.

최근과 같은 경제 환경에서도 가치투자의 원칙은 여전히 중요한 의미를 지닙니다. 예를 들어, 현재 기술주들이 각광을 받고 있지만 일부 기업들은 지나치게 고평가된 게 아니냐는 논란이 이어지고 있습니다. AI, 반도체, 클라우드 컴퓨팅 등 고성장 산업에 대한 기대감으로 인해 일부 기업의 주가는 이미 미래 수익을 먼저 반영한 수준까지 상승해 있습니다. 하지만 가치투자의 관점에서 보면, 단순히 미래 성장 가능성만을 기대하고 높은 가격에 매수하는 것은 위험할 수 있습니다. 그 대신, 기업의 현금 흐름, 자산가치, 산업 내 경쟁력 등을 면밀히 분석하고, 시장이 간과하고 있는 저평가된 기업을 찾아내는 게 더 현명한 접근법일 것입니다.

궁극적으로, 가치투자는 단기적인 시장 변동에 휩쓸리지 않고, 자신만의 원칙을 세우고 이를 지키는 것이 핵심입니다. 투자뿐 아니라 삶에서도 마찬가지입니다. 자신의 재정적 안정성을 확보하고, 무리한 레버리지를 피하며, 장기적인 관점에서 지속 가능한 경로를 찾는 것이 중요합니다. 한순간의 기회를 좇기보다 꾸준히 내실을 다지고 안전마진을 확보하는 것, 이것이야말로 투자뿐 아니라 삶에서도 우리가 지향해야 할 가치가 아닐까요?

**에필로그**

# 우리의 삶과 투자에는
# 안전 마진이 필요하다

버블이라는 단어는 투자를 해본 사람들에게 굉장히 익숙한 용어입니다. 허나, 그 익숙함에 비해 버블이 발생하는 원리는 물론이고 버블을 대응하는 방식에 대해서도 사람들은 제각기 견해가 다릅니다. 어떤 이는 버블이 발생하면 폭락 직전에 빠져나올 생각을 하고 있으며, 또 다른 이는 폭락 이후 매수에 들어가야 한다고 생각합니다.

정답이야 없겠지만, 버블의 사회적 비용에 대해서는 다들 고려하지 않는 느낌입니다. 금융위기 이후 막대한 사회적 비용이 발생했지만, 개개인은 여전히 투자 기회라는 맥락에서 버블을 이해하고 있는 것 같습니다. 걱정스러운 느낌을 가진 채 버블과 관련된 사건들을 다시 들여다보았습니다.

버블이 발생했던 시대를 들여다보는 시도는 분명 재미있는 일입니다. 다른 방식으로 이해할 수 있는 아이디어들도 여러 가지 있었지만, 결론적으로 우리가 살고 있는 시대에 조금 더 초점을 두고 살펴보고자 했습니다. 이 책에서는 과거에 대한 이해와 현재에 대한 진단을 동시에 다루고 싶었습니다. 비트코인을 비롯한 디지털 자산의 투기 위험성, 빅테크 기업 위주의 성장세, 미 연준의 통화정책에 따른 자산 가격 상승 등 개별적으로 서술되는 내용들은 쉽게 접할 수 있지만, 조금 더 큰 관점에서 작동하는 힘들이 무엇인지 알려드리고 싶었습니다.

투자의 세계에서 유일한 상수는 변화라고 합니다. 끝없이 공부해야 하는 투자의 세계에서 이 책이 당신의 생각을 구성하는 하나의 재료가 되었으면 합니다. 버블이라고 불렸던 사건들을 들여다보면, 다시금 금융시장의 복잡성을 인식하게 됩니다. 개인의 지성으로는 결코 통달할 수 없는 세계입니다.

그러나 무지함 속에서도 이 막막한 길을 헤쳐 나갈 수 있는 첫걸음은 발생할 수 있는 위험을 사전에 인식하고, 투자를 바라보는 관점을 설정하는 것이라고 봅니다. 그레이엄이 뒤늦게 깨달은 안전 마진을 여러분의 방식대로 설정할 수 있기를 바랍니다. 미래를 대비하기 위한 투자가 현재의 삶을 불안으로 채운다면, 이는 투기임을 감지하는 마음의 경고일 것입니다.

# 주

### 프롤로그 버블의 역사는 되풀이된다
1. KDI 경제교육·정보센터(eiec.kdi.re.kr/policy/materialView.do?num=35171)
2. KDI 경제교육·정보센터(eiec.kdi.re.kr/publish/reviewView.do?idx=17&ridx=3&f-code=000020003600001)

### 1장 불안정한 시장을 극복한 영웅의 탄생
3. 로버트 F. 브루너, 숀 D. 카, 하윤숙 옮김, 《PANIC패닉》, 황금부엉이, 2008.

### 2장 지속할 수 없는 외환 정책의 실패
4. en.m.wikipedia.org/wiki/File:Asian_Financial_Crisis_EN-2009-05-05.png
5. 최두열, 《아시아 외환위기의 발생과정과 원인》, 한국경제연구원, 1998.
6. "10월 12일 한국, OECD 회원국 되다", 《경향신문》, 2016년 10월 12일자(www.khan.co.kr/article/201610112343001)
7. www.historyandpolicy.org/policy-papers/papers/ireland-and-the-perils-of-fixed-exchange-rates

### 3장 무분별한 대출이 불러온 부동산 투자의 종말
8. www.chosun.com/site/data/html_dir/2008/07/14/2008071401588.html
9. www.researchgate.net/figure/Mortgage-Backed-Securities_fig5_338458933

### 4장 실체 없는 혁신에 과감히 투자하다
10. greenmangotrading.wordpress.com/wp-content/uploads/2014/12/cs-

| | 2000-dot-com-bubble-chart-42.jpg |
|---|---|
| 11 | "새롬기술 6개월간 150배, 버블의 추억", 뉴스웨이, 2020년 12월 22일자(www.newsway.co.kr/news/view?ud=2020122115410762953) |
| 12 | "Eight former AOL executives charged with fraud", *The Guardian*, 2008, May 20. Retrieved March 3, 2025(www.theguardian.com/technology/2008/may/20/aol.digitalmedia) |
| 13 | 티머시 가이트너, 김진원 옮김, 《스트레스 테스트》, 인빅투스, 2015. |
| 14 | greenmangotrading.wordpress.com/wp-content/uploads/2014/12/cs-2000-dot-com-bubble-chart-3.jpg |

### 5장 방향을 잃은 세계경제의 지휘자

| 15 | National Bureau of Economic Research, Total Gold Reserves of Federal Reserve Banks for United States [M14062USM027NNBR], retrieved from FRED, Federal Reserve Bank of St. Louis(fred.stlouisfed.org/series/M14062USM027NNBR, March 6, 2025) |
|---|---|
| 16 | A. Greenspan & A. Wooldridge, *Capitalism in America: An economic history of the United States*, Penguin, 2019. |

### 6장 잃는 자가 있어야 버는 자가 있다

| 17 | R. G. Frehen, W. N. Goetzmann, K. G. Rouwenhorst, "New evidence on the first financial bubble", *Journal of Financial Economics*, 108(3), 2013, 585-607. |
|---|---|
| 18 | 찰스 맥케이, 이윤섭 옮김, 《대중의 미망과 광기》, 필맥, 2014. |
| 19 | klse.i3investor.com/web/blog/detail/www.eaglevisioninvest.com/2018-08-26-story-h1455130600-THE_MADNESS_OF_MEN_IN_UNCERTAIN_GAMBLING_RATHER_THAN_IN_SOLID_REAL_INVE |

### 7장 '잃어버린 30년'을 만든 국가의 개입

| 20 | 아베 슈헤이, 이종구 옮김, 《저성장도 기회다》, 북돋움, 2016. |
|---|---|

### 8장 그렇게 버블이 만들어진다

| 21 | V. Rantala, "How do investment ideas spread through social interac- |
|---|---|

tion? Evidence from a Ponzi scheme", *The Journal of Finance*, 74(5), 2019, 2349-2389.

22　M. Gladwell, *Talking to strangers: What we should know about the people we don't know*, Little, Brown, 2019.

23　Shiller PE ratio. Retrieved March 3, 2025, from https://www.multpl.com/shiller-pe

24　벤저민 그레이엄, 데이비드 도드, 이건 옮김, 《증권분석》, 리딩리더, 2012.

### 9장　버블은 어떻게 널리 퍼지는가

25　Gambacorta, L., Huang, Y., Li, Z., Qiu, H., & Chen, S., "Data versus collateral", *Review of Finance*, 27(2), 2023, 369-398.

### 10장　보이지 않는 기술에 투자하는 시대

26　www.intaninvest.net
27　같은 곳.
28　fred.stlouisfed.org/graph/?g=xtC

### 11장　무엇이 투자의 핵심 자원이 되는가

29　Jim McKelvey, *The Innovation Stack: Building an Unbeatable Business One Crazy Idea at a Time*, Penguin Publishing Group, 2020.

30　레이 달리오, 고영태 옮김, 《원칙》, 한빛비즈, 2018.

### 12장.　건강한 투자를 위한 우리의 자세

31　R. J. Shiller, *Narrative economics: How stories go viral and drive major economic events*, Princeton University Press, 2019.

32　리처드 탈러, 박세연 옮김, 《행동경제학》, 웅진지식하우스, 2021.

33　A. Macfarlane, *Witchcraft in Tudor and Stuart England: A regional and comparative study*(2nd ed.), Routledge, 1999.

### 13장　기회의 광풍에서 현명하게 빠져나오는 법

34　벤저민 그레이엄, 데이비드 도드, 이건 옮김, 《증권분석》, 리딩리더, 2012.
35　같은 책.

"버블은 터지기 전까지 보이지 않는다"

_앨런 그린스펀

# 버블, 새로운 부의 지도

**1판 1쇄 인쇄** 2025년 5월 26일
**1판 1쇄 발행** 2025년 6월 11일

**지은이** 홍기훈 · 김동호
**펴낸이** 고병욱

**기획편집1실장** 윤현주  **기획편집** 신민희
**마케팅** 황혜리 황예린 권묘정 이보슬  **디자인** 공희 백은주
**제작** 김기창  **관리** 주동은  **총무** 노재경 서대원 송민진

**펴낸곳** 청림출판(주)
**등록** 제2023-000081호

**본사** 04799 서울시 성동구 아차산로17길 49 1010호 청림출판(주)
**제2사옥** 10881 경기도 파주시 회동길 173 청림아트스페이스
**전화** 02-546-4341  **팩스** 02-546-8053

**홈페이지** www.chungrim.com  **이메일** cr1@chungrim.com
**인스타그램** @chungrimbooks  **블로그** blog.naver.com/chungrimpub
**페이스북** www.facebook.com/chungrimpub

ⓒ 홍기훈 · 김동호, 2025

**ISBN** 978-89-352-1474-7  03320

※ 이 책은 저작권법에 따라 보호를 받는 저작물이므로 무단 전재와 무단 복제를 금합니다.
※ 책값은 뒤표지에 있습니다. 잘못된 책은 구입하신 서점에서 바꾸어 드립니다.
※ 청림출판은 청림출판(주)의 경제경영 브랜드입니다.